ESTUDOS EM DIREITO PROCESSUAL CIVIL NO ESTADO DEMOCRATICO DE DIREITO

Todos os direitos reservados à Associação Guimarães de Estudos Jurídicos

G963
2022

Estudos em direito processual civil no estado democrático de direito/ Ana Luiza Baptista Pereira ... [et al.]; coordenado por Clayton Douglas Pereira Guimarães, Glayder Daywerth Pereira Guimarães.
Seattle: Independently Published, 2022.
344 p.; 15,24cm x 22,86cm.

ISBN: 979-8799844-09-7

1. Direito. 2. Direito Processual. 3. Direito Processual Civil. I. Pereira, Ana Luiza Baptista. II. Cardoso, Camilla Rodrigues. III. Guimarães, Clayton Douglas Pereira. IV. Andrade, Ester Almeida e. V. Guimarães, Glayder Daywerth Pereira. VI. Zanina, Ítalo Borges. VII. Rogério, Jordano Paiva. VIII. Machado, Júlia Martins. IX. Vieira, Larissa Lauane Rodrigues. X. Morais, Lorena Diniz. XI. Araújo, Maria Clara Dias de. XII. Paiva, Mariza de Souza. XIII. Maciel, Mathaus Miranda. XIV. Ferreira, Paulo Henrique Clemente de Souza. XV. Pereira, Sarah Batista Santos. XVI. Castro, Victoria Emily da Silva Oliveira. XVII. Araújo, Vinícius Gurgel.

CDD: 341.46 / CDU: 347.91

CLAYTON DOUGLAS
PEREIRA GUIMARÃES
GLAYDER DAYWERTH
PEREIRA GUIMARÃES
COORDENADORES

VINÍCIUS LOTT
THIBAU
PREFÁCIO

ESTUDOS EM DIREITO PROCESSUAL CIVIL NO ESTADO DEMOCRATICO DE DIREITO

ANA LUIZA BAPTISTA **PEREIRA** • CAMILLA RODRIGUES **CARDOSO** • CLAYTON DOUGLAS PEREIRA **GUIMARÃES** • ESTER ALMEIDA E **ANDRADE** • GLAYDER DAYWERTH PEREIRA **GUIMARÃES** • ÍTALO BORGES **ZANINA** • JORDANO PAIVA **ROGÉRIO** • JÚLIA MARTINS **MACHADO** • LARISSA LAUANE RODRIGUES **VIEIRA** • LORENA DINIZ **MORAIS** • MARIA CLARA DIAS DE **ARAÚJO** • MARIZA DE SOUZA **PAIVA** • MATHAUS MIRANDA **MACIEL** • PAULO HENRIQUE CLEMENTE DE SOUZA **FERREIRA** • SARAH BATISTA SANTOS **PEREIRA** • VICTORIA EMILY DA SILVA OLIVEIRA **CASTRO** • VINÍCIUS GURGEL **ARAÚJO**

Estudos em Direito Processual Civil no Estado Democrático de Direito

2022 © Associação Guimarães de Estudos Jurídicos

Coordenadores: Clayton Douglas Pereira Guimarães, Glayder Daywerth Pereira Guimarães

Autores: Ana Luiza Baptista Pereira, Camilla Rodrigues Cardoso, Clayton Douglas Pereira Guimarães, Ester Almeida e Andrade, Glayder Daywerth Pereira Guimarães, Ítalo Borges Zanina, Jordano Paiva Rogério, Júlia Martins Machado, Larissa Lauane Rodrigues Vieira, Lorena Diniz Morais, Maria Clara Dias de Araújo, Mariza de Souza Paiva, Mathaus Miranda Maciel, Paulo Henrique Clemente de Souza Ferreira, Sarah Batista Santos Pereira, Victoria Emily da Silva Oliveira Castro, Vinícius Gurgel Araújo

Prefácio: Vinícius Lott Thibau

Posfácio: Sarah Batista Santos Pereira

Presidente	Clayton Douglas Pereira Guimarães
	Glayder Daywerth Pereira Guimarães
Vice-presidente	Érica Melícia da Silva Silveira
	Sarah Batista Santos Pereira
Diretor Adjunto	Caio César do Nascimento Barbosa

DIREITOS AUTORAIS: É proibida a reprodução parcial ou total desta publicação, por qualquer forma ou meio, sem a prévia autorização da Associação Guimarães de Estudos Jurídicos, com exceção do teor das questões de concursos públicos que, por serem atos oficiais, não são protegidas como Direitos Autorais, na forma do Artigo 8º, IV, da Lei 9.610/1998. Referida vedação se estende às características gráficas da obra e sua editoração. A punição para a violação dos Direitos Autorais é crime previsto no Artigo 184 do Código Penal e as sanções civis às violações dos Direitos Autorais estão previstas nos Artigos 101 a 110 da Lei 9.610/1998. Os comentários das questões são de responsabilidade dos autores.

Associação Guimarães de Estudos Jurídicos

Seattle – U.S.
Email: contato.agej@hotmail.com
Website: agej.com.br
Instagram: @agej.oficial

SOBRE OS AUTORES

COORDENADORES

Clayton Douglas Pereira Guimarães
Especialista em Ciências Jurídicas com ênfase em Direito Civil e Processo Civil pela Faculdade Arnaldo Janssen. Bacharel em Direito - modalidade Integral - pela Escola Superior Dom Helder Câmara. Copresidente da Associação Guimarães de Estudos Jurídicos - AGEJ. Diretor Geral e membro do Conselho Editorial do Portal Jurídico Magis. Advogado.

Glayder Daywerth Pereira Guimarães
Pós-graduando em Direito Digital e Proteção de Dados pelo Centro Universitário UniAmérica. Bacharel em Direito - modalidade Integral - pela Dom Helder Escola de Direito. Copresidente da Associação Guimarães de Estudos Jurídicos - AGEJ. Diretor Executivo e membro do Conselho Editorial do Portal Jurídico Magis. Advogado.

AUTORES

Ana Luiza Baptista Pereira
Graduanda em Direito - modalidade Integral - pela Dom Helder Escola de Direito.

Camilla Rodrigues Cardoso
Graduanda do 8º período de Direito, na modalidade integral, na Escola Superior Dom Helder Câmara. Pesquisadora no grupo de Iniciação Científica em Responsabilidade Civil: Desafios e Perspectivas dos novos Danos na Sociedade Contemporânea.

Clayton Douglas Pereira Guimarães
Especialista em Ciências Jurídicas com ênfase em Direito Civil e Processo Civil pela Faculdade Arnaldo Janssen. Bacharel em Direito - modalidade Integral - pela Escola Superior Dom Helder Câmara. Copresidente da Associação Guimarães de Estudos Jurídicos - AGEJ.

Diretor Geral e membro do Conselho Editorial do Portal Jurídico Magis. Advogado.

Ester Almeida e Andrade
Pós graduanda em Gestão Estratégica de Advocacia pela Escola Superior de Advocacia da OAB-MG. Bacharela em Direito pela Escola Superior Dom Helder Câmara (ESDH). Advogada.

Glayder Daywerth Pereira Guimarães
Pós-graduando em Direito Digital e Proteção de Dados pelo Centro Universitário UniAmérica. Bacharel em Direito - modalidade Integral - pela Dom Helder Escola de Direito. Copresidente da Associação Guimarães de Estudos Jurídicos - AGEJ. Diretor Executivo e membro do Conselho Editorial do Portal Jurídico Magis. Advogado.

Ítalo Borges Zanina
Pós-graduando em Direito Empresarial e Contratos no Centro Universitário de Brasília – UniCEUB/ICPD. Bacharel em Direito pelo UniCEUB. Advogado.

Jordano Paiva Rogério
Mestrando em Direito e Ciência Jurídica, subárea Direito Constitucional, pela Faculdade de Direito da Universidade de Lisboa (FDUL). Graduado em Direito pela Escola Superior Dom Helder Câmara (ESDHC).

Júlia Martins Machado
Pós-graduada em Direito Civil e Processo Civil pela Escola da Magistratura do Distrito Federal. Bacharela em Direito pelo Centro Universitário de Brasília. Advogada.

Larissa Lauane Rodrigues Vieira
Graduanda em Direito - modalidade Integral - pela Dom Helder Escola de Direito.

Lorena Diniz Morais
Graduanda em Direito - modalidade Integral - pela Dom Helder Escola de Direito.

Maria Clara Dias de Araújo
Bacharel em Direito pela Escola Superior Dom Hélder Câmara. Advogada. Pós-graduanda em L.L.M. em Mediação, Gestão e Resolução de Conflitos pela Escola Superior de Advocacia da OAB/MG. E-mail: mcdiasaraujo@gmail.com.

Mariza de Souza Paiva
Graduanda do 8° período de Direito, na modalidade integral, na Escola Superior Dom Helder Câmara. Pesquisadora no grupo de Iniciação Científica em Responsabilidade Civil: Desafios e Perspectivas dos novos Danos na Sociedade Contemporânea. Oradora titular no Grupo de Estudos em Direito Tributário.

Mathaus Miranda Maciel
Graduando em Direito - modalidade Integral - pela Dom Helder Escola de Direito. Pesquisador do grupo de Iniciação Científica "Responsabilidade Civil: desafios e perspectivas dos novos danos na Sociedade Contemporânea", orientado pelo Prof. Dr. Michael César Silva e Me. Bruno Fabrício da Costa.

Paulo Henrique Clemente de Souza Ferreira
Pós-graduado em Prática de Direito Administrativo Avançada pela faculdade Damásio/IBMEC-SP. Bacharel em Direito - modalidade Integral - pela Dom Helder Escola de Direito. Advogado.

Sarah Batista Santos Pereira
Pós-graduanda em Ciências Criminais pelo Centro Universitário UniAmérica. Pós-graduanda em Direitos Humanos pelo Centro Universitário UniAmérica. Bacharela em Direito - modalidade Integral - pela Dom Helder Escola de Direito. Pesquisadora no âmbito do Direitos das Mulheres. Vice-presidente da Associação Guimarães de Estudos Jurídicos - AGEJ. Advogada.

Victoria Emily da Silva Oliveira Castro
Mestranda em Direito Intelectual pela Faculdade de Direito da Universidade de Lisboa. Graduada em Direito pela Escola Superior Dom Hélder Câmara. Graduanda em Segurança da Informação pela Pontifícia Universidade Católica de Minas Gerais.

Vinícius Gurgel Araújo
Graduando em Direito - modalidade Integral - pela Dom Helder Escola de Direito. Pesquisador do grupo de Iniciação Científica "Responsabilidade Civil: desafios e perspectivas dos novos danos na Sociedade Contemporânea", orientado pelo Prof. Dr. Michael César Silva e Me. Bruno Fabrício da Costa.

"A desmitificação do Judiciário no Estado democrático de direito não se faz pela melhoria do nível técnico dos juízes e por juramentos mais fervorosos de obediência à lei e à prática de justiça, mas por sua inclusão e submissão, como instância pública, ao espaço jurídico-processual de comprometimento institucional com o direito democrático que pressupõe a compreensão da teoria do discurso como base de validade da construção jurisprudencial (jurisdiscente)".

– Rosemiro Pereira Leal
Teoria Processual da Decisão Jurídica (2002)

AGRADECIMENTOS

Indubitavelmente os agradecimentos são o capítulo mais importante de qualquer obra, não somente porque representam um gesto de gratidão a muitos amigos, mas sobretudo, porque revelam uma série de indivíduos que, em maior ou menor grau, ajudaram na concretização de um projeto.

Agradecemos primeiramente a Deus, pela forma singular que atua em nossas vidas, direcionando nossas escolhas e criando caminhos que nos permitem crescer cada vez mais.

Agradecemos às nossas famílias, notadamente os pais e mães, aqueles que mais nos amam e se preocupam conosco, que suportam conosco todas as adversidades derivadas da pesquisa científica e que sempre estão ao nosso lado.

As queridas Érica Melicia da Silva Silveira e Sarah Batista Santos Pereira, que partilham conosco essa incrível caminhada chamada vida, muito obrigado pelo apoio constante.

Agradecimentos ao caríssimo professor Vinícius Lott Thibau, da Dom Helder Escola de Direito, prefaciador da obra, grande influencia profissional e, sobretudo, uma grande pessoa. Suas críticas e apontamentos contundentes e precisos permitiram que inúmeros juristas mineiros abrissem seus olhos às complexas temáticas do Direito Processual Civil. Sentimo-nos honrados em contar com seu prefácio nessa obra.

Palavras especiais aos professores Michael César Silva e Bruno Fabrício da Costa, da Dom Helder – Escola de Direito. Grandes amigos e pesquisadores. Em nosso caminho na graduação se mostraram agentes importantes na busca pelo conhecimento científico. Sem seus ensinamentos durante nossa formação acadêmica essa obra jamais existiria.

Aos prezadas Maria Clara Dias de Araújo e Paulo Henrique Clemente de Souza Ferreira, por dividir momentos importantes de suas vidas, pela aprendizagem compartilhada, pelo carinho e suporte recíproco, na trajetória do curso de Direito e no exercício da advocacia.

Aos queridos amigos Jordano Paiva Rogério e Victoria Emily da Silva Oliveira Castro, amigos de longa data que puderam compor a presente obra com artigos críticos e analíticos sobre temáticas latentes do direito contemporâneo. Que nossos caminhos possam se cruzar muitas vezes.

À querida amiga de Lagoa da Prata, Ester Almeida e Andrade, contar com sua presença em nossos projetos sempre é uma grata surpresa. Sua pesquisa superou as expectativas e apresnetou um olhar aprofundado sobre a temática.

Aos amigos do Grupo de Iniciação Científica da Dom Helder Escola de Direito, Camilla Rodrigues Cardoso, Mariza de Souza Paiva, Mathaus Miranda Maciel e Vinícius Gurgel Araújo. Contar com sua participação na obra foi uma experiência singular, cada vez mais suas pesquisas se destacam, desejamos-lhes grande sucesso acadêmico.

Às caras pesquisadoras Ana Luiza Baptista Pereira, Larissa Lauane Rodrigues Vieira e Lorena Diniz Morais, suas pesquisas abrilhantaram a obra permitindo o aprofundamento doutrinário em aspectos relevantíssimos no contexto da sociedade contemporânea.

Por fim, aos diletos pesquisadores Ítalo Borges Zanina e Júlia Martins Machado, com os quais nossos caminhos cruzaram no ano de 2021. Agradecemos sua contribuição e esperamos por mais parcerias no futuro, um abraço aos amigos de Brasília.

Clayton Douglas Pereira Guimarães
Glayder Daywerth Pereira Guimarães

PREFÁCIO

Com muita alegria, recebi o convite para prefaciar o livro intitulado *Estudos em Direito Processual Civil no Estado Democrático de Direito*.

Trata-se de uma obra coletiva integrada por treze capítulos, que foram produzidos por jovens pesquisadores – especialistas, graduados e bacharelandos –, que enfrentam temas significativos relacionados à técnica procedimental e à teoria do processo, por uma perspectiva paradigmática.

Tive a oportunidade de conviver com os coordenadores do livro, Clayton Douglas Pereira Guimarães e Glayder Daywerth Pereira Guimarães, bem como com vários dos autores.

De perto, pude identificar a inquietação de meus ex-alunos e interlocutores com uma abordagem do direito processual civil que, não raras vezes, desenvolve-se de modo pouco consistente na literatura especializada.

É que, embora o povo brasileiro tenha estabelecido, na Constituição de 1988, o Estado Democrático de Direito como marco teórico, isto é, como uma teoria jurídico-normativa que, enquanto vigente, é reguladora de outras proposições que apresentam correspondência e afinidade técnico-científica com o paradigma eleito, inúmeros escritos de direito processual civil permanecem examinando institutos, conceitos e categorias por concepções liberais ou socializantes.

Assim é que, apesar dos novos contornos atribuídos à juridicidade pelo marco teórico democrático, o direito processual civil ainda é estudado em perfis superados, que desconsideram ou simplesmente ignoram a relevância dos direitos e garantias fundamentais constitucionalmente instituídos para uma operacionalização fático-normativa paradigmaticamente alinhada.

Nos manuais e cursos de direito processual civil, sobretudo, discorre-se, até de maneira frequente, sobre a necessária aproximação entre Constituição e Processo. No entanto, nessas e em outras produções de índole dogmática, não é habitual a testificação severa das teorizações formalizadas sobre o extenso temário do direito processual civil, a partir das bases normativas do Estado Democrático de Direito, que superou os paradigmas do Estado Liberal e do Estado Social de Direito.

É, com base nessas conjecturas, que recomendo a leitura deste livro, que, por escritos variados, não pretende apenas abordar temáticas importantes da área do direito processual civil, mas problematizá-las mediante apontamentos críticos de dezessete autores, que examinam, principalmente: a) as interfaces entre o efeito infringente e o propósito protelatório dos embargos de declaração; b) as correlações entre a publicidade dos atos processuais e o direito fundamental à proteção de dados pessoais; c) a obrigatoriedade legal da designação de audiência à tentativa de autocomposição em ações que tratem da violência doméstica; d) a necessidade de uma abordagem adequada, pelos tribunais brasileiros, dos dados pessoais sensíveis, a partir da publicação da denominada Lei Geral de Proteção de Dados; e) a incompatibilidade do ativismo judicial com o garantismo jurídico; f) o ônus da prova em procedimentos instaurados à apuração da responsabilidade civil médica; g) o emprego da prova indiciária ao acertamento de direito atinente à responsabilidade civil por *stalking*; h) as técnicas que possibilitam a implementação do chamado acesso à justiça no direito de família, com ênfase na análise da situação de alienação parental; i) a ausência de regulação da norma disposta no art. 927, V, do Código de Processo Civil brasileiro, e os seus desdobramentos jurídicos no âmbito precedencial; j) os benefícios e as carências ligados às sessões de mediação realizadas virtualmente em tempos pandêmicos; k) o cabimento do recurso de agravo de instrumento à impugnação de decisão interlocutória que, sendo proferida, de ofício, pelo juiz, limita o litisconsórcio facultativo; l) os impactos da aplicação da teoria da asserção no direito processual civil brasileiro; m) a possibilidade de revisão de normas relacionadas ao incidente de resolução de demandas repetitivas, com o objetivo de viabilizar o atendimento das exigências de segurança jurídica e isonomia.

Epistemologicamente, portanto, *Estudos em Direito Processual Civil no Estado Democrático de Direito* é uma obra coletiva contributiva para a reflexão jurídico-democrático-processual atual, que se desgarra da análise tradicional da dicotomia público-privado, que, mesmo nos dias de hoje, destaca-se em muitas publicações acadêmicas e profissionais.

Por tudo isso, desde já, parabenizo os autores pela publicação e agradeço aos coordenadores pelo convite que muito me honrou.

Belo Horizonte, 10 de janeiro de 2022.

Vinícius Lott Thibau

Pós-Doutor, Doutor e Mestre em Direito Processual pela PUC Minas
Professor de Direito Processual Civil da Escola Superior Dom Helder Câmara
Professor de Direito Processual Civil do Instituto de Educação Continuada da PUC Minas
Professor de Direito Processual Civil da Escola Superior de Advocacia da OAB/MG
Advogado

NOTA DE APRESENTAÇÃO

A sociedade contemporânea vivencia um período de multiplicação e maximização dos riscos e dos danos. Consequencialmente, diante de tais fatos, os operadores do Direito devem aventar soluções céleres, justas e, sobretudo, democráticas, de modo promover a satisfação das partes e de toda a sociedade no tocante a prestação jurisdicional.

Nessa perspectiva, a presente obra coletiva se presta a analisar as mais diversas problemáticas do tema do Direito Processual Civil no contexto da sociedade contemporânea. De modo a pavimentar novos rumos e apresentar soluções às questões adiante debatidas.

Os estudos desenvolvidos pelos pesquisadores buscam analisar o espectro do Direito para além de uma dogmática clássica que instrumentaliza o Direito Processual e intenta realizar uma leitura moderna e reformadora de tal ramo do direito, à luz dos preceitos e ditames constitucionais.

Iniciando os trabalhos, Clayton Douglas Pereira Guimarães, no capítulo intitulado *"Perspectivas Sobre Embargos Declaratórios Dotado de Efeito Infringente Protelatório"*, analisa os Embargos Declaratórios com Efeito Infringente Protelatório no atual sistema processual, em observância ao tratamento legal da matéria ofertado pelo Código de Processo Civil (CPC) de 2015 e pelo modelo processual constitucional. O autor constata serem cabíveis os Embargos de Declaração também nas hipóteses do art. 966, II, IV, V e VIII, CPC (2015). E nos referidos casos, não seria, portanto, a interposição manifestamente protelatória, não tendo o porquê da incidência de multa.

O segundo capítulo da obra, intitulado *"O Princípio da Publicidade dos Atos Processuais Civis e o Direito Fundamental à Proteção de Dados Pessoais: diretrizes para uma balize entre os direitos no Brasil"*, de autoria de Glayder Daywerth Pereira Guimarães, aborda a temática da compatibilização do princípio à publicidade dos atos processuais com o direito à proteção da intimidade, privacidade e autodeterminação informativa. O autor suscita que a anonimização de dados pode ser uma solução para o problema abordado, notadamente por meio do processo de *data masking*, tal como esculpido na literatura da computação.

Na sequência, em *"Direito das Famílias: a facultatividade da audiência de conciliação em ações com causa de pedir baseadas em violência doméstica"*, Sarah Batista Santos Pereira analisa a questão referente a temática da facultatividade da realização da audiência de conciliação em ações com causa de pedir baseadas em violência doméstica. A autora destaca que se deve primar pela efetivação da justiça, salvaguarda dos direitos fundamentais, bem estar e integridade das partes. Desse modo, deve ficar a critério da vítima, através de seu consentimento expresso, pela realização ou não a audiência, bem como de encontrar ou não seu agressor.

O quarto capítulo da obra, *"Lei Geral de Proteção de Dados e a Adequação dos Tribunais no Tratamento de Dados Pessoais Sensíveis"*, de autoria de Victoria Emily da Silva Oliveira Castro, aborda a temática da possibilidade de adequação à Lei Geral de Proteção de Dados pelos Tribunais de Justiça à luz do princípio da publicidade processual tal como previsto no Código de Processo Civil. Com fulcro na teoria da ponderação dos princípios, de autoria do jurista Robert Alexy, a jurista conclui que para a adequação dos Tribunais à Lei Geral de Proteção de Dados, é necessário mitigação, mas não extinção do direito fundamental da publicidade.

No capítulo subsequente, *"O Ativismo Judicial e os Princípios Constitucionais do Processo Civil"*, Jordano Paiva Rogério se dedica a discorrer acerca da até que ponto pode o Poder Judiciário, por meio do entendimento individual de um magistrado, interpretar a necessidade humana para além da lei positiva? Pode o juízo decidir tão somente com base nas suas convicções morais e do direito, diante da inércia da parte ou do interessado? O autor conclui que o órgão jurisdicional deve interpretar a norma de maneira a respeitar os princípios constitucionais historicamente construídos, sob pena de afronta direta à Constituição da República e aos princípios basilares do Estado Democrático de Direito.

No sexto capítulo da obra, com o texto *"Responsabilidade Civil Médica e a Inversão do Ônus da Prova: aspectos processuais à luz do Código de Defesa do Consumidor"*, Camilla Rodrigues Cardoso e Mariza de Souza Paiva investigam os fundamentos legais existentes para que se viabilize a modificação do ônus probatório para, em seguida, confrontá-los com a sua observância no caso concreto. Por intermédio da análise aprofundada dos deveres de conduta dos médicos, bem como da hipótese de descumprimento dessas regras, ante a eclosão de dano, as autoras verificam a possibilidade de inversão do ônus da prova nos casos em que se discute a responsabilidade civil médica.

A seguir, em *"Stalking e Responsabilidade Civil: tutela geral dos Direitos da Personalidade na sociedade contemporânea dos danos"*, Mathaus Miranda Maciel e Vinícius Gurgel Araújo verificam as interfaces da multifuncionalidade assumida pelo instituto da responsabilidade civil na modernidade, sobretudo, em relação à possibilidade de reparação civil decorrente da prática de *stalking*. Complementarmente, os autores se prestam a investigar a prova indiciária, originária do Processo Penal, e sua utilização no âmbito do Processo Civil, sobretudo em processos aptos a gerar responsabilidade civil, apresentando significas contribuições para o estudo da temática.

No capítulo intitulado *"Aplicação de Instrumentos Democráticos que Garantem o Acesso à Justiça"*, Ana Luiza Baptista Pereira, Larissa Lauane Rodrigues Vieira e Lorena Diniz Morais observam a evolução e entendimento sobre os principais aspectos que envolvem o acesso à justiça. Ademais, adentram na temática do acesso à justiça no direito de família, notadamente no que tange à questão de crianças e adolescentes em situação de alienação parental. As pesquisadoras constatam que, a despeito dos relevantes avanços em matéria de acesso à justiça, ainda há muito a se avançar e discutir sobre a universalização do acesso à justiça e consequente efetivação de Direitos no Brasil.

No nono texto da obra, intitulado *"Análise Crítica em Virtude da Anomia Regulatória do Disposto no Inciso V do Artigo 927 do Código De Processo Civil de 2015"*, Ester Almeida e Andrade pondera acerca da falta da regulamentação do procedimento dos tribunais de 2º grau, em seus Regimentos Internos, sobre a orientação do plenário e do órgão especial expressa pelo art. 927, inciso V, CPC/2015. Isso pois, a falta de procedimento de identificação e formalização da orientação do plenário e do órgão especial gera impossibilidade de tratar tais entendimentos como precedentes vinculantes. Para tanto, a autora se debruça sobre os elementos necessários para formação e aplicação dos precedentes.

Na sequência, em *"Sessões de Mediação em Ambiente Virtual: atuação do Poder Judiciário para o fomento realização de mediações judiciais online em tempos de pandemia"*, Maria Clara Dias de Araújo estuda a questão da conduta do poder judiciário frente ao cenário atual de pandemia do COVID-19, no qual resultou no isolamento social impactando a forma de resolução de conflitos, sobretudo as formas autocompositivas. A autora constata que o avanço do uso das novas tecnologias da informação mostra-se imprescindível, sendo, portanto, necessárias transformações basilares na forma como o Sistema de Justiça se desenvolve hodiernamente.

O décimo primeiro capítulo da obra, *"O Cabimento de Agravo de Instrumento Quando Juiz Limita Litisconsórcio em Decisão de Ofício"*, de autoria de Paulo Henrique Clemente de Souza Ferreira, aborda a temática da possibilidade de utilização do recurso de agravo de instrumento para decisões que promovem a limitação de litisconsórcio em decisão de ofício do magistrado? Complementarmente, em caso de possibilidade, se aprofunda, em qual inciso do artigo 1015 do Código de Processo Civil essa decisão se enquadraria? A temática trabalhada é de profunda relevância profissional e acadêmica uma vez que o referido modelo recursal é amplamente utilizado.

O décimo segundo capítulo da obra, intitulado *"Teoria da Asserção: sua aplicação prática e consequências de ser a preterida pelo STJ"*, de autoria de Júlia Martins Machado, aborda as Teorias da Ação por intermédio de uma análise jurisprudencial, doutrinária e legal do tema. Ademais, busca realizar uma análise crítica acerca da ampla difusão da Teoria da Asserção no Ordenamento Jurídico Brasileiro, demonstrando suas possíveis consequências práticas, positivas e negativas. Como a necessidade do responsável pela postulação em Juízo da demanda ser responsabilizado em caso de a teoria da asserção lhe ser prejudicial para o decorrer da demanda de forma correta.

Encerrando a obra, no texto *"Questões Polêmicas Sobre o Incidente De Resolução De Demandas Repetitivas – IRDR: um estudo sobre as principais antinomias trazidas pelo instituto do IRDR em relação a suspensão dos processos que tramitam no estado ou região"*, Ítalo Borges Zanina propõe uma discussão teórica, jurisprudencial e legal sobre o IRDR, a fim de trazer alguns conflitos normativos aparentes sobre a suspensão dos processos afetados pelo incidente, em especial quanto à possibilidade de incidência de correção monetária e juros de mora durante a suspensão e sobre a possibilidade de suspensão dos efeitos da prescrição e da decadência durante o mesmo período.

Convida-se o leitor, nas páginas seguintes, a revisitar uma série de questões atinentes ao tema do Direito Processual Civil no contexto da sociedade contemporânea, com o objetivo de aventar uma visão constitucionalizada e principiológica das problemáticas desenvolvidas na obra.

Clayton Douglas Pereira Guimarães
Glayder Daywerth Pereira Guimarães

SUMÁRIO

SOBRE OS AUTORES V
AGRADECIMENTOS XI
PREFÁCIO XIII
NOTA DE APRESENTAÇÃO XVII
SUMÁRIO XXIII

Capítulo 1
Clayton Douglas Pereira Guimarães
PERSPECTIVAS SOBRE EMBARGOS DECLARATÓRIOS DOTADO DE EFEITO INFRINGENTE PROTELATÓRIO 1

1 Considerações iniciais 1
2 Da natureza jurídica dos embargos de declaração 2
3 Dos requisitos de admissibilidade recursal dos embargos de declaração e do juízo de mérito 4
4 Do prequestionamento 7
5 Do efeito interruptivo dos embargos de declaração e dos embargos de declaração e das hipóteses em que não ocorrerá o efeito interruptivo 8
6 Dos embargos declaratórios com efeito infringente protelatório 11
7 Considerações finais 13
Referências 14

Capítulo 2
Glayder Daywerth Pereira Guimarães

O PRINCÍPIO DA PUBLICIDADE DOS ATOS PROCESSUAIS CIVIS E O DIREITO FUNDAMENTAL À PROTEÇÃO DE DADOS PESSOAIS: DIRETRIZES PARA UMA BALIZE ENTRE OS DIREITOS NO BRASIL 17
1 Considerações iniciais 17
2 Delineamentos da sociedade da informação 19
3 Breves notas sobre o princípio da publicidade dos atos processuais no Brasil 20
4 Considerações acerca da proteção de dados no Brasil 24
5 Proteção de dados e publicidade processual uma contradição em termos? 27
Considerações finais 34
Referências 35

Capítulo 3
Sarah Batista Santos Pereira
DIREITO DAS FAMÍLIAS: A FACULTATIVIDADE DA AUDIÊNCIA DE CONCILIAÇÃO EM AÇÕES COM CAUSA DE PEDIR BASEADAS EM VIOLÊNCIA DOMÉSTICA 41
1 Considerações iniciais 41
2 Análise histórica da figura feminina e da violência doméstica 42
3 O procedimento especial para ações de família no novo código de processo civil 45
3.1 Da necessidade de facultatividade da audiência de conciliação em ações com causa de pedir baseadas em violência doméstica 49
3.2 Revitimização 53
4 Considerações sobre os tipos de violência doméstica e suas consequências 54

5 Decisão do tribunal de justiça do estado de São Paulo 57
5.1 A necessidade do diálogo entre as fontes normativas 60
6 Considerações finais 62
Referências 64

Capítulo 4

Victoria Emily da Silva Oliveira Castro

LEI GERAL DE PROTEÇÃO DE DADOS E A ADEQUAÇÃO DOS TRIBUNAIS NO TRATAMENTO DE DADOS PESSOAIS SENSÍVEIS 69
1 Considerações iniciais 69
2 Internet e privacidade 72
3 Aspectos gerais de proteção de dados pessoais 76
3.1 Direito constitucional à proteção de dados 78
3.2 Dados pessoais e dados pessoais sensíveis 82
3.3 Dos dados inferidos 84
4 Judiciário e a implementação da LGPD 86
4.1 O conflito entre os princípios da publicidade e a proteção especial aos dados sensíveis 88
4.2 A adequação do tratamento de dados no sistema judiciário 89
5 Considerações finais 91
Referências 93

Capítulo 5

Jordano Paiva Rogério

O ATIVISMO JUDICIAL E OS PRINCÍPIOS CONSTITUCIONAIS DO PROCESSO CIVIL 97
1 Considerações iniciais 97

2 O conceito de ativismo judicial 98
2.1 O garantismo judicial 99
3 O (neo)constitucionalismo 101
3.1 O surgimento do constitucionalismo 101
3.2 O neoconstitucionalismo 104
4 Princípios constitucionais aplicáveis ao processo civil 105
4.1 Supremacia da constituição 106
4.2 Separação dos poderes 111
4.3 Devido processo legal e princípios correlatos 113
5 Considerações finais 115
Referências 117

Capítulo 6
Camilla Rodrigues Cardoso
Mariza de Souza Paiva
RESPONSABILIDADE CIVIL MÉDICA E A INVERSÃO DO ÔNUS DA PROVA: ASPECTOS PROCESSUAIS À LUZ DO CÓDIGO DE DEFESA DO CONSUMIDOR 121
1 Considerações iniciais 121
2 A prática médica e os deveres de conduta 122
3 Teoria geral da responsabilidade civil médica 125
4 Modalidades da responsabilidade civil médica 128
5 delineamentos acerca do sistema probatório na responsabilidade civil médica 133
6 Considerações finais 138
Referências 139

Capítulo 7

Mathaus Miranda Maciel

Vinícius Gurgel Araújo

STALKING E RESPONSABILIDADE CIVIL: TUTELA GERAL DOS DIREITOS DA PERSONALIDADE NA SOCIEDADE CONTEMPORÂNEA DOS DANOS 143

1 Considerações iniciais 143

2 Novos paradigmas do direito privado 145

3 Do *stalking* na sociedade da informação 147

3.1 Responsabilidade civil por perturbação do sossego e *stalking* 149

3.2 Fundamentos da reparação civil por *stalking* 154

4 Análise jurisprudencial de caso envolvendo *stalking* 157

4.1 Prova indiciária no processo civil 158

5 Considerações finais 162

Referências 163

Capítulo 8

Ana Luiza Baptista Pereira

Larissa Lauane Rodrigues Vieira

Lorena Diniz Morais

APLICAÇÃO DE INSTRUMENTOS DEMOCRÁTICOS QUE GARANTEM O ACESSO À JUSTIÇA 169

1 Considerações iniciais 169

2 História e evolução do acesso à justiça no Brasil 170

3 O acesso à justiça no processo civil brasileiro 174

4 Acesso à justiça no direito de família 178

5 Acesso à justiça das crianças e a questão da alienação parental 180

6 Considerações finais 184
Referências 185

Capítulo 9

Ester Almeida e Andrade

ANÁLISE CRÍTICA EM VIRTUDE DA ANOMIA REGULATÓRIA DO DISPOSTO NO INCISO V DO ARTIGO 927 DO CÓDIGO DE PROCESSO CIVIL DE 2015 189
1 Considerações iniciais 189
2 Diferenças entre a civil law e common law 191
2.1 A tradição *civil law* 191
2.2 A tradição *common law* 192
3 Elementos necessários para formação e aplicação do precedente 196
3.1 A doutrina do *stare decisis* 196
4 Anomia dos regimentos internos com relação à identificação e formalização dos precedentes indicados no inciso V do art. 927, código de processo civil/2015 202
4.1 A ausência de norma pelos regimentos internos 203
5 Considerações finais 211
Referências 213

Capítulo 10

Maria Clara Dias de Araújo

SESSÕES DE MEDIAÇÃO EM AMBIENTE VIRTUAL: ATUAÇÃO DO PODER JUDICIÁRIO PARA O FOMENTO REALIZAÇÃO DE MEDIAÇÕES JUDICIAIS ONLINE EM TEMPOS DE PANDEMIA 217
1 Considerações iniciais 217

2 Métodos autocompositivos 219
2.1 Mediação e conciliação no cenário jurídico brasileiro 219
2.2 Peculiaridades das características do processo de mediação judicial
.... 222
3 Mediação on-line em tempos de pandemia de covid-19 no Brasil ... 224
4 Considerações finais 229
Referências 229

Capítulo 11

Paulo Henrique Clemente de Souza Ferreira

O CABIMENTO DE AGRAVO DE INSTRUMENTO QUANDO JUIZ LIMITA LITISCONSÓRCIO EM DECISÃO DE OFÍCIO 233

1 Considerações iniciais 233
2 Teoria geral dos recursos e pressupostos recursais 234
3 Agravo de instrumento: definição e pressupostos 242
4 Cabimento de interposição de agravo de instrumento contra decisão interlocutória que limite o litisconsórcio de ofício 244
5 Considerações finais 258
Referências 259

Capítulo 12

Júlia Martins Machado

TEORIA DA ASSERÇÃO: SUA APLICAÇÃO PRÁTICA E CONSEQUÊNCIAS DE SER A PRETERIDA PELO STJ 261

1 Considerações iniciais 261
2 Ação 261
3 Teorias da ação 264
3.1 Teoria abstrata 264

3.2 Teoria eclética 265
3.3 Teoria da asserção 266
4 Consequências acarretadas pela teoria da asserção 268
5 Considerações finais 272
Referências 272

Capítulo 13

Ítalo Borges Zanina

QUESTÕES POLÊMICAS SOBRE O INCIDENTE DE RESOLUÇÃO DE DEMANDAS REPETITIVAS – IRDR: UM ESTUDO SOBRE AS PRINCIPAIS ANTINOMIAS TRAZIDAS PELO INSTITUTO DO IRDR EM RELAÇÃO A SUSPENSÃO DOS PROCESSOS QUE TRAMITAM NO ESTADO OU REGIÃO 275

1 Considerações iniciais 275
2 o instituto do IRDR e suas principais características 275
3 questões polêmicas sobre o IRDR 280
3.1 A incidência de juros de mora e correção monetária durante a suspensão do processo 280
3.2 A prescrição e decadência durante a suspensão do processo 284
4 Considerações finais 287
Referências 287

POSFÁCIO 291

PERSPECTIVAS SOBRE EMBARGOS DECLARATÓRIOS DOTADO DE EFEITO INFRINGENTE PROTELATÓRIO[1]

1

Clayton Douglas Pereira Guimarães

1 CONSIDERAÇÕES INICIAIS

A presente pesquisa intenta analisar a questão referente aos Embargos Declaratórios com Efeito Infringente Protelatório no atual sistema processual, em observância ao tratamento legal da matéria, cuja previsão normativa está no art. 1.022 e seguintes do Código de Processo Civil (CPC) de 2015, e em consonância com o modelo processual constitucional.

Conforme os ditos artigos, os Embargos de Declaração têm cabimento para sanar vícios de obscuridade, contradição, omissão ou inexatidão material.

A questão atinente ao efeito infringente em específico tem previsão no art. 1.023, § 2º, CPC, e é ocorrente excepcionalmente, em havendo decisão teratológica e sem que haja outro recurso ordinário cabível.

Já a questão referente a oposição de Embargos de Declaração com finalidade manifestamente protelatória implica na inocorrência em multa, conforme os art. 1.026, § 2º e § 3º, CPC.

É pressuposto da pesquisa que se objetiva uma noção da matéria a que se vai fazer referência, por esse motivo, fora exposto brevemente o tratamento legal ao efeito infringente nos Embargos de Declaração, bem como da oposição com finalidade protelatória, constituindo o objetivo da pesquisa, a explicação da ocorrência desses.

---

[1] Artigo originalmente publicado na Revista Juris Unitoledo, v. 4, com o título "Embargos Declaratórios com Efeito Infringente Protelatório", em razão do aprofundamento do estudo da temática julgou-se necessário proceder uma modificação Do título e dos aspectos materiais que compõem o presente estudo.

Ante as considerações iniciais, cabe fazer menção aos parâmetros metodológicos da presente pesquisa, a mesma pertence à vertente metodológica jurídico-sociológica. No tocante ao tipo de investigação, foi escolhido, na classificação Witker[2] e Gustin[3], o tipo jurídico-projetivo. De acordo com a técnica de análise de conteúdo, afirma-se que se trata de uma pesquisa teórica, o que será possível a partir da análise de conteúdo dos textos doutrinários, normas e demais dados colhidos na pesquisa.

Dessa forma, a pesquisa se propõe a discutir a questão referente aos Embargos Declaratórios com Efeito Infringente Protelatório a partir dos parâmetros anteriormente apontados.

2 DA NATUREZA JURÍDICA DOS EMBARGOS DE DECLARAÇÃO

Com o desígnio de se introduzir a matéria atinente aos Embargos de Declaração torna-se indispensável uma abordagem conceitual de modo a se tratar da natureza jurídica do Embargos de Declaração, o qual apesar de sua singularidade, trata-se de uma espécie (especial) de recurso, cabível contra acórdãos, sentenças, decisões interlocutórias e despachos, conforme entendimento do STJ.[4] Nesse mesmo sentido:

> Embora tenha desenho singular, os embargos de declaração devem ser tratados como uma espécie (especial) de recurso, haja vista que – além de arrolados expressamente pela legislação como tal (art. 994, IV, NCPC) – há no seu gabarito a união de elementos característicos (e comuns) a todo e qualquer tipo de recurso, quais sejam: (a) trata-se de ato postulatório, (b) que visa corrigir ato judicial e (c) que tem o condão de manter a litispendência (isto é, enquanto não julgados, os embargos de declaração detêm efeito próprio dos recursos que obstam os efeitos da preclusão e/ou coisa

---

[2] WITKER, Jorge. **Como elaborar una tesis en derecho:** pautas metodológicas y técnicas para el estudiante o investigador del derecho. Madrid: Civitas, 1985.
[3] GUSTIN, Miracy Barbosa de Sosa; DIAS, Maria Tereza Fonseca. **(Re)pensando a pesquisa jurídica:** teoria e prática. 3ª ed. Belo Horizonte: Del Rey, 2010.
[4] STJ, EDcl no REsp 207435/RS, 1.ª T., rel. Min. Garcia Vieira, j. 03.08.1999, DJ 20.09.1999, p. 39. 5.

julgada). Note-se, de outra banda, que os embargos de declaração devem ser recepcionados como recurso de fundamentação vinculada, pois o legislador expressamente veiculou as hipóteses em que o recurso deve ser aviado, consoante hipóteses arroladas no art. 1.022 do NCPC.[5]

Com finalidade didática cabe esclarecer que a fundamentação vinculada a que se refere a citação anterior se trata de que os Embargos de Declaração não possuem fundamentação livre, mas vinculadas, cabendo ao recorrente, portanto, indicar a questão que esteja com obscuridade, contradição, omissão e erro material.

Importante salientar que embora o art. 994, IV, CPC (2015) arrole expressamente os Embargos de Declaração como recurso[6], o STF entende que a natureza jurídica destes não é de recurso, mas de aperfeiçoamento da tutela jurisdicional.

Em se evidenciando esse tratamento aos Embargos de Declaração como aperfeiçoador da tutela jurisdicional, cabe destacar a possibilidade de oposição deste em se tratando da Justiça Comum, Justiça do Trabalho, Justiça Eleitoral, Justiça Militar, e a possibilidade deste decorre justamente do direito constitucional a decisão fundamentada.

Cabe ainda destacar a importância deste em se tratando de ramos essencialmente novos, a exemplo, o direito ambiental, quando o ramo ainda não padece de uma doutrina consolidada em se tratando de um lapso temporal, exige-se uma fundamentação ainda maior em se tratando de decisões judiciais.

Acerca da oposição dos Embargos de Declaração em matéria ambiental, Farias ao fazer referência aos Embargos de Declaração em Recurso Especial 156.899/PR e Embargos de Declaração em Recurso Especial 229.302/PR, estes puderam esclarecer a matéria ambiental que exigia uma fundamentação ainda maior em se tratando de decisões

---

[5] WAMBIER, Teresa Arruda Alvim *et al*. **Breves comentários ao novo código de processo civil**. Revista dos Tribunais, 2015. [E-book]
[6] BRASIL. Código de Processo Civil (2015). **Lei nº 13.105**, de 16 de março de 2015. Código de Processo Civil. Disponível em: http://www.planalto.gov.br/ccivil_03/_ato2015-2018/2015/lei/l13105.htm. Acesso em: 28 set. 2021.

judiciais, especificamente no que tange a responsabilidade do possuidor indireto.[7]

3 DOS REQUISITOS DE ADMISSIBILIDADE RECURSAL DOS EMBARGOS DE DECLARAÇÃO E DO JUÍZO DE MÉRITO

Requer-se para fins de admissibilidade recursal, o cumprimento dos requisitos de legitimidade e tempestividade, estas dizem respeito a: capacidade processual de estar em juízo, e efetivação dentro do prazo legal – em conformidade com o art. 1.023, Código de Processo Civil, respectivamente.

> Art. 1.023. Os embargos serão opostos, no prazo de 5 (cinco) dias, em petição dirigida ao juiz, com indicação do erro, obscuridade, contradição ou omissão, e não se sujeitam a preparo. § 1o Aplica-se aos embargos de declaração o art. 229. § 2o O juiz intimará o embargado para, querendo, manifestar-se, no prazo de 5 (cinco) dias, sobre os embargos opostos, caso seu eventual acolhimento implique a modificação da decisão embargada.[8]

Satisfeitos os requisitos de admissibilidade recursal, deve-se conhecer os Embargos de Declaração, e em seguida deve-se analisar e existência ou não dos vícios indicados de obscuridade, contradição, omissão ou erro, conforme ver-se a seguir:

> Satisfeitas tais exigências, os embargos de declaração deverão ser conhecidos. Passada a fase da admissibilidade, num segundo julgamento, ocorrerá a análise da existência ou inexistência dos vícios apontados pelo embargante, ou seja, a verificação de que o ato judicial embargado possui (ou não)

---

[7] FARIAS, Talden Queiroz; BIM, Eduardo Fortunato. O Poluidor Indireto e a Responsabilidade Civil Ambiental por Dano Precedente. **Revista Veredas do Direito**, Belo Horizonte, v. 14, n. 28, p. 127-146, jan./abr. 2017. Disponível em: http://www.domhelder.edu.br/revista/index.php/veredas/article/view/915/541. Acesso em: 28 set. 2021.

[8] BRASIL. Código de Processo Civil (2015). **Lei nº 13.105,** de 16 de março de 2015. Código de Processo Civil. Disponível em: http://www.planalto.gov.br/ccivil_03/_ato2015-2018/2015/lei/l13105.htm. Acesso em: 28 set. 2021.

obscuridade, contradição, omissão ou erro. Tal medida já faz parte do julgamento de mérito do recurso, sendo caso de provimento recursa que não pode, evidentemente, servir de condição prévia para o conhecimento do recurso.[9]

Os ditos vícios estão expressos com a seguinte redação no art. 1.022, CPC:

> Art. 1.022. Cabem embargos de declaração contra qualquer decisão judicial para: I - esclarecer obscuridade ou eliminar contradição; II - suprir omissão de ponto ou questão sobre o qual devia se pronunciar o juiz de ofício ou a requerimento; III - corrigir erro material. Parágrafo único. Considera-se omissa a decisão que: I - deixe de se manifestar sobre tese firmada em julgamento de casos repetitivos ou em incidente de assunção de competência aplicável ao caso sob julgamento; II - incorra em qualquer das condutas descritas no art. 489, § 1o.[10]

Com fim didático cabe explicar em que consistem os vícios tratados no artigo 1.022 e as funções da oposição dos Embargos de Declaração ante cada um dos ditos vícios: (a) esclarecer obscuridade ou eliminar contradição, consiste em esclarecimento em razão da incompreensão do constante na decisão ou eliminar contradição interna dentro da decisão; (b) suprimir omissão, dar-se em razão de uma decisão citra petita por não apreciar requerimento de parte ou quando não aprecia fundamento recursal para efeitos de prequestionamento; (c) e, corrigir erro material, consiste em erro flagrante na decisão; Importante destacar que embora exija-se o cumprimento dos requisitos ante expostos, é irrelevante aferir se o embargante e vencedor ou perdedor da ação judicial.

Por fim, mediante a oposição dos Embargos de Declaração, em que se seja atendido os requisitos de admissibilidade, e da verificação se a decisão embargada está acometida de algum dos vícios tratados no art. 1022 do Código de Processo Civil (2015) – este último já parte integrante

---

[9] WAMBIER, Teresa Arruda Alvim et al. **Breves comentários ao novo código de processo civil**. Revista dos Tribunais, 2015. [E-book]
[10] BRASIL. Código de Processo Civil (2015). **Lei nº 13.105,** de 16 de março de 2015. Código de Processo Civil. Disponível em: http://www.planalto.gov.br/cci vil_03/_ato2015-2018/2015/lei/l13105.htm. Acesso em: 01 de outubro de 2017.

do juízo de mérito -, exige-se o julgamento dos Embargos de Declaração em prazo de 5 (cinco) dias – pelo mesmo juiz que proferiu a decisão embargada para que este retifique sua decisão -, em conformidade com o art. 1.024, CPC (2015):

> Art. 1.024. O juiz julgará os embargos em 5 (cinco) dias. § 1o Nos tribunais, o relator apresentará os embargos em mesa na sessão subsequente, proferindo voto, e, não havendo julgamento nessa sessão, será o recurso incluído em pauta automaticamente.
> § 2o Quando os embargos de declaração forem opostos contra decisão de relator ou outra decisão unipessoal proferida em tribunal, o órgão prolator da decisão embargada decidi-los-á monocraticamente. § 3o O órgão julgador conhecerá dos embargos de declaração como agravo interno se entender ser este o recurso cabível, desde que determine previamente a intimação do recorrente para, no prazo de 5 (cinco) dias, complementar as razões recursais, de modo a ajustá-las às exigências do art. 1.021, § 1o.[11]

Importante salientar outro ponto do mesmo art. 1.024, CPC, no que se refere ao aspecto atinente a modificação da decisão embargada:

> § 4o Caso o acolhimento dos embargos de declaração implique modificação da decisão embargada, o embargado que já tiver interposto outro recurso contra a decisão originária tem o direito de complementar ou alterar suas razões, nos exatos limites da modificação, no prazo de 15 (quinze) dias, contado da intimação da decisão dos embargos de declaração. § 5o Se os embargos de declaração forem rejeitados ou não alterarem a conclusão do julgamento anterior, o recurso interposto pela outra parte antes da publicação do julgamento dos embargos de declaração será processado e julgado independentemente de ratificação.[12]

Ao se tratar da modificação da decisão embargada, faz-se referência ao efeito infringente, em caráter puramente infringente.

---

[11] BRASIL. Código de Processo Civil (2015). **Lei nº 13.105,** de 16 de março de 2015. Código de Processo Civil. Disponível em: http://www.planalto.gov.br/ccivil_03/_ato2015-2018/2015/lei/l13105.htm. Acesso em: 28 set. 2021.
[12] BRASIL. Código de Processo Civil (2015). **Lei nº 13.105,** de 16 de março de 2015. Código de Processo Civil. Disponível em: http://www.planalto.gov.br/ccivil_03/_ato2015-2018/2015/lei/l13105.htm. Acesso em: 28 set. 2021.

Primeiramente deve-se esclarecer que, quaisquer Embargos Declaratórios podem assumir efeito infringente ao cumprir sua função de suprimir a omissão, eliminar a contradição, esclarecer a obscuridade ou corrigir erro material, uma vez que estes podem alterar substancialmente o teor da decisão embargada, mas, ao tratar do efeito infringente, em caráter puramente infringente, estes em regra não são admitidos, mas excepcionalmente o são, em caso de oposição contra decisão teratológica e desde que inexista outro recurso cabível contra o provimento judicial hostilizado.

Para Gomes e Souza, os Embargos de Declaração não têm unicamente a função de corrigir os vícios de obscuridade, contradição e omissão, podendo ser atribuído efeito infringente quando opostos contra decisões teratológicas, por esse motivo, se propôs que as hipóteses elencadas nos incisos II, IV, V e IX do art. 485 do CPC (1973), sejam os casos de cabimento dos embargos declaratórios com efeito infringente, desde que inexista outro recurso cabível.[13]

Embora, o dito artigo faça referência o CPC (1973), não a prejuízo a matéria como é tratada hodiernamente, já que o entendimento é ampliativo ao acesso recursal, e a admissão dos Embargos Declaratórios seriam excepcionalmente, somente em havendo inexistência de outro recurso cabível contra o provimento judicial hostilizado e ainda que a oposição do recurso tenha se dado em razão de decisões teratológicas, ou seja, decisões conflitantes com o princípio da razoabilidade.

4   DO PREQUESTIONAMENTO

Outro elemento que merece destaque ao tratar-se de Embargos de Declaração é o prequestionamento, já que integra o art. 1.025, CPC (2015), atinente a matéria:

> Art. 1.025. Consideram-se incluídos no acórdão os elementos que o embargante suscitou, para fins de pré-questionamento,

---

[13] GOMES, Magno Federici; SOUSA, Isabella Saldanha de. Embargos de Declaração com Efeito Infringente. **Revista Magister de Direito Civil e Processual Civil**, Porto Alegre, v. 9, n. 28, p. 42-65, jan./fev. 2009. Disponível em: http://bdjur.tjdft.jus.br/xmlui/handle/123456789/2190. Acesso em: 28 set. 2021.

ainda que os embargos de declaração sejam inadmitidos ou rejeitados, caso o tribunal superior considere existentes erro, omissão, contradição ou obscuridade.[14]

A situação acima descrita referente a oposição de embargos de declaração, independente do êxito do mesmo se denomina prequestionamento ficto. Note, entretanto, que prequestionamento ficto não se confunde com prequestionamento implícito, neste o tribunal não deixou de apreciar texto de lei, apenas não menciona expressamente o dispositivo.

Observe-se ainda, que o prequestionamento não possui conceito expresso no ordenamento legal, sendo seu conceito depreendido da Constituição da República Federativa do Brasil (1988).

> Embora o prequestionamento não possua conceituação expressa no ordenamento legal, seus contornos são extraídos dos arts. 102, III e 105, III da CF/1988, fixando-se noção de que somente as causas (= questões) decididas é que poderão ser objeto dos recursos excepcionais dirigidos às Cortes superiores, sendo, pois, requisito de acesso (admissibilidade recursal). Assim, para a saudável interposição dos recursos excepcionais (NCPC: recurso extraordinário e recurso especial – arts. 1.029 e seguintes), deve a questão constitucional (no caso de recurso extraordinário) ou federal (no caso de recurso especial) estar contida na decisão recorrida.[15]

Depreende-se da Constituição que somente as causas decididas podem ser objeto de recurso nas cortes superiores, desse modo a questão aventada deve necessariamente estar contida na decisão recorrida.

5 DO EFEITO INTERRUPTIVO DOS EMBARGOS DE DECLARAÇÃO E DOS EMBARGOS DE DECLARAÇÃO E DAS HIPÓTESES EM QUE NÃO OCORRERÁ O EFEITO INTERRUPTIVO

---

[14] BRASIL. Código de Processo Civil (2015). **Lei nº 13.105,** de 16 de março de 2015. Código de Processo Civil. Disponível em: http://www.planalto.gov.br/ccivil_03/_ato2015-2018/2015/lei/l13105.htm. Acesso em: 01 de outubro de 2017.
[15] WAMBIER, Teresa Arruda Alvim *et al*. **Breves comentários ao novo código de processo civil**. Revista dos Tribunais, 2015. [E-book]

A última consideração, sobre elementos constantes na lei sobre Embargos de Declaração dizem respeito ao efeito interruptivo do prazo para a interposição de recurso, nesse sentido dispõe o art. 1.026 do CPC (2015):

> Art. 1.026. Os embargos de declaração não possuem efeito suspensivo e interrompem o prazo para a interposição de recurso. § 1o A eficácia da decisão monocrática ou colegiada poderá ser suspensa pelo respectivo juiz ou relator se demonstrada a probabilidade de provimento do recurso ou, sendo relevante a fundamentação, se houver risco de dano grave ou de difícil reparação. § 2o Quando manifestamente protelatórios os embargos de declaração, o juiz ou o tribunal, em decisão fundamentada, condenará o embargante a pagar ao embargado multa não excedente a dois por cento sobre o valor atualizado da causa. § 3o Na reiteração de embargos de declaração manifestamente protelatórios, a multa será elevada a até dez por cento sobre o valor atualizado da causa, e a interposição de qualquer recurso ficará condicionada ao depósito prévio do valor da multa, à exceção da Fazenda Pública e do beneficiário de gratuidade da justiça, que a recolherão ao final. § 4o Não serão admitidos novos embargos de declaração se os 2 (dois) anteriores houverem sido considerados protelatórios.[16]

O dito efeito interruptivo consiste em ficar interrompida a fluência de prazo para o eventual recurso de revisão. O efeito interruptivo faz com que a contagem do prazo volte à estaca zero.

Observa-se que o artigo ante exposto, faz referência aos Embargos Declaratórios manifestamente protelatórios, em tese seriam protelatórios os Embargos Declaratórios nas seguintes duas hipóteses, quais sejam, o recorrente não aponta, de forma concreta, nenhuma das hipóteses de cabimento (obscuridade, contradição ou omissão), ficando claro o objetivo protelatório; ou o recorrente visa rediscutir matéria já apreciada e decidida pela Corte de origem em conformidade com súmula do STJ ou STF ou, ainda, precedente julgado pelo rito do recurso repetitivo ou da repercussão geral.

---

[16] BRASIL. Código de Processo Civil (2015). **Lei nº 13.105,** de 16 de março de 2015. Código de Processo Civil. Disponível em: http://www.planalto.gov.br/cci vil_03/_ato2015-2018/2015/lei/l13105.htm. Acesso em: 28 set. 2021.

Aduz o referido artigo 1.026, CPC (2015) que quando manifestamente protelatórios os Embargos de Declaração, o juiz ou o tribunal, em decisão fundamentada, condenará o embargante a pagar ao embargado multa não excedente a dois por cento sobre o valor atualizado da causa, e essa é a punição adequada para a oposição de embargos declaratórios protelatórios, ou seja, com o objetivo de rediscutir a matéria e mesmo que eles não apontem obscuridade, contradição, omissão ou erro material, ainda assim tais embargos deverão ser conhecidos e, se for o caso, rejeitados. Portanto, haverá interrupção do prazo para os demais recursos.

No entanto, há situações em que não haverá a interrupção do prazo, quais sejam, quando os embargos de declaração forem intempestivos (tiverem sido opostos fora do prazo); não serão admitidos novos embargos de declaração se a parte já tiver apresentados dois embargos anteriormente e estes tiverem sido considerados protelatórios (§ 4º do art. 1.026 do CPC 2015).

Nesse sentido, o Enunciado nº 361 do Fórum Permanente de Processualistas Civis: "Na hipótese do art. 1.026, § 4º, não cabem embargos de declaração e, caso opostos, não produzirão qualquer efeito".[17]

Ainda, cabe destacar que:

> Não se consideram protelatórios os embargos, quando interpostos com o intuito de viabilizar a ocorrência de prequestionamento (cf. Enunciado 98 da Súmula do STJ), salvo quando tiverem por objetivo rediscutir matéria decidida pela decisão embargada em conformidade com súmula do STJ ou STF ou, ainda, decisão proferida em julgamento de recurso extraordinário com repercussão geral ou recurso especial repetitivo (cf. STJ, REsp repetitivo 1.410.839, nota supra).[18]

Desse modo, esclarece-que que embargos declaratórios interpostos com a finalidade de viabilizar o prequestionamento, não devem ser

---

[17] FÓRUM PERMANENTE DE PROCESSUALISTAS CIVIS. **Enunciado nº 361.** Disponível em: http://www.cpcnovo.com.br/wp-content/uploads/2016/06/FPPC-Carta-de-Sa%CC%83o-Paulo.pdf. Acesso em 12 de outubro de 2017
[18] MEDINA, José Miguel Garcia. **Novo Código de Processo Civil Comentado.** 2º. ed. Revista dos Tribunais, 2015. [E-book].

considerados problelatórios, na medida em que buscam o cumprimento do requisito constitucional de que somente as causas decididas podem ser objeto de recurso nas cortes superiores.

6 DOS EMBARGOS DECLARATÓRIOS COM EFEITO INFRINGENTE PROTELATÓRIO

O Embargo de Declaração, em suma, tem a finalidade de sanar vícios de obscuridade, contradição, omissão ou inexatidão material. E excepcionalmente tem a finalidade atípica de modificar, esta denominada efeito infringente, que ocorre em havendo decisão teratológica e não sendo cabível outro recurso cabível.

Uma vez opostos os Embargos declaratórios seja com intuito de produzirem seus efeitos normais ou com o intuito de que lhe sejam atribuídos efeito infringente pode-se incorrer no caráter protelatório, e conseguinte aplicação de multa.

Seriam protelatórios os Embargos Declaratórios em duas hipóteses, quais sejam, o recorrente não aponta, de forma concreta, nenhuma das hipóteses de cabimento (obscuridade, contradição, omissão ou inexatidão material), ficando claro o objetivo protelatório; ou o recorrente visa rediscutir matéria já apreciada e decidida pela Corte de origem em conformidade com súmula do STJ ou STF ou, ainda, precedente julgado pelo rito do recurso repetitivo ou da repercussão geral.

Nestas duas hipóteses faz-se referência aos Embargos de Declaração opostos com intuito de produzir seus efeitos normais sanar obscuridade, contradição, omissão ou inexatidão material.

No caso dos Embargos Declaratórios com efeito infringente, sustenta-se que seriam cabíveis, no mínimo nas hipóteses do art. 966, II, IV, V e VIII, CPC (2015), contra decisões teratológicas e que não caiba outro recurso.

Ante o referido argumento, é necessário verificar o tratamento jurisprudencial dado a matéria:

> EMENTA: EMBARGOS DE DECLARAÇÃO - VÍCIO - REAPRECIAÇÃO DE PROVAS E ARGUMENTOS - PREQUESTIONAMENTO -

> RECURSO **PROTELATÓRIO** - MULTA. Não se admite **efeito infringente** aos embargos de declaração, se a análise dos argumentos expendidos em Apelação consta do julgado. Não se prestam os Embargos de Declaração ao prequestionamento de matéria para interposição de recursos aos tribunais superiores se não há qualquer vício no julgamento embargado. Verificando-se que se trata de embargos manifestamente protelatórios, deve ser imposta, ao Embargante, a multa de 1% sobre o valor da causa.[19]

Na referida ementa assevera-se que os Embargos de Declaração não se prestam ao prequestionamento de matéria para interposição de recursos aos tribunais superiores se não há qualquer vício no julgamento embargado. No entanto, este entendimento não é concorde com o enunciado 98 da Súmula do STJ, na qual assevera-se que não se consideram protelatórios os embargos, quando interpostos com o intuito de viabilizar a ocorrência de prequestionamento, salvo quando tiverem por objetivo rediscutir matéria decidida pela decisão embargada em conformidade com súmula do STJ ou STF ou, ainda, decisão proferida em julgamento de recurso extraordinário com repercussão geral ou recurso especial repetitivo. Ainda para fins de verificação de caráter protelatório dever-se-ia verificar se embora não indicados os referidos vícios, intenta-se efeito infringente ante decisão teratológica e inexistência de outro recurso cabível, se nas hipóteses do art. 966, II, IV, V e VIII, CPC (2015).

> EMENTA: EMBARGOS DE DECLARAÇÃO - OMISSÃO: NÃO OCORRÊNCIA – **EFEITO INFRINGENTE**: EFEITO SECUNDÁRIO - INTUITO **PROTELATÓRIO**: MULTA. 1. Mesmo para o fim de **efeito** modificativo, imprescindível que a decisão a se declarar padeça de algum dos vícios tipificados no art. 1.022 do CPC/2015. 2. Sem omissão, obscuridade, contradição e/ou erro material na decisão, nega-se provimento ao recurso. 3. Se o embargante

---

[19] BRASIL. Tribunal de Justiça de Minas Gerais. **Processo – 1.0024.08.138384-6/007**. Relator: Des.(a) Evangelina Castilho Duarte, 28 de abril de 2016. Disponível em: http://www5.tjmg.jus.br/jurisprudencia/pesquisaPalavrasEspelhoAcordao.do?&numeroRegistro=2&totalLinhas=166&paginaNumero=2&linhasPorPagina=1&palavras=efeito%20infringente%20protelat%F3rio&pesquisarPor=ementa&pesquisaTesauro=true&orderByData=1&pesquisaPalavras=Pesquisar&. Acesso em: 28 set. 2021.

lastreia suas alegações em contrariedade flagrante com os fatos processuais, em manifesto intuito **protelatório**, incorre em situação de abuso do direito de recorrer e, por isso, cabível a aplicação de multa.[20]

A referida ementa também faz exigência de apontamento dos vícios para que haja juízo de mérito positivo dos Embargos de Declaração, merecendo resposta igual a anteriormente dada, exigindo-se a verificação dos demais requisitos.

7 CONSIDERAÇÕES FINAIS

Observe que a função dos Embargos de Declaração é a proteção de garantias constitucionais, já que a Constituição assegura o direito a motivação decisória (art. 93, IX e X, CRFB/88), em outras palavras por intermédio do dito recurso permitem que o jurisdicionado sane obscuridade na prestação jurisdicional. Para enfatizar que este se presta a assegurar a motivação decisória basta destacar que o Embargo de Declaração é cabível de contra acórdãos, sentenças, decisões interlocutórias, e despachos conforme entendimento do STJ, ou seja, qualquer ato que exija motivação.

Merece destaque também que a oposição de Embargos de Declaração atente o princípio da celeridade, pois em tese, evita a interposição de recurso diverso.

Por esse motivo, verifica-se a previsão expressa dos efeitos infringentes para que assegure-se o direito a decisão motivada, mesmo que este seja ocorrente excepcionalmente, em havendo decisões teratológicas, ou seja, decisões conflitantes com o princípio da razoabilidade, não tendo, portanto, a mera função de corrigir os vícios de obscuridade, contradição e omissão, importante salientar que para este ainda deve inexistir possibilidade de interposição de outro recurso, e

---

[20] BRASIL. Tribunal de Justiça de Minas Gerais. **Processo – 1.0000.16.079656-1/001**. Relator: Des.(a) Oliveira Firmo, 04 de julho de 2017. Disponível em: http://www5.tjmg.jus.br/jurisprudencia/pesquisaPalavrasEspelhoAcordao.do?&numeroRegistro=1&totalLinhas=166&paginaNumero=1&linhasPorPagina=1&palavras=efeito%20infringente%20protelat%F3rio&pesquisarPor=ementa&pesquisaTesauro=true&orderByData=1&pesquisaPalavras=Pesquisar&. Acesso em: 28 set. 2021.

embora a jurisprudência insiste em para atribuição do efeito modificativo, que a decisão a se declarar padeça de algum dos vícios tipificados no art. 1.022 do CPC (2015), em consonância com o processo constitucional o mesmo não parece acertado, seria no mínimo cabível os Embargos de Declaração também nas hipóteses do art. 966, II, IV,V e VIII, CPC (2015). E nos referidos casos, não seria, portanto, a interposição manifestamente protelatória, não tendo o porquê da incidência de multa.

REFERÊNCIAS

BRASIL. Constituição (1988). **Constituição da República Federativa do Brasil.** Brasília: Senado Federal, 1988. Disponível em: http://www.planalto.gov.br/ccivil_03/constituicao/constituicao.htm. Acesso em: 28 set. 2021.

BRASIL. Código de Processo Civil (2015). **Lei nº 13.105,** de 16 de março de 2015. Código de Processo Civil. Disponível em: http://www.planalto.gov.br/ccivil_03/_ato2015-2018/2015/lei/l13105.htm. Acesso em: 28 set. 2021.

BRASIL. Tribunal de Justiça de Minas Gerais. **Processo – 1.0000.16.079656-1/001.** Relator: Des.(a) Oliveira Firmo, 04 de julho de 2017. Disponível em: http://www5.tjmg.jus.br/jurisprudencia/pesquisaPalavrasEspelhoAcordao.do?&numeroRegistro=1&totalLinhas=166&paginaNumero=1&linhasPorPagina=1&palavras=efeito%20infringente%20protelat%F3rio&pesquisarPor=ementa&pesquisaTesauro=true&orderByData=1&pesquisaPalavras=Pesquisar&. Acesso em: 28 set. 2021.

BRASIL. Tribunal de Justiça de Minas Gerais. **Processo – 1.0024.08.138384-6/007.** Relator: Des.(a) Evangelina Castilho Duarte, 28 de abril de 2016. Disponível em: http://www5.tjmg.jus.br/jurisprudencia/pesquisaPalavrasEspelhoAcordao.do?&numeroRegistro=2&totalLinhas=166&paginaNumero=2&linhasPorPagina=1&palavras=efeito%20infringente%20protelat%F3rio&pesquisarPor=ementa&pesquisaTesauro=true&orderByData=1&pesquisaPalavras=Pesquisar&. Acesso em: 28 set. 2021.

BRASIL. Superior Tribunal de Justiça. **Embargos de Declaração no Recurso Especial 156.899/PR.** Relator: Garcia Vieira – Primeira Turma, Diário de Justiça da União, Brasília, 08 set. 1998b. Disponível em: https://ww2.stj.jus.br/processo/ita/listarAcordaos?classe=&num_processo=&num_registro=199700860515&dt_publicacao=8/9/1998. Acesso em: 28 set. 2021.

BRASIL. Superior Tribunal de Justiça. **Embargos de Declaração no Recurso Especial 229.302/PR.** Relator: Garcia Vieira – Primeira Turma, Diário de Justiça da União, Brasília, 7 fev. 2000. Disponível em: https://ww2.stj.jus.br/processo/ita/listarAcordaos?classe=&num_ processo=&num_registro=199900811658&dt_publicacao=7/2/2000. Acesso em: 28 set. 2021.

FARIAS, Talden Queiroz; BIM, Eduardo Fortunato. O Poluidor Indireto e a Responsabilidade Civil Ambiental por Dano Precedente. **Revista Veredas do Direito**, Belo Horizonte, v. 14, n. 28, p. 127-146, jan./abr. 2017. Disponível em: http://www.domhelder.edu.br/revista/index.php/veredas/article/view/915/541. Acesso em: 28 set. 2021.

FÓRUM PERMANENTE DE PROCESSUALISTAS CIVIS. **Enunciado nº 361.** Disponível em: http://www.cpcnovo.com.br/wp-content/uploads/2016/06/FPPC-Carta-de-Sa%CC%83o-Paulo.pdf. Acesso em: 28 set. 2021.

GOMES, Magno Federici; SOUSA, Isabella Saldanha de. Embargos de Declaração com Efeito Infringente. **Revista Magister de Direito Civil e Processual Civil,** Porto Alegre, v. 9 n. 28, p. 42-65, jan./fev. 2009. Disponível em: http://bdjur.tjdft.jus.br/xmlui/handle/123456789/2190. Acesso em: 28 set. 2021.

GUSTIN, Miracy Barbosa de Sosa; DIAS, Maria Tereza Fonseca. **(Re)pensando a pesquisa jurídica:** teoria e prática. 3ª ed. Belo Horizonte: Del Rey, 2010.

MEDINA, José Miguel Garcia. **Novo Código de Processo Civil Comentado.** 2º. ed. Revista dos Tribunais, 2015. [E-book].

WAMBIER, Teresa Arruda Alvim *et al*. **Breves comentários ao novo código de processo civil**. Revista dos Tribunais, 2015. [E-book]

WITKER, Jorge. **Como elaborar una tesis en derecho:** pautas metodológicas y técnicas para el estudiante o investigador del derecho. Madrid: Civitas, 1985.

O PRINCÍPIO DA PUBLICIDADE DOS ATOS PROCESSUAIS CIVIS E O DIREITO FUNDAMENTAL À PROTEÇÃO DE DADOS PESSOAIS: DIRETRIZES PARA UMA BALIZE ENTRE OS DIREITOS NO BRASIL

2

Glayder Daywerth Pereira Guimarães

1 CONSIDERAÇÕES INICIAIS

A presente pesquisa funda-se no tema do Direito Processual Civil e do Direito Digital, notadamente no que tange à proteção de dados pessoais em processos eletrônicos, permitindo-se, o quanto possível um estudo relativo à compatibilização do princípio à publicidade dos atos processuais com o direito à proteção da intimidade, privacidade e autodeterminação informativa. Ressalta-se, a crescente atenção em âmbito nacional e internacional, no que se refere aos impactos da difusão de dados pessoais em ambiente físico e digital, de modo que, diversas regulamentações sobre a temática foram criadas nos últimos anos.

Nesse sentido, o estudo pretende analisar a sociedade da informação, suas características distintivas e elementares, bem como seus impactos na vida das pessoas de modo a compreender o valor da informação e dos dados na contemporaneidade. Ademais, aborda-se o tema do princípio da publicidade dos atos processuais e da proteção dos dados pessoais no Brasil, buscando-se, evidenciar suas principais características, perspectivas e desafios. Nesse deslindar aborda-se o tema da anonimização de dados como uma possibilidade na compatibilização entre publicidade dos atos processuais e proteção de dados pessoais, garantindo-se, desse modo, a maior amplitude a ambos os direitos.

A discussão proposta demonstra-se prospectiva e harmônica com a atual conjuntura social do mundo, ao passo que a proteção de dados é, hoje, um dos temas mais debatidos na doutrina nacional e internacional. Nesse contexto, compreende-se ser inadmissível que o poder judiciário possa expor dados diversos de pessoas uma vez que a Lei Geral de Proteção de Dados impõe a agentes públicos e privados o dever de tratamento adequado dos dados e correspectivas responsabilizações na hipótese em que falhem com esse dever.

Em vista da consecução da pesquisa, restou delimitada a problemática relativa à compatibilização do princípio da publicidade dos atos processuais e do direito à proteção da intimidade, privacidade e autodeterminação informativa sob o prisma de uma sociedade da informação.

A partir das reflexões preliminares sobre o tema, é possível afirmar que no contexto da sociedade da informação os dados representam um ativo de grande valor e que podem ser utilizados de inúmeras maneiras em detrimento dos interesses das pessoas a quais dizem respeito, nesse sentido, a proteção dos dados torna-se pressuposto para o livre desenvolvimento da personalidade. Logo, faz-se necessário repensar a sistemática da publicidade dos atos processuais no Brasil, de modo a garantir a privacidade, intimidade e autodeterminação informativas dos indivíduos.

A pesquisa que se propõe pertence à vertente metodológica jurídico-sociológica. No tocante ao tipo de investigação, foi escolhido, na classificação proposta por Jorge Witker[1] e Miracy Barbosa de Sousa Gustin e Maria Tereza Fonseca,[2] o tipo jurídico-projetivo. De acordo com a técnica de análise do conteúdo, afirma-se que se trata de uma pesquisa teórica, o que será possível a partir da análise de conteúdo da doutrina e demais legislação pertinente.

Por fim, o estudo propõe lançar luzes sobre a temática proposta com a finalidade de apresentar soluções adequadas no tocante a compatibilização, no âmbito do direito pátrio, do princípio da publicidade dos atos processuais e do direito à proteção da intimidade, privacidade e autodeterminação informativa tal como esculpidos na Lei Geral de Proteção de Dados.

---

[1] WITKER, Jorge. **Como elaborar una tesis en derecho: pautas metodológicas y técnicas para el estudiante o investigador del derecho.** Madrid: Civitas, 1985.

[2] GUSTIN, Miracy Barbosa de Sousa; DIAS, Maria Tereza Fonseca. **(Re)pensando a pesquisa jurídica: teoria e prática.** 3ª. ed. Belo Horizonte: Del Rey, 2010.

2 DELINEAMENTOS DA SOCIEDADE DA INFORMAÇÃO

A sociedade experienciou uma série de significativas alterações ao longo de seu percurso histórico. Em cada período da sociedade determinado fator se evidenciava, a religião, a filosofia, o mercado, a industrialização e, mais recentemente, a informação.

Contemporaneamente a sociedade vivencia uma fase denominada como "sociedade da informação",[3] na qual os paradigmas do espaço e do tempo são quebrados com o advento e desenvolvimento da internet.

Hoje a internet pode ser compreendida como extensão da própria pessoa, de modo que é um espaço de construção da identidade, de relacionamento com pessoas diversas, de aquisição e desenvolvimento de competências, entretenimento, lazer, trabalho, consumo, e diversas outras atividades, representando, portanto, parte relevante e imprescindível da vida das pessoas.

Em 2006 Clive Humby proclamava a icônica frase *"data is the new oil"*, tal afirmação foi o prenuncio para o mundo da importância que os dados tomariam nos anos subsequentes.[4] A despeito da referida frase se demonstrar incorreta em relação às propriedades singulares do petróleo e dos dados, notadamente em relação a escassez e reutilização, a frase exterioriza que dados, assim como petróleo são um ativo de grande valor e que necessitam de passar por um processo de processamento para sua utilização.

Em todo o mundo dados são criados a todo instante em uma velocidade cada vez maior.

> *The total amount of data created, captured, copied, and consumed globally is forecast to increase rapidly, reaching 64.2 zettabytes in 2020. Over the next five years up to 2025, global data creation is projected to grow to more than 180 zettabytes. In 2020, the amount of data created and replicated reached a new high. The growth was higher than previously*

---

[3] CASTELLS, Manuel. **The Information Age:** Economy Society and Culture. Vol. I: The Rise of the Network Society. 2. ed. Oxford: Blackwell Publishing Ltd, 2000.
[4] BRIDLE, James. Data isn't the new oil — it's the new nuclear power. **TED.** 2018. Disponível em: https://ideas.ted.com/opinion-data-isnt-the-new-oil-its-the-new-nuclear-power/. Acesso em: 20 jun 2021.

expected caused by the increased demand due to the COVID-19 pandemic, as more people worked and learned from home and used home entertainment options more often.[5]

No contexto da sociedade da informação dados podem ser utilizados de inúmeras maneiras, seja para apuração de inteligências artificiais por meio de mecanismos de *machine learning* seja para resolução de problemas por meio do *big data*, ou mesmo para utilização indevida por meio de publicidades direcionadas, roubo de identidades e demais crimes cibernéticos.

3 BREVES NOTAS SOBRE O PRINCÍPIO DA PUBLICIDADE DOS ATOS PROCESSUAIS NO BRASIL

A Publicidade é, essencialmente, um princípio democrático, de modo que informações e dados são disponibilizados a todas as pessoas para que possam, então, averiguar os elementos levados a público seja em relação a matéria ou a forma.[6] Tal princípio pode ser vislumbrado de diferentes maneiras no contexto do Estado Brasileiro. Para fins da presente pesquisa estuda-se especificamente a publicidade dos atos processuais.

A Publicidade dos Atos Processuais é um princípio de égide constitucional, o qual se encontra esculpido nos artigos 5º LX; 37, *caput*; e 93, IX; da Constituição da República Federativa do Brasil.

O texto constitucional concebe em seu artigo 37, dentre outros, o princípio geral da publicidade para a administração pública direta e

---

[5] HOLST, Arne. Volume of data/information created, captured, copied, and consumed worldwide from 2010 to 2025. **Statista**. 2021. Disponível em: https://www.statista.com/statistics/871513/worldwide-data-created/. Acesso em: 27 ago 2021.

[6] ARGONDIZO, Luís Fernando Centurião; DIAS, Anita Branco; MUNARO, Marcos Vinicius Tombini. Princípio da publicidade dos atos processuais como garantidor do acesso à justiça. **Anais do 15º Encontro Científico Cultural Interinstitucional e 1º Encontro Internacional.** 2017. Disponível em: https://www.fag.edu.br/mvc/assets/pdfs/anais-2017/Luis%20Fernando%20Centuriao%20Argondizo-lf_centuriao@hotmail.com-2.pdf. Acesso em: 17 ago. 2021.

indireta de qualquer dos Poderes da União, dos Estados, do Distrito Federal e dos Municípios.[7]

Complementarmente o artigo 5º, LX, determina, especificamente, a publicidade dos atos processuais, de modo que somente a própria lei poderá restringir a publicidade dos atos processuais quando a defesa da intimidade ou o interesse social o exigirem.[8]

A Constituição apresenta, ainda, no bojo do artigo 93, IX, a publicidade de todos os julgamentos do Poder Judiciário, ressalvada a hipótese na qual essa possa causar prejuízos à intimidade do interessado, salvo nos casos em que tal restrição à publicidade possa lesar o interesse público à informação.[9]

> A consagração dos direitos relativos à publicidade dos atos praticados pelo Estado, notadamente em sua função jurisdicional, consubstancia a base da própria ordem democrática, de modo que, no contexto de um estado democrático de direito não se admite, como regra, a existência de atos reservados, sob os quais os indivíduos não possam ter

---

[7] Art. 37. A administração pública direta e indireta de qualquer dos Poderes da União, dos Estados, do Distrito Federal e dos Municípios obedecerá aos princípios de legalidade, impessoalidade, moralidade, publicidade e eficiência e, também, ao seguinte: (BRASIL. **Constituição da República Federativa do Brasil.** 1988. Disponível em: http://www.planalto.gov.br/ccivil_03/Constituica o/ConstituicaoCompilado.htm. Acesso em: 15 jan. 2021.)

[8] Art. 5º Todos são iguais perante a lei, sem distinção de qualquer natureza, garantindo-se aos brasileiros e aos estrangeiros residentes no País a inviolabilidade do direito à vida, à liberdade, à igualdade, à segurança e à propriedade, nos termos seguintes: [...] LX – a lei só poderá restringir a publicidade dos atos processuais quando a defesa da intimidade ou o interesse social o exigirem; (BRASIL. **Constituição da República Federativa do Brasil.** 1988. Disponível em: http://www.planalto.gov.br/ccivil_03/Constituicao/Consti tuicaoCompilado.htm. Acesso em: 15 jan. 2021.)

[9] Art. 93. Lei complementar, de iniciativa do Supremo Tribunal Federal, disporá sobre o Estatuto da Magistratura, observados os seguintes princípios: IX todos os julgamentos dos órgãos do Poder Judiciário serão públicos, e fundamentadas todas as decisões, sob pena de nulidade, podendo a lei limitar a presença, em determinados atos, às próprias partes e a seus advogados, ou somente a estes, em casos nos quais a preservação do direito à intimidade do interessado no sigilo não prejudique o interesse público à informação; (BRASIL. **Constituição da República Federativa do Brasil.** 1988. Disponível em: http://www.planalto.go v.br/ccivil_03/Constituicao/ConstituicaoCompilado.htm. Acesso em: 15 jan. 2021.)

conhecimento. Nesse sentido, a publicidade dos atos processuais integra o próprio conceito de devido processo legal, ao passo que os indivíduos podem fiscalizar a atividade jurisdicional, isto é, se a lei está sendo seguida. Destaca-se, todavia, que tal direito não se estabelece em função do conhecimento do conteúdo do caso concreto, mas no supervisionamento da aplicação do direito nos moldes e limites estabelecidos pelo ordenamento jurídico.[10]

A regra estabelecida pela Constituição da República de 1988 é a da publicidade dos atos processuais, prestigiando-se, assim, uma transparência em relação as ações do Poder Judiciário.

O Código de Processo Civil de 2015 reforça a disciplina constitucional sobre a matéria e prevê em seu artigo 8º que o juiz, em sua atividade jurisdicional deverá se atentar ao princípio da publicidade.[11]

Considerando ser a publicidade dos atos processuais uma regra, as exceções devem estar previstas em lei, nesse sentido, o artigo 189 do CPC complementa o regramento constitucional e apresenta as hipóteses nas quais a publicidade dos atos processuais poderá ser restringida, de modo a se garantir outros princípios e direitos.[12]

Por fim, o Código de Processo Civil, atento as evoluções tecnológicas informacionais vivenciadas nas últimas décadas, impõe, por

---

[10] GUIMARÃES, Clayton Douglas Pereira; GUIMARÃES, Glayder Daywerth Pereira. Publicidade Processual e Proteção de Dados. **Magis: Portal Jurídico.** 2021. Disponível em: https://magis.agej.com.br/publicidade-processual-e-prote cao-de-dados/. Acesso em: 21 ago. 2021.

[11] Art. 8º Ao aplicar o ordenamento jurídico, o juiz atenderá aos fins sociais e às exigências do bem comum, resguardando e promovendo a dignidade da pessoa humana e observando a proporcionalidade, a razoabilidade, a legalidade, a publicidade e a eficiência. (BRASIL. **Código de Processo Civil.** Lei nº 13.105/2015. Disponível em: https://bit.ly/3xL5HGP. Acesso em: 16 jul. 2021.)

[12] Art. 189. Os atos processuais são públicos, todavia tramitam em segredo de justiça os processos: I - em que o exija o interesse público ou social; II - que versem sobre casamento, separação de corpos, divórcio, separação, união estável, filiação, alimentos e guarda de crianças e adolescentes; III - em que constem dados protegidos pelo direito constitucional à intimidade; IV - que versem sobre arbitragem, inclusive sobre cumprimento de carta arbitral, desde que a confidencialidade estipulada na arbitragem seja comprovada perante o juízo. (BRASIL. **Código de Processo Civil.** Lei nº 13.105/2015. Disponível em: https://bit.ly/3xL5HGP. Acesso em: 16 jul. 2021.)

meio do artigo 194 que os sistemas de automação processual deverão respeitar o princípio da publicidade dos atos processuais.[13]

Nessa perspectiva, hoje, a resolução 121/2010 do Conselho Nacional de Justiça é a responsável por regular a temática dos processos eletrônicos.[14]

> Tal resolução prevê, em termos gerais, que qualquer pessoa pode consultar eletronicamente certos *"dados básicos do processo"*, tais como o nome das partes e de seus advogados e o inteiro teor das decisões, sentenças, votos e acórdãos. Trata-se da "consulta processual" disponibilizada nos sites dos tribunais conforme esses parâmetros do CNJ. Já os autos eletrônicos completos, incluindo os documentos juntados pelas partes, não são acessíveis ao público. Seu conteúdo, entretanto, pode ser consultado por advogados, defensores públicos, procuradores e membros do Ministério Público, mesmo que não vinculados ao processo, mas desde que previamente identificados no sistema do tribunal, o que amplia bastante o rol de pessoas autorizadas ao acesso.[15]

À luz da Constituição da República de 1988, do Código de Processo Civil e da Resolução 121/2010 do Conselho Nacional de Justiça, a publicidade dos atos processuais goza de ampla proteção e uma garantia quase absoluta, sendo restringida somente em hipóteses previamente determinadas.

> Em um sentido mais amplo, a divulgação de informações da prestação jurisdicional, em termos estatísticos e de conteúdo,

---

[13] Art. 194. Os sistemas de automação processual respeitarão a publicidade dos atos, o acesso e a participação das partes e de seus procuradores, inclusive nas audiências e sessões de julgamento, observadas as garantias da disponibilidade, independência da plataforma computacional, acessibilidade e interoperabilidade dos sistemas, serviços, dados e informações que o Poder Judiciário administre no exercício de suas funções. (BRASIL. **Código de Processo Civil.** Lei nº 13.105/2015. Disponível em: https://bit.ly/3xL5HGP. Acesso em: 16 jul. 2021.)
[14] BRASIL, Conselho Nacional de Justiça. **Resolução nº 121 de 05/10/2010.** https://atos.cnj.jus.br/atos/detalhar/atos-normativos?documento=92. Acesso em: 01 ago. 2021.
[15] MARANHÃO, Juliano; ANDRADE, Rafael Campedelli. O desafio da harmonização entre publicidade e proteção de dados pessoais. **Conjur.** 2021. Disponível em: https://www.conjur.com.br/2021-fev-02/direito-digital-harmonizacao-entre-publicidade-protecao-dados-pessoais. Acesso em: 12 ago. 2021.

serve à segurança jurídica, permitindo que os cidadãos conheçam os precedentes judiciais, bem como serve a instrumentos de investigação científica, que, não raro, se prestam à busca de soluções ao aperfeiçoamento do sistema judiciário.[16]

A publicidade dos atos processuais é, indubitavelmente, um dos fundamentos do estado democrático de direito. Todavia, pouca atenção foi dada a proteção dos dados das partes que integram o processo, de modo que, somente com o advento da LGPD a temática alcançou o merecido espaço para discussão.

4 CONSIDERAÇÕES ACERCA DA PROTEÇÃO DE DADOS NO BRASIL

A proteção de dados pessoais é um dos temais debatidos contemporaneamente no direito, seja em âmbito nacional ou internacional, de modo que inúmeros estudos têm sido desenvolvidos sobre a temática, sob as mais diversas vertentes.

> *The protection of personal data is justified against the background of protecting individuals' fundamental rights and freedoms, in particular the right to privacy and the new right to the protection of personal data.*[17]

Percebe-se que a proteção de dados é tema adstrito à proteção da privacidade, de modo a possibilitar que os sujeitos de direito possam exercer sua personalidade com liberdade determinando suas próprias informações.

---

[16] PERLINGEIRO, Ricardo. O livre acesso à informação, as inovações tecnológicas e a publicidade processual. **RePro – Revista de Processo.** v. 203, p. 157, 2012. Disponível em: https://papers.ssrn.com/sol3/papers.cfm?abstract_id=2196883. Acesso em: 10 set. 2021.

[17] OOSTVEEN, Manon; IRION, Kristina. The Golden Age of Personal Data: How to Regulate an Enabling Fundamental Right? *In:* BAKHOUM, Mor; GALLEGO, Beatriz Conde; MACKENRODT, Mark-Oliver; SURBLYTÉ-NAMAVIČIENÉ, Gintaré. **Personal Data in Competition, Consumer Protection and Intellectual Property Law:** Towards a Holistic Approach? 2018, p. 8.

Constituição Federal de 1988 protege, de maneira esparsa, o direito à privacidade, englobando, segundo a doutrina, a proteção aos dados pessoais, tanto no meio físico como digital. A Carta Magna garante, dentre os direitos fundamentais previstos em seu artigo 5º, "a inviolabilidade da intimidade e da vida privada". No ordenamento infraconstitucional, o Código Civil, o Código de Defesa do Consumidor (CDC) e, mais recentemente, o Marco Civil da Internet (MCI) disciplinaram e forma mais específica a referida proteção.[18]

Complementarmente aos diplomas destacados, em 2018, editou-se no Brasil a denominada Lei Geral de Proteção de Dados, com o condão de tratar a temática da proteção de dados de forma extensiva e em consonância com as regulamentações internacionais sobre o tema, notadamente o GDPR europeu.

Na esteira do implemento do Regulamento Geral de Proteção de Dados europeu (RGPD, ou GDPR na sigla em inglês), a promulgação da Lei Geral de Proteção de Dados brasileira – Lei no 13.709, de 14 de agosto de 2018 – representou inegável avanço, mas seu longo período de *vacatio legis* (24 meses no total), além de sinalizar a complexidade de adaptação a seus rigores, incitou revisões críticas que já culminaram em alterações legislativas.[19]

A LGPD é um diploma legal intensamente inspirado pelo GDPR europeu, todavia, a discussão da temática no Brasil se mostrou tardia e, por esse motivo, muitas pessoas físicas ou jurídicas não estão preparadas para lidar com as obrigações e responsabilizações impostas pelo novo marco protetivo.

A atenção e preocupação com a proteção de dados pessoais é inerente às sociedades contemporâneas, marcadas pela eclosão da informação como fator de importância vital nos mais

---

[18] MAGRANI, Eduardo. **Entre dados e robôs:** ética e privacidade na era da hiperconectividade. 2. ed. Porto Alegre: Arquipélago Editorial, 2019, p. 56.
[19] MARTINS, Guilherme Magalhães; FALEIROS JÚNIOR, José Luiz de Moura. Compliance digital e responsabilidade Civil na lei geral de proteção de dados. *In:* MARTINS, Guilherme Magalhães; ROSENVALD, Nelson. **Responsabilidade Civil e Novas Tecnologias.** Indaiatuba: Foco, 2020, p. 264

variados setores da vivência humana, desde as relações pessoais às questões políticas, econômicas e sociais.[20]

Tratar da temática de proteção de dados é resguardar a intimidade e privacidade das pessoas, garantindo, em maior grau, o livre desenvolvimento da personalidade. A Lei Geral de Proteção de Dados assevera tal constatação por intermédio da elaboração do princípio da autodeterminação informativa disciplinado no artigo 2º, II do referido diploma legal.

> Vislumbra-se a emanação intimista da privacidade como consequência do princípio da autodeterminação informativa, consagrado na Lei 13.709, de 14 de agosto de 2018 (a chamada Lei Geral de Proteção de Dados), em seu artigo 2º, inciso II, e que visa à garantia, ao titular dos dados, do livre desenvolvimento de sua personalidade, sendo dever do Estado propiciar, por meio de direitos positivos, a tutela favorável ao usuário comum, que é presumivelmente leigo.[21]

Os usuários da internet, na qualidade de vulneráveis, possuem desconhecimento técnico a respeito das implicações que a liberação de seus dados na internet pode causar. Nesse sentido, em uma conjuntura na qual dados podem ser utilizados das mais diversas formas, em desfavor dos interesses das pessoas e da proteção de sua privacidade, o tratamento de dados torna-se uma das temáticas mais urgentes.

> No contexto da sociedade de hiperconsumo, a informação toma novos contornos, deixa de ser fato e se transfigura em mercadoria, sendo, também, utilizada como instrumento para a compra e venda. Nessa perspectiva, aquele que detém as informações corretas, torna-se capaz de precisar com exatidão

---

[20] PEZZELLA, Maria Cristina Cereser; GHISI, Silvano. A manipulação de dados pessoais nas relações de consumo e o sistema "crediscore". **Civilística**. a. 4, n. 1, 2015. [E-book].
[21] MARTINS, Guilherme Magalhães; FALEIROS JÚNIOR, José Luiz de Moura; BASAN, Arthur Pinheiro. **Revista de Direito do Consumidor**. v. 128, p. 6, 2020.

os sujeitos mais propensos a adquirir determinado produto ou serviço.[22]

Nessa perspectiva, a célebre frase *"If You're Not Paying for It; You're the Product"* demonstra-se uma trágica e incontestável verdade. Dados diversos são captados das mais diversas formas a todo o instante, em todo o mundo, mesmo aqueles que não possuem acesso à internet possuem dados acerca de sua pessoa disponibilizados em determinado site ou plataforma.

Diante desse fenômeno moderno de massiva captação de dados, dezenas de pessoas ingressam no judiciário pleiteando a retirada de seus dados da internet, com o intuito de resguardar seus dados, informações, privacidade e intimidade.

Todavia, uma grande problemática exsurge, isso pois atualmente os tribunais utilizam sistemas online, os quais podem ser visualizados por pessoas diversas e muitas vezes os dados que determinado indivíduo deseja remover de determinado banco de dados é disponibilizado, de forma pública, para qualquer pessoa por meio do sistema dos tribunais.

5 PROTEÇÃO DE DADOS E PUBLICIDADE PROCESSUAL UMA CONTRADIÇÃO EM TERMOS?

Compatibilizar a proteção de dados com a publicidade dos atos processuais demonstra-se uma tarefa excepcionalmente complexa. Isso pois, *a priori*, os referidos direitos são diametralmente opostos, na medida em que um prevê a proteção e tratamento de dados e o outro sua publicação para o acesso à sociedade.

No Brasil atribui-se grande valor ao princípio da publicidade, de modo que o referido princípio é tratado, ainda hoje, de modo "sagrado" pela doutrina e pela jurisprudência. Todavia, com a edição de uma Lei Geral de Proteção de Dados no Brasil, faz necessário repensar a sistemática da publicidade dos atos processuais.

No contexto da sociedade da informação as pessoas, cada vez mais, encontram-se conectadas por intermédio de aparelhos tecnológicos

---

[22] GUIMARÃES, Clayton Douglas Pereira; GUIMARÃES, Glayder Daywerth Pereira; SILVA, Michael César. Redes Sociais e E-Commerce: Proteção de Dados do Consumidor. *In*: PINHO, Anna Carolina (Coord.). **Discussões Sobre Direito na Era Digital**. Rio de Janeiro: Editora GZ, 2021, p. 183.

com acesso à internet.²³ Tal conexão possibilita a coleta de dados diversos acerca das pessoas, que por sua vez podem repercutir negativamente à pessoa, seja por meio de publicidades direcionadas, criação de perfis falsos e, até mesmo, o cometimento de crimes diversos.²⁴

Os processos eletrônicos são disponibilizados nas plataformas dos tribunais e, como anteriormente mencionado, os "dados básicos", a exemplo o nome das partes, de seus advogados e o inteiro teor das decisões, sentenças, votos e acórdãos, são de livre acesso a todas as pessoas. Ocorre que esses dados e informações, notadamente aquelas disponibilizadas nas decisões judiciais, não passam por um tratamento adequado, de acordo com o preceituado na LGPD.

Mas poderia a lei restringir a publicidade dos atos processuais? Ou somente a Constituição teria esse poder? O próprio texto constitucional apresenta a resposta para essas questões por meio do artigo 5ª, LX, o qual determina que: "LX – a lei só poderá restringir a publicidade dos atos processuais quando a defesa da intimidade ou o interesse social o exigirem;".²⁵

> Além disso, da simples leitura do dispositivo constitucional é possível extrair três informações: 1. A de que a Constituinte delegou à lei a atribuição para restrição à publicidade1; 2. Há limites para lei realizar a restrição (defesa da intimidade ou o interesse social); 3. E a de que a restrição possível é dos atos

---

²³ GUIMARÃES, Clayton Douglas Pereira; SILVA, Michael César. Repercussões do exercício da liberdade de expressão e da disseminação de fake News no contexto da sociedade da informação. *In:* EHRHARDST JÚNIOR, Marcos. LOBO, Fabíola Albuquerque; ANDRADE, Gustavo (Coord.). **Liberdade de expressão e relações privadas.** Belo Horizonte: Fórum. 2021, p. 201 – 216.
²⁴ MONTEIRO FILHO, Carlos Edison do Rêgo; ROSENVALD, Nelson. Danos a dados pessoais: fundamentos e perspectivas. *In:* FALEIROS JÚNIOR, José Luiz de Moura; LONGHI, João Victor Rozatti; GUGLIARA, Rodrigo (Coord.). **Proteção de dados pessoais na sociedade da informação: entre dados e danos.** Indaiatuba: Editora Foco. 2021, p. 1 – 20.
²⁵ BRASIL. **Constituição da República Federativa do Brasil.** 1988. Disponível em: http://www.planalto.gov.br/ccivil_03/Constituicao/Constituicao Compilado.htm. Acesso em: 15 jan. 2021.

processuais, e não do processo em si (a existência do processo é pública).²⁶

Logo, conclui-se que a lei pode restringir a publicidade dos atos processuais para resguardar a intimidade das partes ou, quando o interesse social o exigir.

A proteção da intimidade e da privacidade, bem como a autodeterminação informativa, são algumas das bases da proteção de dados tal como estabelecida no Brasil.²⁷ Outrossim, impõem-se a necessidade em repensar os limites da publicidade dos atos processuais.

> [...] mais importante que pensar em se limitar a publicidade dos atos processuais (e ferir, por conseguinte, as liberdades públicas garantidas em Constituição) é garantir efetivamente a segurança dos dados pessoais confiados ao Poder Judiciário na solução das lides.²⁸

Os princípios da publicidade e da intimidade não devem ser aplicados em um esquema de tudo ou nada, mas, como bem ensina Robert Alexy, por meio de uma ponderação para que possam ser compatibilizados.²⁹

Nessa linha de intelecção, propõe-se o caminho da anonimização dos dados que possam identificar as pessoas envoltas no processo como

---

²⁶ CHUEIRI, Miriam Fecchio; SIMAS, Sivonei; SOUZA, Leonardo Fratini Xavier de. Segredo de justiça e o princípio da publicidade dos atos processuais no Código de Processo Civil: principais diferenças entre os regimes do CPC/1973 e o CPC/2015. **Brazilian Journal of Development.** Curitiba, v. 6, n. 11, 2020, p. 85582. Disponível em: https://www.brazilianjournals.com/index.ph p/BRJD/article/view/19437. Acesso em: 19 ago. 2021.
²⁷ DANTAS BISNETO, Cícero. Dano moral pela violação à legislação de proteção de dados: um estudo de direito comparado entre a LGPD e o RGPD. *In:* FALEIROS JÚNIOR, José Luiz de Moura; LONGHI, João Victor Rozatti; GUGLIARA, Rodrigo (Coord.). **Proteção de dados pessoais na sociedade da informação:** entre dados e danos. Indaiatuba: Editora Foco. 2021, p. 217 - 240.
²⁸ SANTOS, Guilherme Luis Quaresma Batista. A publicidade dos atos processuais e a inviolabilidade da privacidade no processo judicial eletrônico. **Revista Eletrônica de Direito Processual.** v. 8, n. 8, p. 440, 2011. Disponível em: https://www.e-publicacoes.uerj.br/index.php/redp/article/view/20828/1510 6. Acesso em: 12 set. 2021.
²⁹ ALEXY, Robert. **Teoria dos direitos fundamentais.** Tradução de Virgílio Afonso da Silva. 2. ed. São Paulo: Malheiros, 2017.

solução ao sopesamento dos princípios da publicidade dos atos processuais e da intimidade na situação em tela.

A anonimização dos dados possibilita que somente os agentes envolvidos no processo tenham conhecimento de que quem são as partes. Nesse ínterim, quando os atos processuais forem publicados deverão, necessariamente, passar por um processo de anonimização, promovendo, assim, o adequado tratamento dos dados processuais.

> Eis o papel da anonimização (artigo 5º, IX, da LGPD): trata-se do processo técnico que nada mais representa do que a dissociação entre determinado dado pessoal e o seu respectivo titular. Para seu implemento, inúmeros procedimentos específicos podem ser utilizados, quase sempre a partir da eliminação de determinados elementos identificadores que constam de uma base de dados, por meio de supressão do dado, generalização, randomização ou pseudonimização.[30]

O processo de elaboração da LGPD revela que a referida lei se baseia em diversos aspectos no GDPR *(General Data Protection Regulation)* Europeu.[31] Nessa perspectiva, o GDPR, na condição de diploma legal que trata minunciosamente de diversos aspectos da proteção de dados, hoje, é utilizado pela doutrina brasileira como cânone interpretativo das normas que compõem a LGPD.[32]

A LGPD define dado anonimizado como o "dado relativo a titular que não possa ser identificado, considerando a utilização de meios técnicos razoáveis e disponíveis na ocasião de seu tratamento"[33] Ademais, a referida lei define a anonimização como a "utilização de

---

[30] FALEIROS JÚNIOR, José Luiz de Moura; MARTINS, Guilherme Magalhães. Proteção de dados e anonimização: perspectivas à luz da lei nº 13.709/2018. **Revista Estudos Institucionais.** v. 7, n. 1, p. 382, 2021. Disponível em: https://www.estudosinstitucionais.com/REI/article/view/476/681. Acesso em 15 ago. 2021

[31] EUROPEAN UNION COUNCIL. **General Data Protection Regulation.** 2016. Disponível em: https://gdpr-info.eu/. Acesso em: 21 ago. 2021.

[32] BIONI, Bruno Ricardo. Compreendendo o conceito de anonimização e dado anonimizado. **Cadernos Jurídicos.** a. 21, n. 53, p. 191-201, 2020. Disponível em: https://core.ac.uk/reader/322682300. Acesso em: 22 fev. 2021.

[33] BRASIL. **Lei Geral de Proteção de Dados.** Lei nº 13.709/2018. Disponível em: http://www.planalto.gov.br/ccivil_03/_ato2015-2018/2018/lei/l13709.htm. Acesso em: 20 ago. 2021.

meios técnicos razoáveis e disponíveis no momento do tratamento, por meio dos quais um dado perde a possibilidade de associação, direta ou indireta, a um indivíduo."[34]

Por sua vez, o GDPR em seu *Recital 26* denominado *"Not Applicable to Anonymous Data"* esclarece que:

> *The principles of data protection should apply to any information concerning an identified or identifiable natural person. Personal data which has a pseudonymisation, which could be attributed to a natural person by the use of additional information should be considered to be information on an identifiable natural person. To determine whether a natural person is identifiable, account should be taken of all the means reasonably likely to be used, such as singling out, either by the controller or by another person to identify the natural person directly or indirectly. To determine whether means are reasonably likely to be used to identify the natural person, account should be taken of all objective factors, such as the costs of and the amount of time required for identification, taking into consideration the available technology at the time of the processing and technological developments. The principles of data protection should therefore not apply to anonymous information, namely information which does not report to an identified or identifiable natural person or to a personal data rendered anonymous in such a manner that the data subject is not or no longer identifiable. This Regulation does not therefore concern the processing of such anonymous information, including for statistical or research purposes.*[35]

Nesse sentido, verifica-se que a anonimização dos dados afasta a incidência tanto da LGPD. Importa destacar que os dados somente serão considerados como anonimizados se não puderem, por técnicas de cruzamento, reidentificar o sujeito a quem dizem respeito. Isso pois, caso permitam, em algum grau a reidentificação serão considerados somente

---

[34] BRASIL. **Lei Geral de Proteção de Dados.** Lei n° 13.709/2018. Disponível em: http://www.planalto.gov.br/ccivil_03/_ato2015-2018/2018/lei/l13709.htm. Acesso em: 20 ago. 2021.
[35] EUROPEAN UNION COUNCIL. **General Data Protection Regulation.** 2016. Disponível em: https://gdpr-info.eu/. Acesso em: 21 ago. 2021.

como pseudoanonimizados e, portanto, não afastarão a incidência da LGPD.[36]

A anonimização implica na remoção de dados que possam, direta ou indiretamente, identificar a pessoa.[37]

A pessoa poderá ser diretamente identificada por dados como o nome, código postal, número de telefone, endereço, e-mail, fotos ou imagens, número de CPF, número de RG, bem como quaisquer outros dados de identificação únicos.

Lado outro, a identificação indireta pode se dar por intermédio da conexão de dados, isto é, informações que quando reunidas em um banco de dados possam permitir a identificação da pessoa. Nesse sentido, pode-se pensar em dados como o local de trabalho, o salário e o nome do cargo, informações que quando reunidas podem identificar um sujeito.

> No exame da robustez e do nível de garantia oferecidos por técnicas e práticas de anonimização de dados, sugere-se que três tipos de riscos principais sejam levados em consideração: distinção (*singling out*), possibilidade de ligação e inferência. O primeiro versa sobre a possibilidade de se isolar alguns ou todos os registros que destacam uma pessoa em uma base de dados; o segundo é a capacidade de se estabelecer uma conexão entre pelo menos dois registros relativos ao mesmo indivíduo ou mesmo grupo de pessoas; e o terceiro, por fim,

---

[36] MARTINS, Guilherme Magalhães; FALEIROS JÚNIOR, José Luiz de Moura. A anonimização de dados pessoais: consequências jurídicas do processo de reversão, a importância da entropia e sua tutela à luz da Lei Geral de Proteção de Dados. *In:* DE LUCCA, Newton; SIMÃO FILHO, Adalberto; LIMA, Cíntia Rosa Pereira de; MACIEL, Renata Mota (Coord.). **Direito & Internet IV:** sistema de proteção de dados pessoais. São Paulo: Quartier Latin, 2019.

[37] MACHADO, Diego. Proteção de dados pessoais e criptografia: tecnologias criptográficas entre anonimização e pseudonimização de dados. **Revista dos Tribunais.** v. 998, p. 99-128, 2018. Disponível em: https://d1wqtxts1xzle7.cloudfront.net/58203675/Protecao_de_dados_pessoais_e_criptografia-with-coverpage-v2.pdf?Expires=1629726281&Signature=ZdvZYnaB1ZjWHYB2HvdOUzkmOrF~BikBYqvkmX2WXU2R7ulJQjCnZ1Ofxa-PoIlKgmcsgvTZixvT3c~IfTGFNwdiRkdXxkmgdBBDhWzVepKarcghC2htay7UBbXmfS8jG4NeoacGT2~XXnAXR2SztmOSao-NPTHc4YoxKp4qqu1zwy7a0Al7AAoySOQOSDyZhx9GWhJQO-mjIF5HnjVFiiOObIUOBmF2fLPsd0zuCDUEGRlvVcpsNiGPW9w8ZWunFJcrX1oGNA~QRVNePl33KjUoSP4aLkFh7zmNm7MxTffJ9ERppdh1wwa9ELMKRYzcbyg9Vuu4-~yjUmgSkTetDQ__&Key-Pair-Id=APKAJLOHF5GGSLRBV4ZA. Acesso em: 03 fev. 2021.

diz com a possibilidade de deduzir, com uma significativa probabilidade, o valor de um atributo a partir dos valores de um conjunto de outros atributos.[38]

Percebe-se, portanto, que não somente informações pessoais devem passar por um processo de tratamento para serem anonimizadas, mas todas as informações que possam, em alguma medida, possibilitar a identificação da pessoa.

Nessa perspectiva, em se tratando de processos judiciais, toda a qualificação das partes deverá ser anonimizada, assim como todas as eventuais informações, dados, fotos e demais mídias anexas ao processo que permitam a identificação por meios direitos ou indiretos.

O processo de anonimização, pode se dar pela utilização de determinadas técnicas, quais sejam: *data masking, pseudonymisation, generalization, data swapping, data perturbation e synthetic data.*[39]

No tocante a adequação dos tribunais à LGPD, a utilização da técnica *data masking* demonstra-se como aquela que pode, em maior grau, concretizar a anonimização dos dados processuais em consonância com a privacidade, a intimidade, a autodeterminação informativa e a consagração da publicidade dos atos processuais.

A técnica do *data masking* permite que um documento com dados reais seja disponibilizado e que determinadas informações sejam sobrescritas por um *software* específico. Nessa perspectiva, em se tratando da publicidade dos atos processuais, as pessoas que integram a relação processual terão acesso aos dados originais, todavia, todos aqueles que não sejam parte da relação processuam somente terão acesso aos autos com informações sobrescritas, de modo que se torne impossível identificar os sujeitos por métodos direitos ou indiretos.

---

[38] DONEDA, Danilo; MACHADO, Diogo. Proteção de dados pessoais e criptografia: tecnologias criptográficas entre anonimização e pseudonimização de dados. *In:* DONEDA, Danilo; MACHADO, Diogo (Coords.). **A criptografia no direito brasileiro.** São Paulo: Revista dos Tribunais, 2019. [E-book]
[39] HINTZE, Mike; EL EMAM, Khaled. Comparing the benefits of pseudonymisation and anonymisation under the GDPR. **Journal of Data Protection & Privacy.** v. 2, n. 2, p. 145-158, 2018. Disponível em: https://www.ingentaconnect.com/content/hsp/jdpp/2018/00000002/00000002/art00005. Acesso em: 20 ago. 2021.

6 CONSIDERAÇÕES FINAIS

A sociedade contemporânea pode ser descrita como um modelo de sociedade da informação, na qual os paradigmas do espaço e do tempo são quebrados com o advento e desenvolvimento da internet. Pensar uma vida em desconexão torna-se impossível, de modo que a internet se torna extensão da própria pessoa uma vez que os sujeitos exercem sua personalidade nesse espaço, sendo, também, constantemente impactados pelos dados, informações e mídias ali disponibilizadas.

Nesse cenário, paulatinamente demanda-se maior proteção à intimidade e privacidade, uma vez que por meio dos dados pessoais dos usuários pode-se impactar a vida de determinada pessoa de modo gravoso, seja pela efetivação de publicidade direcionada, seja pela predição comportamental, perfilamento, ou mesmo roubo de identidades.

Compreende-se, hoje, que o sujeito deve ter a autonomia de decidir quais dados deseja compartilhar e, sobretudo, que deve ter ciência que seus dados estão sendo coletados, é o que se convencionou chamar de autodeterminação informativa. Diante dessa constatação inúmeras pessoas ingressam no poder judiciário com a pretensão de remover suas informações de bancos de dados diversos. Todavia, para que determinada pessoa possa ingressar no poder judiciário brasileiro deverá compartilhar uma série de informações sensíveis como seu nome, RG, CPF, e-mail, profissão, domicílio, dentre outras.

As referidas informações coletadas pelo poder judiciário brasileiro são disponibilizadas nos sistemas dos tribunais em razão do princípio da publicidade dos atos processuais. Não obstante tal previsão, tal como é concretizada hoje, com a publicação integral dos autos nos referidos sistemas, salvo em hipóteses excepcionais previstas em lei, fere de modo gravoso a autodeterminação informativa, a privacidade e a intimidade dos sujeitos.

Ademais, é incoerente que nos casos em que determinado sujeito pretenda remover seus dados da internet por meio do poder judiciário, que o poder judiciário publique múltiplas informações a respeito desse sujeito em seu sistema, sem nenhum tratamento.

Nessa perspectiva, à luz das determinações da Lei Geral de Proteção de Dados compreende-se ser necessário, para uma compatibilização entre a proteção de dados e a publicidade dos atos processuais, que os dados passem por um processo de anonimização. Conclui-se que o processo de anonimização mais adequado para o fim pretendido é o do *data masking*, de modo que somente os agentes envolvidos no processo tenham acesso as informações em sua completude e que, todos aqueles que não integram a relação processual tenham acesso somente a dados sobrescritos, isto é, modificados para alterar as informações pessoais dos agentes que compõem a relação processual.

REFERÊNCIAS

ALEXY, Robert. **Teoria dos direitos fundamentais.** Tradução de Virgílio Afonso da Silva. 2. ed. São Paulo: Malheiros, 2017.

ARGONDIZO, Luís Fernando Centurião; DIAS, Anita Branco; MUNARO, Marcos Vinicius Tombini. Princípio da publicidade dos atos processuais como garantidor do acesso à justiça. **Anais do 15º Encontro Científico Cultural Interinstitucional e 1º Encontro Internacional.** 2017. Disponível em: https://www.fag.edu.br/mvc/assets/pdfs/anais-201 7/Luis%20Fernando%20Centuriao%20Argondizo-lf_centuriao@hotmai l.com-2.pdf. Acesso em: 17 ago. 2021.

BIONI, Bruno Ricardo. Compreendendo o conceito de anonimização e dado anonimizado. **Cadernos Jurídicos.** a. 21, n. 53, p. 191-201, 2020. Disponível em: https://core.ac.uk/reader/322682300. Acesso em: 22 fev. 2021.

BRASIL. **Constituição da República Federativa do Brasil.** 1988. Disponível em: http://www.planalto.gov.br/ccivil_03/Constituicao/Cons tituicaoCompilado.htm. Acesso em: 15 jan. 2021.

BRASIL, Conselho Nacional de Justiça. **Resolução nº 121 de 05/10/2010.** https://atos.cnj.jus.br/atos/detalhar/atos-normativos?docum ento=92. Acesso em: 01 ago. 2021.

BRASIL. **Código de Processo Civil.** Lei nº 13.105/2015. Disponível em: https://bit.ly/3xL5HGP. Acesso em: 16 jul. 2021.

BRASIL. **Lei Geral de Proteção de Dados.** Lei nº 13.709/2018. Disponível em: http://www.planalto.gov.br/ccivil_03/_ato2015-2018/2018/lei/l13709.htm. Acesso em: 20 ago. 2021.

BRIDLE, James. Data isn't the new oil — it's the new nuclear power. TED. 2018. Disponível em: https://ideas.ted.com/opinion-data-isnt-the-new-oil-its-the-new-nuclear-power/. Acesso em: 20 jun 2021.

CASTELLS, Manuel. **The Information Age:** Economy Society and Culture. Vol. I: The Rise of the Network Society. 2. ed. Oxford: Blackwell Publishing Ltd, 2000.

CHUEIRI, Miriam Fecchio; SIMAS, Sivonei; SOUZA, Leonardo Fratini Xavier de. Segredo de justiça e o princípio da publicidade dos atos processuais no Código de Processo Civil: principais diferenças entre os regimes do CPC/1973 e o CPC/2015. **Brazilian Journal of Development.** Curitiba, v. 6, n. 11, 2020, p. 85581-85592. Disponível em: https://www.brazilianjournals.com/index.php/BRJD/article/view/19437. Acesso em: 19 ago. 2021.

DANTAS BISNETO, Cícero. Dano moral pela violação à legislação de proteção de dados: um estudo de direito comparado entre a LGPD e o RGPD. *In:* FALEIROS JÚNIOR, José Luiz de Moura; LONGHI, João Victor Rozatti; GUGLIARA, Rodrigo (Coord.). **Proteção de dados pessoais na sociedade da informação:** entre dados e danos. Indaiatuba: Editora Foco. 2021, p. 217 - 240.

DONEDA, Danilo; MACHADO, Diogo. Proteção de dados pessoais e criptografia: tecnologias criptográficas entre anonimização e pseudonimização de dados. *In:* DONEDA, Danilo; MACHADO, Diogo (Coords.). **A criptografia no direito brasileiro.** São Paulo: Revista dos Tribunais, 2019. [E-book]

EUROPEAN UNION COUNCIL. **General Data Protection Regulation.** 2016. Disponível em: https://gdpr-info.eu/. Acesso em: 21 ago. 2021.

FALEIROS JÚNIOR, José Luiz de Moura; MARTINS, Guilherme Magalhães. Proteção de dados e anonimização: perspectivas à luz da lei nº 13.709/2018. **Revista Estudos Institucionais.** v. 7, n. 1, p. 376 – 397, 2021. Disponível em: https://www.estudosinstitucionais.com/REI/article/view/476/681. Acesso em 15 ago. 2021.

GUIMARÃES, Clayton Douglas Pereira; GUIMARÃES, Glayder Daywerth Pereira. Publicidade Processual e Proteção de Dados. **Magis: Portal Jurídico.** 2021. Disponível em: https://magis.agej.com.br/publicidade-processual-e-protecao-de-dados/. Acesso em: 21 ago. 2021.

GUIMARÃES, Clayton Douglas Pereira; GUIMARÃES, Glayder Daywerth Pereira; SILVA, Michael César. Redes Sociais e E-Commerce: Proteção de Dados do Consumidor. *In:* PINHO, Anna Carolina (Coord.). **Discussões Sobre Direito na Era Digital.** Rio de Janeiro: Editora GZ, 2021, p. 177 – 200.

GUIMARÃES, Clayton Douglas Pereira; SILVA, Michael César. Repercussões do exercício da liberdade de expressão e da disseminação de fake News no contexto da sociedade da informação. *In:* EHRHARDST JÚNIOR, Marcos. LOBO, Fabíola Albuquerque; ANDRADE, Gustavo (Coord.). **Liberdade de expressão e relações privadas.** Belo Horizonte: Fórum. 2021, p. 201 – 216.

GUSTIN, Miracy Barbosa de Sousa; DIAS, Maria Tereza Fonseca. **(Re)pensando a pesquisa jurídica: teoria e prática.** 3ª. ed. Belo Horizonte: Del Rey, 2010.

HINTZE, Mike; EL EMAM, Khaled. Comparing the benefits of pseudonymisation and anonymisation under the GDPR. **Journal of Data Protection & Privacy.** v. 2, n. 2, p. 145-158, 2018. Disponível em: https://www.ingentaconnect.com/content/hsp/jdpp/2018/00000002/00000002/art00005. Acesso em: 20 ago. 2021.

HOLST, Arne. Volume of data/information created, captured, copied, and consumed worldwide from 2010 to 2025. **Statista.** 2021. Disponível em: https://www.statista.com/statistics/871513/worldwide-data-created/. Acesso em: 27 ago 2021.

MACHADO, Diego. Proteção de dados pessoais e criptografia: tecnologias criptográficas entre anonimização e pseudonimização de dados. **Revista dos Tribunais.** v. 998, p. 99-128, 2018. Disponível em: https://d1wqtxts1xzle7.cloudfront.net/58203675/Protecao_de_dados_pessoais_e_criptografia-with-cover-page-v2.pdf?Expires=1629726281&Signature=ZdvZYnaB1ZjWHYB2HvdOUzkmOrF~BikBYqvkmX2WXU2R7ulJQjCnZ1Ofxa-PoIlKgmcsgvTZixvT3c~IfTGFNwdiRkdXxkmg

dBBDhWzVepKarcghC2htay7UBbXmfS8jG4NeoacGT2~XXnAXR2S
ztmOSao-NPTHc4YoxKp4qqu1zwy7a0Al7AAoySOQOSDyZhx9GWh
JQO-mjIF5HnjVFiiOObIUOBmF2fLPsd0zuCDUEGRlvVcpsNiGPW9
w8ZWunFJcrX1oGNA~QRVNePl33KjUoSP4aLkFh7zmNm7MxTffJ9
ERppdh1wwa9ELMKRYzcbyg9Vuu4-~yjUmgSkTetDQ__&Key-Pair-
Id=APKAJLOHF5GGSLRBV4ZA. Acesso em: 03 fev. 2021.

MAGRANI, Eduardo. **Entre dados e robôs:** ética e privacidade na era da hiperconectividade. 2. ed. Porto Alegre: Arquipélago Editorial, 2019.

MARANHÃO, Juliano; ANDRADE, Rafael Campedelli. O desafio da harmonização entre publicidade e proteção de dados pessoais. **Conjur.** 2021. Disponível em: https://www.conjur.com.br/2021-fev-02/direito-digital-harmonizacao-entre-publicidade-protecao-dados-pessoais. Acesso em: 12 ago. 2021.

MARTINS, Guilherme Magalhães; FALEIROS JÚNIOR, José Luiz de Moura. A anonimização de dados pessoais: consequências jurídicas do processo de reversão, a importância da entropia e sua tutela à luz da Lei Geral de Proteção de Dados. *In:* DE LUCCA, Newton; SIMÃO FILHO, Adalberto; LIMA, Cíntia Rosa Pereira de; MACIEL, Renata Mota (Coord.). **Direito & Internet IV:** sistema de proteção de dados pessoais. São Paulo: Quartier Latin, 2019.

MARTINS, Guilherme Magalhães; FALEIROS JÚNIOR, José Luiz de Moura; BASAN, Arthur Pinheiro. **Revista de Direito do Consumidor.** v. 128, p. 239 – 265, 2020.

MONTEIRO FILHO, Carlos Edison do Rêgo; ROSENVALD, Nelson. Danos a dados pessoais: fundamentos e perspectivas. *In:* FALEIROS JÚNIOR, José Luiz de Moura; LONGHI, João Victor Rozatti; GUGLIARA, Rodrigo (Coord.). **Proteção de dados pessoais na sociedade da informação:** entre dados e danos. Indaiatuba: Editora Foco. 2021, p. 1 – 20.

OOSTVEEN, Manon; IRION, Kristina. The Golden Age of Personal Data: How to Regulate an Enabling Fundamental Right? *In:* BAKHOUM, Mor; GALLEGO, Beatriz Conde; MACKENRODT, Mark-Oliver; SURBLYTĖ-NAMAVIČIENĖ, Gintarė. **Personal Data in Competition, Consumer Protection and Intellectual Property Law:** Towards a Holistic Approach? 2018, p. 8-27.

PERLINGEIRO, Ricardo. O livre acesso à informação, as inovações tecnológicas e a publicidade processual. **RePro – Revista de Processo.** v. 203, p. 149-180, 2012. Disponível em: https://papers.ssrn.com/sol3/papers.cfm?abstract_id=2196883. Acesso em: 10 set. 2021.

PEZZELLA, Maria Cristina Cereser; GHISI, Silvano. A manipulação de dados pessoais nas relações de consumo e o sistema "crediscore". **Civilistica.** a. 4, n. 1, 2015. [E-book]

SANTOS, Guilherme Luis Quaresma Batista. A publicidade dos atos processuais e a inviolabilidade da privacidade no processo judicial eletrônico. **Revista Eletrônica de Direito Processual.** v. 8, n. 8, p. 405-442, 2011. Disponível em: https://www.e-publicacoes.uerj.br/index.php/redp/article/view/20828/15106. Acesso em: 12 set. 2021.

WITKER, Jorge. **Como elaborar una tesis en derecho: pautas metodológicas y técnicas para el estudiante o investigador del derecho.** Madrid: Civitas, 1985.

DIREITO DAS FAMÍLIAS: A FACULTATIVIDADE DA AUDIÊNCIA DE CONCILIAÇÃO EM AÇÕES COM CAUSA DE PEDIR BASEADAS EM VIOLÊNCIA DOMÉSTICA

Sarah Batista Santos Pereira

1 CONSIDERAÇÕES INICIAIS

A presente pesquisa se propõe a analisar a temática da facultatividade da realização da audiência de conciliação em ações com causa de pedir baseadas em violência doméstica. Isso pois, a mulher inserida em um grave cenário de violência não possui a capacidade de conversar, em igualdade de condições, com seu agressor, faltando-lhe o necessário empoderamento para que a conciliação ou a mediação seja realizada com efetividade.

O novo Código de Processo Civil se presta a enaltecer as técnicas alternativas de resolução de conflitos, incentivando a realização de audiência de conciliação e mediação como forma de solução célere e equânime. A lei processual expressamente dispõe que nas ações de família, todos os esforços serão empreendidos para a solução consensual da controvérsia.

Prevalece na doutrina o entendimento de que, ao contrário do procedimento comum, a redação do artigo 695, do novo Código de Processo Civil, não dá margem para a aplicação de exceções a realização audiência de conciliação. Nesse sentido, seria obrigatória sua realização em todas as demandas familiares, podendo-se dividir em tantas sessões quantas forem necessárias para atingir a composição consensual.

A problemática se apresenta em relação a obrigatoriedade, visto que um dos fundamentos da autocomposição se encontra na autonomia da vontade. Não se pode vislumbrar a possibilidade de designação de audiência de conciliação com a finalidade de obter a autocomposição a qualquer custo, submetendo a vítima a uma situação de desconforto e vulnerabilidade, facilitando a perpetuação do ciclo da violência doméstica, a expondo a novos riscos e desprezando todo sofrimento e violência que foi originalmente submetida.

Nesse cenário exsurge a importância deste estudo, o qual se baseia na literatura específica e nos precedentes sobre o assunto, e encontra motivação na relevância de serem preservados os direitos das mulheres em situação de violência doméstica.

2 ANÁLISE HISTÓRICA DA FIGURA FEMININA E DA VIOLÊNCIA DOMÉSTICA

O preconceito é fenômeno secular e, de certo modo, se confunde com a própria história da civilização. Em sociedades guerreiras o homem adulto combatente era mais valorizado que idosos e crianças[1]. Na Grécia antiga, as mulheres eram frequentemente retratadas nas figuras dos vasos exercendo atividades domésticas ou na condição de fiadoras de lã.[2]

Filósofos e pensadores chegaram a pregar a inferioridade feminina. Platão, por exemplo, profetizava que "os homens covardes que foram injustos durante a sua vida serão provavelmente transformados em mulheres quando reencarnarem". Já São Tomás de Aquino afirmava que o destino da mulher "é viver sob a tutela do homem". Por sua vez, Honorè de Balzac defendia ser mais desejável "uma mulher de barbas do que uma mulher sábia". Nessa mesma vertente Napoleão Bonaparte asseverava que: "A mulher é nossa propriedade, e nós não somos dela. Ela nos dá filhos, nós damos filhas a elas. Ela é, pois, nossa propriedade, tal como a árvore frutífera é propriedade do jardineiro".[3]

Na democracia ateniense as mulheres já foram equiparadas a escravos e estrangeiros, na idade média eram consideradas

---

[1] LE GOFF, Jacques. **História e memória**. Campinas: Editora da Unicamp, 1990.
[2] CARTLEDGE, Paul. **História ilustrada da Grécia Antiga**. Rio de Janeiro: Ediouro, 2002, p. 290.
[3] FOLHA DE SÃO PAULO. **O que eles disseram delas**. Disponível em: https://www1.folha.uol.com.br/fsp/folhatee/fm08039908.htm. Acesso em: 07 set. 2021.

"amaldiçoadas" pela igreja católica e nos tempos da inquisição cruelmente perseguidas como bruxas.[4]

Nos primórdios da humanidade, desde o surgimento das relações familiares, as mulheres já nasciam e erem educadas com o perfil de satisfazer e atender aos homens, prevalecendo assim à ideia de superioridade masculina. Nesse sentido cabe destacar os pensamentos de Rousseau quando considera que "toda a educação da mulher deve ser relativa ao homem", sendo feita "para ceder ao homem e suportar-lhe as injustiças"[5]. Assim sendo, por componentes de ordem histórico-cultural construiu-se uma distância entre homens e mulheres que se mantêm presente nas relações atuais.

Deve-se ter em mente que a dignidade da pessoa humana é um dos cânones do Estado Democrático de Direito (artigo 1º, III, CF/88). De acordo com a Constituição Federal, todos são iguais perante a lei, sem distinção de qualquer natureza, sendo que "homens e mulheres são iguais em direitos e obrigações".[6] Não obstante a previsão constitucional, há entre homens e mulheres uma participação na sociedade não baseada na igualdade, mas sim na hierarquia, sendo os homens os seres dominantes, enquanto as mulheres os seres subalternos

A violência contra a mulher por muitos anos ficou adstrita à esfera privada, principalmente porque os papeis exercidos por homens e mulheres na sociedade sempre foram muito bem delimitados, cabendo a mulher a manutenção do lar e os cuidados com a prole, enquanto ao homem cabia o sustento da casa. Não bastasse isso, também por questões culturais, a relação entre os gêneros sempre foi desigual, a mulher, em

---

[4] INFORMATIVO JURÍDICO ACRJ. **Edição 67, de 22 a 29 de abril de 2019.** Disponível em: http://acrj.org.br/download/2019/informativo_juridico67.pdf. Acesso em: 07 set. 2021.
[5] BARROS, Alice Monteiro de. **Curso de direito do trabalho.** 10. Ed. São Paulo: LTr, 2016, p. 739.
[6] BRASIL. **Constituição da República Federativa do Brasil.** 1988. Disponível em: http://www.planalto.gov.br/ccivil_03/constituicao/constituicaocompilado.htm. Acesso em: 07 set. 2021.

maior ou menor grau, a depender do momento histórico e da sociedade analisada, sempre se apresentou submissa ao homem.[7]

De acordo com a Convenção Interamericana para Prevenir, Punir e Erradicar a Violência contra a Mulher, conhecida como "Convenção de Belém do Pará", define-se como violência contra a mulher qualquer conduta, de ação ou omissão, baseada no gênero, que cause morte, dano ou sofrimento físico, sexual ou psicológico a mulher, no âmbito público ou privado.[8]

A violência contra as mulheres é um dos fenómenos sociais mais denunciados e que mais ganharam visibilidade nas últimas décadas em todo o mundo. Devido ao seu caráter devastador sobre a saúde e a cidadania das mulheres, políticas públicas passaram a ser buscadas pelos mais diversos setores da sociedade, particularmente pelo movimento feminista.

Apenas com o advento da Lei nº 11.340/06, popularizada pelo nome da sobrevivente Maria da Penha, o Brasil passou a contar com uma lei voltada a tutela da mulher vítima de violência doméstica e familiar. No ano de 2019 a Lei nº 13.894 altera a redação da Lei Maria da Penha passando a garantir à vítima de violência doméstica e familiar assistência judiciária para o pedido de divórcio e prioridade de tramitação de processos judiciais neste sentido.[9]

Conforme preceitua a nova lei, caberá ao juiz assegurar à mulher vítima de violência doméstica o encaminhamento para a assistência se ela desejar pedir o divórcio ou dissolução de união estável.[10] Também foi

---

[7] PEREIRA, Sarah Batista Santos. Parte 1: Os avanços e a (in)eficácia da Lei Maria da Penha. **Magis – Portal Jurídico.** 2021. Disponível em: https://magis.agej.com.br/parte-1-os-avancos-e-a-ineficacia-da-lei-maria-da-penha/#fn-2720-1. Acesso em: 07 set. 2021.

[8] BRASIL. **Decreto nº 1.973, de 1º de agosto de 1996.** 1996. Disponível em: http://www.planalto.gov.br/ccivil_03/decreto/1996/d1973.htm. Acesso em: 12 out. 2021.

[9] MIGALHAS. Lei que facilita divórcio a vítimas de violência doméstica é sancionada com vetos. **Migalhas.** 2019. Disponível em: https://www.migalhas.com.br/quentes/314090/lei-que-facilita-divorcio-a-vitimas-de-violencia-domestica-e-sancionada-com-vetos. Acesso em: 12 out. 2021.

[10] BRASIL. **Lei nº 13.894, de 29 de outubro de 2019.** 2019. Disponível em: http://www.planalto.gov.br/ccivil_03/_ato2019-2022/2019/lei/L13894.htm. Acesso em: 12 out. 2021.

incluído o artigo 14-A à Lei Maria da Penha, no qual confere competência aos Juizados de Violência Doméstica e Familiar contra a Mulher para julgar ação de divórcio, separação, anulação de casamento ou dissolução de união estável das vítimas, ressalvado a partilha de bens.[11]

3 O PROCEDIMENTO ESPECIAL PARA AÇÕES DE FAMÍLIA NO NOVO CÓDIGO DE PROCESSO CIVIL

As separações acarretam perdas emocionais, lutos afetivos, desamparo, fim de senhos não realizados. Por toda complexidade envolta ao Direito das Famílias, não há dúvidas que são os restos do amor que batem às portas do judiciário.[12]

As peculiaridades adstritas as questões familiares requerem que os profissionais que atuam no delicado processo de rompimento dos vínculos conjugais e familiares tenham plena consciência da importância da sua missão profissional, se atentando para o fato de que trabalham com o ramo do direito que trata mais de perto com a pessoa, seus sentimentos, suas perdas e frustrações.[13]

Aplicado aos processos contenciosos de divórcio, separação, reconhecimento e extinção de união estável, guarda, visitação e filiação, o novo Código de Processo Civil criou o procedimento especial nomeado "Das Ações de Família", tendo em vista que tais conflitos envolvem relacionamentos interpessoais continuados, com uma maior conotação psicológica, razão pela qual deu prioridade aos meios extrajudiciais de solução de conflitos, especialmente à mediação, como técnica a ser utilizada para a solução consensual dessas controvérsias.[14]

---

[11] BRASIL. **Lei nº 11.340, de 7 de agosto de 2006.** 2006. Disponível em: http://www.planalto.gov.br/ccivil_03/_ato2004-2006/2006/lei/l11340.htm. Acesso em: 12 out. 2021.
[12] DIAS, Maria Berenice. **Manual de Direito das Famílias.** 14. ed. rev. ampl. e atual. Salvador: Editora JusPodivm, 2021.
[13] DIAS, Maria Berenice. **Manual de Direito das Famílias.** 14. ed. rev. ampl. e atual. Salvador: Editora JusPodivm, 2021.
[14] MERCEDES, Rafaella. **Mudanças no novo CPC no tocante às ações de família.** 2016. Disponível em: https://jus.com.br/artigos/46076/mudancas-no-no

O artigo 694, do novo Código de Processo Civil, postula que: "Nas ações de família, todos os esforços serão empreendidos para a solução consensual da controvérsia, devendo o juiz dispor do auxílio de profissionais de outras áreas de conhecimento para a mediação e conciliação".[15] O diploma legal enaltece as técnicas alternativas de resolução de conflitos, incentivando a realização de conciliação e mediação como forma de solução célere e equânime com menor desgaste psicológico para os conflitantes nos conflitos familiares.

Conforme disposto no artigo 165, §§2º e 3º, do novo Código de Processo Civil, a conciliação ocorre, preferencialmente, nos casos em que não há vínculo anterior entre as partes, motivo pelo qual o conciliador poderá sugerir soluções para o litígio, vedada a utilização de qualquer tipo de constrangimento ou intimidação com o objetivo de obter a conciliação entre as partes; de outro modo a mediação é usada preferencialmente nos casos em que há vínculo anterior entre as partes, situação em que deverá o mediador auxiliará os interessados a compreenderem as questões e os interesses em conflito, a fim de que possam, pelo restabelecimento da comunicação, identificar, por si próprios, soluções consensuais que gerem benefícios mútuos.[16]

Necessário salientar que a conciliação e a mediação, conforme caput do artigo 166, do novo Código de Processo Civil, são informados pelos princípios da independência, da imparcialidade, da autonomia da

---

vo-cpc-no-tocante-as-acoes-de-familia#:~:text=O%20novo%20CPC%2C%20que%20entrar%C3%A1%20em%20vigor%20no,ser%20utilizada%20para%20a%20solu%C3%A7%C3%A3o%20consensual%20dessas%20controv%C3%A9rsias. Acesso em: 11 out. 2021.

[15] BRASIL. **Lei nº 13.105, de 16 de março de 2015**. 2015. Disponível em: http://www.planalto.gov.br/ccivil_03/_ato2015-2018/2015/lei/l13105.htm. Acesso em: 12 out. 2021.

[16] SILVA, Anderson Luis Lima da. O Novo CPC: A Audiência de Conciliação nos Casos de Violência Doméstica. **Revista de doutrina e jurisprudência / Tribunal de Justiça do Distrito Federal e dos Territórios**, v. 110, n. 1, p. 129-145, jul./dez. 2018. Disponível em: https://revistajuridica.tjdft.jus.br/index.php/rdj/article/download/251/83/1583. Acesso em: 05 dez. 2021.

vontade, da confidencialidade, da oralidade, da informalidade e da decisão informada.[17]

Esclarecidos os aspectos base da mediação e da conciliação, o artigo 334, do novo Código de Processo Civil, demanda especial atenção, pois revela a obrigatoriedade da referida audiência, quando a petição inicial preencher os requisitos essenciais constantes do artigo 319, e não for o caso de improcedência liminar do pedido, ocasião em que o magistrado deverá designar audiência de conciliação ou de mediação com antecedência mínima de trinta dias, citando o réu com, pelo menos, vinte dias de antecedência.[18]

Segundo disposto no §4°, do artigo 334, a audiência de conciliação e mediação não será realizada quando ambas as partes manifestarem, expressamente, desinteresse na composição consensual ou quando não se admitir a autocomposição.

Prevalece na doutrina o entendimento de que, ao contrário do procedimento comum do novo Código de Processo Civil, que admite exceções à obrigatoriedade de realização da sessão consensual inicial, a redação do artigo 695 não dá margem para a aplicação das mesmas exceções, sendo, portanto, obrigatória a realização da audiência em todas as demandas familiares. Nesse sentido, enquanto no procedimento comum é possível a dispensa da audiência, no procedimento especial das ações de família não há tal possibilidade.[19]

---

[17] MEDEIROS, Marcelo Farina de; GONÇALVES, Bruno Coelho. Princípios da mediação e conciliação como forma de resolução dos conflitos de interesse. **Colloquium Socialis,** Presidente Prudente, v. 1, n. Especial, p. 648-654 jan/abr 2017. Disponível em: http://www.unoeste.br/site/enepe/2016/suplementos/area/Socialis/Direito/Princ%C3%ADpios%20da%20media%C3%A7%C3%A3o%20e%20concilia%C3%A7%C3%A3o%20como%20forma%20de%20resolu%C3%A7%C3%A3o%20dos%20conflitos%20de%20interesse.pdf. Acesso em: 12 out. 2021.
[18] SILVA, Anderson Luis Lima da. O Novo CPC: A Audiência de Conciliação nos Casos de Violência Doméstica. **Revista de doutrina e jurisprudência / Tribunal de Justiça do Distrito Federal e dos Territórios,** v. 110, n. 1, p. 129-145, jul./dez. 2018. Disponível em: https://revistajuridica.tjdft.jus.br/index.php/rdj/article/download/251/83/1583. Acesso em: 05 dez. 2021.
[19] TARTUCE, Fernanda. **Processo civil no direito de família:** teoria e prática. 3. ed. São Paulo: Método, 2018.

Outra modificação nas ações de família que destaca o interesse do legislador em viabilizar a solução consensual é a constante no artigo 696, que dispõe sobre a possibilidade de a audiência de mediação e conciliação se dividir em tantas sessões quantas sejam necessárias para atingir a composição consensual. [20]

Nas palavras de João Luiz Lessa Neto:

> A grande preocupação do legislador parece ser tornar, realmente, a mediação familiar como o principal meio de resolução de disputas, afastando a interferência estatal direta (representada pelo julgamento do caso) da solução dos conflitos familiares. É na percepção da inadequação da intervenção de um terceiro estranho ao núcleo familiar para a solução do conflito que reside a opção por tornar a mediação obrigatória para as ações de direito de família, enquanto para a generalidade das ações submetidas ao procedimento comum ela é facultativa, podendo ser rejeitada por acordo das partes, por negócio processual.[21]

O silêncio do dispositivo permite concluir que a audiência deve acontecer independentemente da vontade das partes, entretanto tal entendimento não merece prosperar por força de uma interpretação sistemática dos dispositivos que regem os meios consensuais, que contemplam em mais de uma oportunidade um princípio essencial à sua efetivação: a autonomia da vontade.

Tratando-se da mediação, Fernanda Tartuce pondera acerca da autonomia da vontade:

> A mediação permite que as pessoas em conflito decidam os rumos da controvérsia e sejam agentes determinantes de condutas favoráveis ao encontro de saídas consensuais [...]. A autonomia remete a um tema importante: a voluntariedade. Conversações só podem acontecer quando os participantes aderem à sua ocorrência; eles devem escolher o caminho

---

[20] BRASIL. **Lei nº 13.105, de 16 de março de 2015**. 2015. Disponível em: http://www.planalto.gov.br/ccivil_03/_ato2015-2018/2015/lei/l13105.htm. Acesso em: 12 out. 2021.

[21] LESSA NETO, João Luiz. **O procedimento especial das ações de família no novo CPC e a mediação**. RKL Advocacia. 2017. Disponível em: https://www.rkladvocacia.com/o-procedimento-especial-das-acoes-de-familia-no-novo-cpc-e-mediacao/. Acesso em: 12 out. 2021.

consensual do início ao fim do procedimento. Para quem leva a autonomia a sério, a voluntariedade é objeto de considerável atenção, já que ela se conecta com a disposição das partes em se engajar nas conversas. [22]

Conclui-se que a autonomia da vontade, também entendida como autodeterminação, é um valor essencial para a proveitosa implementação de meios consensuais de composição de conflitos, sendo infrutífera qualquer tentativa de mediação que não esteja pautada na voluntariedade.

3.1 Da necessidade de facultatividade da audiência de conciliação em ações com causa de pedir baseadas em violência doméstica

Por certo, não se pode vislumbrar a possibilidade de designação de audiência de mediação com a finalidade de obter a autocomposição a qualquer custo, desprezando as circunstâncias nocivas ao acordo e à própria saúde mental das partes.

A autocomposição é um meio de desafogar o Poder Judiciário de inúmeras demandas, porém, não pode ter nesse fim o seu principal vetor. Errôneo é se apegar aos aspectos quantitativos da conciliação, tendo como finalidade maior economia ao erário, em vez de se preocupação com a qualidade dos acordos e satisfação das partes. Portanto, é preciso abandonar a quantidade e prestigiar a qualidade dos acordos.

Desprezando a percepção qualitativa das conciliações, o Conselho Nacional de Justiça apresentou estudo numérico sobre o tema indicando que o índice médio de conciliação no ano de 2015 foi de 11,1% das sentenças[23], o que resultou em, aproximadamente, dois milhões e novecentos mil processos extintos em virtude da autocomposição, mas não graduou o contentamento das partes envolvidas. No ano de 2016, mesmo ano em que o novo Código de Processo Civil entrou em vigor tornando obrigatória a realização de audiência prévia de conciliação e

---

[22] TARTUCE, Fernanda. **Processo civil no direito de família**: teoria e prática. 3. ed. São Paulo: Método, 2018, p. 80.
[23] CONSELHO NACIONAL DE JUSTIÇA. **Justiça em números 2016: ano-base 2015**. Brasília: CNJ, 2016. Disponível em: https://www.cnj.jus.br/wp-content/uploads/2011/02/b8f46be3dbbff344931a933579915488.pdf. Acesso em: 11 out. 2021.

mediação para todos os processos cíveis, o índice médio de conciliação foi de 13,6% das sentenças.[24]

Além do desprezo pelo grau de satisfação das partes no acordo firmado, o novo Código de Processo Civil ainda prevê, no artigo 334, § 8º, como instrumento de coerção, que a ausência injustificada do autor ou do réu à audiência de conciliação é ato atentatório à dignidade da justiça, sancionada com multa de até 2% (dois por cento) da vantagem econômica pretendida ou do valor da causa, revertida em favor da União ou do Estado.[25]

Esse cenário normativo pode contribuir para a eclosão de acordos mal feitos e, por conseguinte, para a frustração das partes, o que, em virtude do dissabor de acordos realizados a contragosto, pode potencializar o surgimento de futuros litígios. Cabe ressaltar que é necessário não perder o aspecto antropológico do processo, o qual é um instrumento para a efetivação da justiça e para a salvaguarda de direitos fundamentais.

Mais do que resolver a demanda de forma célere e desafogar judiciário, deve-se buscar, acima de tudo, o bem estar e a integridade das partes. Ao se tratar de uma mulher vítima de violência doméstica, é no mínimo cruel a exigência de que se encontre com seu agressor para que "construam, com autonomia e solidariedade, a melhor solução para o conflito"[26].

Na prática, o juiz analisa se há algum pedido liminar, e se não houver designa automaticamente a audiência conciliatória, não importando quem tenha entrado com o processo, ficando a parte que não comparecer sujeita a multa do ato atentatório contra a dignidade da

---

[24] CONSELHO NACIONAL DE JUSTIÇA. **Justiça em Números 2017: ano-base 2016**. Brasília: CNJ, 2017. Disponível em: https://www.cnj.jus.br/wp-content/uploads/2019/08/b60a659e5d5cb79337945c1dd137496c.pdf. Acesso em: 11 out. 2021.
[25] SILVA, Anderson Luis Lima da. O Novo CPC: A Audiência de Conciliação nos Casos de Violência Doméstica. **Revista de doutrina e jurisprudência / Tribunal de Justiça do Distrito Federal e dos Territórios**, v. 110, n. 1, p. 129-145, jul./dez. 2018. Disponível em: https://revistajuridica.tjdft.jus.br/index.php/rdj/article/download/251/83/1583. Acesso em: 05 dez. 2021.
[26] CONSELHO NACIONAL DE JUSTIÇA. **Conciliação e Mediação**. 2021. Disponível em: https://www.cnj.jus.br/programas-e-acoes/conciliacao-e-mediacao/. Acesso em: 12 out. 2021.

justiça. Nessa sistemática muitas vítimas são compelidas a participar da audiência de conciliação por medo de sofrer uma represália.[27]

De acordo com a Dra. Lívia Martins Salomão Brodbeck e Silva, coordenadora do Núcleo de Direitos da Mulher (NUDEM) do estado do Paraná, existem diversas normativas internacionais que fundamentam o fato de que casos de violência doméstica não devem ser tratados com mecanismos de mediação ou solução alternativa de conflitos, porque eles podem expor a mulher a riscos. "Pode ser que o agressor pratique novos atos de violência depois dessa discussão. Além disso, não existem condições de igualdade para vítima e agressor sentarem numa mesa para fazer um acordo."[28]

Quanto a necessidade de ponderar acerca da plausibilidade e adequação da realização de audiência de conciliação em relações marcadas pela violência doméstica, imprescindível mencionar jurisprudência em que o Superior Tribunal de Justiça afirma que as normas não devem ser simplesmente aplicadas indistintamente a todos os indivíduos, considerando que alguns grupos são mais vulneráveis que outros.

> LEI MARIA DA PENHA. HABEAS CORPUS. MEDIDA PROTETIVA. RELAÇÃO DE NAMORO. DECISÃO DA 3ª SEÇÃO DO STJ. AFETO E CONVIVÊNCIA INDEPENDENTE DE COABITAÇÃO. CARACTERIZAÇÃO DE ÂMBITO DOMÉSTICO E FAMILIAR. LEGITIMIDADE DO MINISTÉRIO PÚBLICO PARA A MEDIDA. PRINCÍPIO DA ISONOMIA. DECURSO DE TRINTA DIAS SEM AJUIZAMENTO DA AÇÃO PRINCIPAL. AUSÊNCIA DE MANIFESTAÇÃO DO TRIBUNAL A QUO. SUPRESSÃO DE INSTÂNCIA. PEDIDO PARCIALMENTE CONHECIDO E, NESSA EXTENSÃO, DENEGADO. [...] 4. **O princípio da isonomia**

---

[27] CARVALHO, Jess. Por que audiência de conciliação é um desserviço para mulheres vítimas de violência? **Plural Curitiba**. 2021. Disponível em: https://www.plural.jor.br/noticias/vizinhanca/por-que-audiencia-de-conciliacao-e-um-desservico-para-mulheres-vitimas-de-violencia/. Acesso em: 12 out. 2021.

[28] CARVALHO, Jess. Por que audiência de conciliação é um desserviço para mulheres vítimas de violência? **Plural Curitiba**. 2021. Disponível em: https://www.plural.jor.br/noticias/vizinhanca/por-que-audiencia-de-conciliacao-e-um-desservico-para-mulheres-vitimas-de-violencia/. Acesso em: 12 out. 2021.

> garante que as normas não devem ser simplesmente elaboradas e aplicadas indistintamente a todos os indivíduos, ele vai além, considera a existência de grupos ditos minoritários e hipossuficientes, que necessitam de uma proteção especial para que alcancem a igualdade processual. 5. **A Lei Maria da Penha é um exemplo de implementação para a tutela do gênero feminino, justificando-se pela situação de vulnerabilidade e hipossuficiência em que se encontram as mulheres vítimas da violência doméstica e familiar.** (Grifo nosso)[29]

Diante disso cabe apresentar a máxima trazida por Rui Barbosa, no discurso intitulado "Oração aos Moços", ao afirmar que:

> A regra da igualdade não consiste senão em quinhoar desigualmente aos desiguais, na medida em que se desigualam. Nesta desigualdade social, proporcionada à desigualdade natural, é que se acha a verdadeira lei da igualdade. O mais são desvarios da inveja, do orgulho, ou da loucura. Tratar com desigualdade a iguais, ou a desiguais com igualdade, seria desigualdade flagrante, e não igualdade real. Os apetites humanos conceberam inverter a norma universal da criação, pretendendo, não dar a cada um, na razão do que vale, mas atribuir o mesmo a todos, como se todos se equivalessem.[30]

Depreende-se, portanto, que para alcançarmos o tratamento isonômico faz-se necessário conferir tratamento desigual aos desiguais na exata medida de suas desigualdades, bem como tratar igualmente os iguais. Nesse sentido, os indivíduos que se encontram em igual situação devem receber idêntico tratamento e, diversamente, todos aqueles que se encontram em posições diferentes merecem tratamento diferenciado.

Ao exigir o comparecimento da vítima, sem a sua anuência, na audiência de conciliação, o Poder Judiciário está causando um novo dano, ainda

---

[29] BRASIL. Superior Tribunal de Justiça. **HC: 92875 RS 2007/0247593-0.** Relator: Ministra Jane Silva (Desembargadora Convocada do TJ/MG), Data de Julgamento: 30/10/2008. Sexta Turma, Data de Publicação DJe 17/11/2008. Disponível em: https://stj.jusbrasil.com.br/jurisprudencia/2054496/habeas-corpus-hc-92875-rs-2007-02 47593-0 Acesso em: 29 nov. 2021.

[30] BARBOSA, Rui. **Oração aos moços**. 5 ed. Rio de Janeiro: Fundação Casa de Rui Barbosa, 1997, p. 26. Disponível em: http://www.casaruibarbosa.gov.br/dados/DOC/artigos/rui_barbosa/FCRB_RuiBarbosa_Oracao_aos_mocos.pdf. Acesso em: 17 nov. 2021.

que psicológico, a mulher. Nessa sistemática a vítima está sendo obrigada a reencontrar o agressor e reviver momentos por ela enfrentados, o que implica no que chamamos de revitimização.

3.2 Revitimização

O termo revitimização está intimamente ligado à chamada violência institucional. Trata-se da violência praticada pelos órgãos públicos e seus agentes responsáveis pelo encaminhamento e acolhimento necessários às vítimas, além de também serem responsáveis por proporcionar a segurança necessária em situações de risco.[31]

Entretanto, muitas vezes a vítima que busca ajuda é submetida a tratamentos desumanos e constrangedores. Assim, além do sofrimento oriundo da violência por parte do agressor, a vítima se depara com um outro sofrimento, dessa vez gerado pelo próprio sistema. Esse fenômeno se tornou conhecido como revitimização ou vitimização secundária, tendo em vista que a vítima "é novamente exposta a constrangimentos e julgamentos morais, por aqueles que deveriam protegê-la, e ocorre desde a delegacia de polícia até o próprio Judiciário".[32]

A imposição da realização de audiência de conciliação em relacionamentos marcados pela violência doméstica desconsidera todo sofrimento, violência e crueldade a que a mulher foi submetida. Tal

---

[31] MEZA, Eliane Cristina Carvalho Mendoza; FRANCA, Isabel Bezerra de Lima. **A violência doméstica e a revitimização da mulher no judiciário: um estudo de caso do município de Santo André.** 2017. Disponível em: http://www.e nadir2017.sinteseeventos.com.br/arquivo/downloadpublic2?q=YToyOntzOjY6 InBhcmFtcyI7czozMzoiYToxOntzOjEwOiJJRF9BUlFVSVZPIjtzOjI6IjgwIjt9I jtzOjE6ImgiO3M6MzI6IjgzNmNmYzBjNjMwY2Y2OTRhYTZiNzRmMmE0 ZjE4MDVjIjt9. Acesso em 17 nov. 2021.

[32] MEZA, Eliane Cristina Carvalho Mendoza; FRANCA, Isabel Bezerra de Lima. **A violência doméstica e a revitimização da mulher no judiciário: um estudo de caso do município de Santo André.** *apud* VASCONCELOS, Maria Eduarda Mantovani; AUGUSTO, Cristiane Brandão. **Práticas Institucionais: revitimização e lógica familista nos JVDFMs.** Direito em Movimento, Rio de Janeiro, v. 23, p. 47-100, 2º sem. 2015. Disponível em: http://www.enadir2017.s inteseeventos.com.br/arquivo/downloadpublic2?q=YToyOntzOjY6InBhcmFtc yI7czozMzoiYToxOntzOjEwOiJJRF9BUlFVSVZPIjtzOjI6IjgwIjt9IjtzOjE6Im giO3M6MzI6IjgzNmNmYzBjNjMwY2Y2OTRhYTZiNzRmMmE0ZjE4MDV cIjt9. Acesso em: 17 nov. 2021.

aproximação facilita a perpetuação do ciclo da violência doméstica, além de expor a mulher a novos riscos. Portanto, pode-se inferir que a revitimização como segunda experiencia de violência também ocorre nos casos em que o poder público não garante à mulher proteção contra a violência.

A jurista Fernandes Valeria Diez Scarance pondera no seguinte sentido:

> Os órgãos públicos, ainda marcados por concepções sexistas, muitas vezes tratam com desdém a vítima de violência doméstica, minimizando a situação de violência. Vera Regina Pereira de Andrade menciona que a violência institucional "reproduz a violência estrutural das relações sociais patriarcais e de opressão sexista", assim, a vítima enfrenta na investigação e na Justiça o mesmo preconceito e a resistência que enfrenta na sociedade e nas relações pessoais.[33]

A omissão do Estado aliado ao mau funcionamento das políticas públicas, junto com a falta de preparo daqueles que integram a rede de proteção vem reforçando as situações de violência e o processo de revitimização.

4 CONSIDERAÇÕES SOBRE OS TIPOS DE VIOLÊNCIA DOMÉSTICA E SUAS CONSEQUÊNCIAS

Pra os efeitos da Lei n° 11.340/06, configura violência doméstica e familiar contra a mulher qualquer ação ou omissão baseada no gênero que lhe cause morte, lesão, sofrimento físico, sexual ou psicológico e dano moral ou patrimonial.[34] Conforme verifica-se, a lei expõe, num rol exemplificativo, como formas de violência doméstica e familiar contra a mulher a:

a. Violência física: Trata-se de qualquer conduta que ofenda a integridade ou a saúde corporal da vítima. Ocorre quando alguém causa

---

[33] SCARANCE, Fernandes Valeria Diez. **Lei Maria da Penha** – O Processo Penal no Caminho da Efetividade. São Paulo: Atlas, 2015, p. 131.
[34] BRASIL. **Lei n° 11.340, de 7 de agosto de 2006.** 2006. Disponível em: http://www.planalto.gov.br/ccivil_03/_ato2004-2006/2006/lei/l11340.htm. Acesso em: 12 out. 2021.

ou tenta causar dano, por meio de força física, como socos, empurrões, ou com algum tipo de arma ou instrumento que pode causar lesões internas e externas.[35]

b. Violência psicológica: Qualquer conduta que cause danos à saúde psicológica e à autodeterminação da mulher, que prejudique e perturbe seu pleno desenvolvimento, ou, ainda, que vise degradar ou controlar suas ações, comportamentos, crenças e decisões. A violência psicológica consiste na agressão emocional, que é tão ou mais grave que a violência física, e está relacionada a todas as demais modalidades de violência doméstica. Tal gênero segue três grandes estratégias: submissão pelo medo, desqualificação da imagem e bloqueio das formas de sair. O comportamento típico se dá quando o agente ameaça, rejeita, humilha ou discrimina a vítima.[36] A violência Psicológica pode levar a pessoa a se sentir desvalorizada, sofrer de ansiedade e adoecer com facilidade, situações que se arrastam durante muito tempo e, se agravadas, podem levar a pessoa a provocar suicídio.[37] Esse tipo de violência é a mais comum e a mais difícil de ser identificada.

c. Violência sexual: Qualquer conduta que ofenda a dignidade sexual da mulher de forma não consentida por ela, compreendendo o constrangimento para presenciar, manter ou participar de relação sexual não desejada. Ainda assim, historicamente sempre houve resistência em admitir a possibilidade da ocorrência de violência sexual no âmbito dos vínculos familiares, visto que, ainda há a inclinação de identificar o exercício da sexualidade como um dos deveres do casamento, legitimando a insistência do homem à pratica sexual.[38]

---

[35] SILVA, Luciane L.; COELHO, Elza B S.; CAPONI, Sandra N C. **Violência Silenciosa**: violência psicológica como condição da violência física doméstica. Interface – Comunic, Saúde, Educ. v. 11, n. 21, jan./abr., 2007, p. 93-103.
[36] DIAS, Maria Berenice. **A lei Maria da Penha na Justiça**. 5 ed. Salvador. Editora JusPodivim. 2018.
[37] BRASIL. Ministério da Saúde. Secretaria de Políticas de Saúde. **Violência intrafamiliar**: orientações para a prática em serviço. Brasília: Ministério da Saúde, 2001. Disponível em: https://bvsms.saude.gov.br/bvs/publicacoes/cd05_19.pdf. Acesso em: 29 nov. 2021.
[38] DIAS, Maria Berenice. **A lei Maria da Penha na Justiça**. 5 ed. Salvador. Editora JusPodivim. 2018.

d. Violência patrimonial: Qualquer conduta gravosa que configure retenção, subtração, destruição parcial ou total de bens, objetos, instrumentos de trabalho, documentos pessoais, bens, valores e direitos ou recursos econômicos, incluindo os destinados a satisfazer suas necessidades.[39] Necessário salientar que no tocante a violência patrimonial no contexto de violência doméstica pouco importa o valor dos bens, visto que a finalidade é causar angústia, dor ou dissabor à mulher.

e. Violência moral: Qualquer conduta ofensiva contra a honra da vítima, que tenha como finalidade afrontar a autoestima e o reconhecimento social da mulher, apresentando-se na forma de desqualificação, inferiorização ou ridicularização.

Cada tipo de violência resulta em prejuízos nas esferas de desenvolvimento físico, cognitivo, social, moral, emocional ou afetivo. As manifestações físicas da violência podem deixar sequelas para a vida toda, tais como limitações de movimento, traumatismos, danos estéticos, dentre outros de mesmo gênero. Já os sintomas psicológicos frequentemente encontrados em vítimas de violência doméstica são: insônia, pesadelos, falta de concentração, irritabilidade, falta de apetite, que propiciam muitas vezes o aparecimento de sérios problemas mentais como a depressão, ansiedade, síndrome do pânico, estresse pós-traumático, além de comportamentos autodestrutivos, como o uso de álcool e drogas, ou mesmo tentativas de suicídio.[40]

Assim sendo, a facultatividade da audiência de conciliação é meio fundamental para garantir a integridade física e psicológica da vítima, ficando a seu critério realizar ou não a audiência bem como de encontrar ou não seu agressor.

---

[39] BRASIL. **Lei nº 11.340, de 7 de agosto de 2006.** 2006. Disponível em: http://www.planalto.gov.br/ccivil_03/_ato2004-2006/2006/lei/l11340.htm. Acesso em: 12 out. 2021.

[40] BOTH, Daniela Antonia; OLIVERA, Lisandra Antunes de. **Consequências Psicológicas Resultantes da Violência Doméstica Contra a Mulher** a*pud* KASHANI, Javad H.; ALLAN, Wesley D. **The impact of family violence on children and adolescents.** Thousand Oaks: Sage, 1998. Disponível em: http://www.uniedu.sed.sc.gov.br/index.php/pos-graduacao/trabalhos-de-conclu sao-de-bolsistas/trabalhos-de-conclusao-de-bolsistas-a-partir-de-2018/ciencias-sociais-aplicadas/especializacao-5/485-consequencias-psicologicas-resultantes-da-violencia-domestica-contra-a-mulher/file. Acesso em: 29 nov. 2021.

5 DECISÃO DO TRIBUNAL DE JUSTIÇA DO ESTADO DE SÃO PAULO

A doutrina ainda não se debruçou, de forma particular, sobre a obrigatoriedade da audiência de conciliação em ações com causa de pedir baseada em violência doméstica. No entanto, já se apontam críticas à autocomposição, a qual não pode ser considerada como "cura-tudo".

A audiência de conciliação foi criada para possibilitar a melhor solução do litígio, e não para instrumentalizar o domínio de uma parte sobre a outra. Seguindo essa linha o Tribunal de Justiça do Estado de São Paulo entendeu que, em casos de violência doméstica não é obrigatória a designação de audiência de conciliação na área de direito de família entre réu e vítima.

A decisão liminar foi concedida pelo Desembargador José Carlos Ferreira Alves, da 2ª Câmara de Direito Privado do TJ-SP, após a Defensora Pública que atuou no caso, Dra. Vanessa Chalegre França, ter interposto recurso contra decisão de primeiro grau, que havia determinado a realização da audiência, mesmo com expressa manifestação contrária da vítima.[41]

Segue colacionada ementa da decisão:

> Nº 2215265-68.2016.8.26.0000 - Processo Digital. Petições para juntada devem ser apresentadas exclusivamente por meio eletrônico, nos termos do artigo 7º da Res. 551/2011 - Agravo de Instrumento - Campinas - Agravante: R. das G. P. - Agravado: J. N. G. P. - DECISÃO CONCESSIVA DE EFEITO SUSPENSIVO 1.Trata-se de recurso de agravo interposto contra a r. decisão digitalizada às fls. 32/33, que, nos autos da ação de divórcio litigioso, designou audiência de conciliação/mediação para o dia 22.11.2016, embora a requerente tenha manifestado seu desinteresse na realização do ato, tendo em vista o disposto no art. 695, do CPC. 2.Inconformada, insurge-se a agravante alegando, em resumo, que é vítima de violência doméstica, motivo pelo qual não

---

[41] EM DECISÃO, TJSP veda audiência de conciliação em caso de violência doméstica. **Justificando**. 2016. Disponível em: http://www.justificando.com/20 16/07/18/em-decisao-tjsp-veda-audiencia-de-conciliacao-em-caso-de-violencia-domestica/. Acesso em 17 nov. 2021.

> deseja encontrar o agravado. Diz que o encontro das partes poderia causar a revitimização da agravante, violando o princípio da dignidade da pessoa humana. Pede, pois, a concessão de efeito suspensivo e, ao final, o provimento do recurso. 3.Recebo o agravo na forma de instrumento e CONCEDO O EFEITO SUSPENSIVO pretendido, pelos motivos que passo a expor. 4.Alega a agravante que é vítima de violência doméstica e que o encontro com o agravado lhe causaria constrangimento e abalo psicológico. 5.Segundo penso, o ideal buscado pelo Novo Código Processo Civil, no sentido de evitar os litígios, prestigiando as conciliações, não pode se sobrepor aos princípios consagrados pela Constituição Federal, relativos à dignidade da pessoa humana e dele derivados. 6.Assim, ao menos em princípio, não se mostra plausível obrigar a autora a comparecer a audiência de conciliação e encontrar o réu, se alega ser vítima de violência doméstica por ele praticada. 7.**Faltaria a ela, pela debilidade demonstrada, o necessário empoderamento, tão necessário para que uma conciliação ou mediação possa, com efetividade, resolver a crise de direito material instalada.** 8.Comunique-se ao Juízo de origem. 9.Dê-se vista dos autos à douta Procuradoria Geral de Justiça. 10.Após, voltem os autos conclusos para novas deliberações ou prolação de voto. (Grifo nosso).[42]

No entendimento da Defensora, embora o novo Código de Processo Civil determine que nas ações de família deve-se empreender esforços para a soluções consensuais de conflito, as tentativas de conciliação não devem ocorrer em casos de violência doméstica para evitar lesões a direitos fundamentais. Entre outros argumentos a Defensora citou a Lei de Mediação, promulgada em 2015, que prevê como princípio orientador a isonomia entre as partes, "o que não é verificado em uma relação permeada pela desigualdade, violência e

---

[42] BRASIL. Tribunal de Justiça de São Paulo. 2ª Câmara de Direito Privado. **Processo Digital nº 2215265- 68.2016.8.26.0000**. Relator: Des. José Carlos Ferreira Alves, DJe de 23/1/2017. Disponível em: https://www.jusbrasil.com.br/processos/131301907/processo-n-2215265-6820168260000-do-tjsp. Acesso em: 29 nov. 2021.

subordinação, principalmente quando há violência recente e direcionada para manter o relacionamento"[43]

O anseio do Código em solucionar conflitos em sede de audiência de conciliação não pode sobrepor a autonomia da vontade das partes nem a dignidade da pessoa humana, nesse sentido pondera Dra. Vanessa:

> [...] a aplicação das soluções consensuais de conflitos deve observar a autonomia da vontade das partes e dos direitos individuais, excepcionando sua aplicação quando a autocomposição (ou transação) é inadmissível, a exemplo dos casos de violência doméstica. (...) O fato de colocar as partes frente a frente revitimiza a mulher em situação de violência doméstica e familiar ou pode, até mesmo, colocar a mulher em risco, nos casos em que há perigo de que novas violências aconteçam.[44]

Verifica-se que algumas varas tentam recompor o núcleo familiar mesmo em casos de divórcio motivados por violência doméstica. Nesses casos se faz necessário que a situação seja vista de uma maneira mais integrada, mais ampla para a situação da mulher vítima de violência, e não apenas pelo ideal, por vezes ilusório, de reconciliação familiar. Nesse sentido afirma Fredie Didier Junior:

> É perigosa e ilícita a postura de alguns juízes que constrangem as partes à realização de acordos judiciais. Não é recomendável, aliás, que o juiz da causa exerça as funções de mediador ou conciliador. Demais disso, convém sempre ficar atento, em um processo de mediação e conciliação, ao desequilíbrio de forças entre os envolvidos (disparidade de poder ou de recursos econômicos). Trata-se de fator que

---

[43] EM DECISÃO, TJSP veda audiência de conciliação em caso de violência doméstica. **Justificando**. 2016. Disponível em: http://www.justificando.com/20 16/07/18/em-decisao-tjsp-veda-audiencia-de-conciliacao-em-caso-de-violencia -domestica/. Acesso em 17 nov. 2021.
[44] EM DECISÃO, TJSP veda audiência de conciliação em caso de violência doméstica. **Justificando**. 2016. Disponível em: http://www.justificando.com/20 16/07/18/em-decisao-tjsp-veda-audiencia-de-conciliacao-em-caso-de-violencia -domestica/. Acesso em 17 nov. 2021.

comumente leva um dos sujeitos a celebrar acordo lesivo a seu interesse[45]

Segue o mesmo entendimento o Tribunal de Justiça do Estado do Paraná que recomenda aos Juízos de Família de Primeiro Grau de Jurisdição que avaliem a possibilidade de realizar audiências de conciliação nos casos envolvendo violência contra a mulher apenas quando haja o consentimento expresso da vítima.[46]

A decisão em analise menciona o termo "empoderamento", haja vista que se faz necessário uma postura altiva e dinâmica para a realização da mediação. O Desembargador ao afirmar que, no caso da decisão, "falta a vítima o empoderamento necessário para que a conciliação ou a mediação seja feita com efetividade", conclui que a mulher inserida em um grave cenário de violência não tem plena capacidade de conversar em igualdade de condições com seu agressor.

A mediação não parece ser uma solução válida quando há questões emocionais profundas, muitas vezes inconscientes, que demandam tempo e amadurecimento das partes, especialmente porque, nesses casos a tendencia é que façam uma mediação simulada, firmando um acordo impossível, cumprindo meramente a condição legal que lhes foi imposta no início do procedimento. Dessa forma a mulher é obrigada a se encontrar com seu agressor, ser novamente vítima, e se submeter a um procedimento superficial sem que o verdadeiro objeto do litígio seja examinado.

5.1 A necessidade do diálogo entre as fontes normativas

Atualmente no Brasil há duas legislações conflitantes no que concerne aos casos de violência contra a mulher. A Lei Maria da Penha, que prevê a possibilidade de a vítima solicitar não ser ouvida na presença

---

[45] DIDIER JR., Fredie. **Curso de direito processual civil**: introdução ao direito processual civil, parte geral e proceso de conhecimento. 18. ed. v. 1. Salvador: JusPODIVM, 2016, p. 280-281.
[46] CARVALHO, Jess. Por que audiência de conciliação é um desserviço para mulheres vítimas de violência? **Plural Curitiba**. 2021. Disponível em: https://www.plural.jor.br/noticias/vizinhanca/por-que-audiencia-de-conciliacao-e-um-desserviço-para-mulheres-vitimas-de-violencia/. Acesso em: 12 out. 2021.

do agressor, e os artigos 334 e 695, do novo Código de Processo Civil, que, junto à sistemática do direito das Famílias, preconiza que as partes tentem uma conciliação antes que tenha início o litígio.

O fato é que, nas ações com causa de pedir baseada em violência doméstica, inevitavelmente a demanda cível atuara de forma paralela com o Direito Penal, motivo pelo qual não se pode desconsiderar os princípios guiam a tutela dos direitos da mulher, presentes na Lei 11.340/06. Em virtude disso, se faz necessário destacar que:

> O principal motivo pelo qual o Estado não pode tratar da mesma maneira um delito praticado por um estranho, daquele cometido por alguém de sua estreita convivência, é a proximidade da vítima e seu algoz, diante do fato incontestável de que o delito praticado por estranhos, raramente voltará a advir, enquanto o perpetrado por pessoa do seu convívio tende a se repetir, formando o ciclo perverso da violência doméstica, que pode acabar em delitos gravíssimos, práticas reiteradas de desamor, domínio e cólera, capaz de suprimir qualquer capacidade de reação da mulher violada.[47]

A proteção especial conferida a mulher possui raízes na constitucionalização dos ramos do Direito, fundado no princípio vetor-orientador da dignidade da pessoa humana, que passa a prestigiar o estado da pessoa e a propagar por todo o sistema jurídico seus valores, suprimindo, por vezes, a necessidade de legislação no que tange as minucias das relações jurídicas.

> Verifica-se marcado zelo nos sistemas jurídicos democráticos em evitar que as posições afirmadas como essenciais da pessoa quedem como letra morta ou que só ganhem eficácia a partir da atuação do legislador. Essa preocupação liga-se à necessidade de superar, em definitivo, a concepção do Estado de Direito formal, em que os direitos fundamentais somente ganham expressão quando regulados por lei, com o que se

---

[47] LIMA, Fausto Rodrigues de. **Violência doméstica**: vulnerabilidade e desafios na intervenção criminal e multidisciplinar. Rio de Janeiro: Lumen Juris, 2009, p. 61.

expõem ao esvaziamento de conteúdo pela atuação ou inação do legislador.[48]

Certamente o princípio da dignidade da pessoa humana é o princípio moral e jurídico base para definir os direitos fundamentais, sendo deste que se desdobram todos os outros direitos fundamentais. Nessa linha de intelecção, trata-se de uma norma princípio capaz de fundamentar a inibição da prática de atos de violência ao sexo feminino, penetrando no direito processual civil por meio da atividade interpretativa dos aplicadores do direito, especialmente do magistrado, com o propósito de fundamentar o entendimento pela facultatividade da audiência de conciliação, tendo como objetivo maior resguardar e proteger a mulher em situação de vulnerabilidade.[49]

Frequentemente a dialética é reprimida pela própria atuação padronizada do Poder Judiciário, o qual, de forma sistematizada, designa a audiência por meio de ato emanado de servidores, sem atentar-se para a real complexidade que cada demanda requer. Evidente que, a forma mecanizada de operar o processo prejudica o direito das partes de não comparecer ao ato processual ante o real risco de torná-lo inútil ou até mesmo prejudicial, retirando o potencial transformador que o ordenamento jurídico confere à tutela da mulher inserida em contexto de violência doméstica.[50]

6 CONSIDERAÇÕES FINAIS

---

[48] MENDES, Gilmar Ferreira. **Curso de direito constitucional**. 4. ed. São Paulo: Saraiva, 2009, p. 285. Disponível em: http://noosfero.ucsal.br/articles/00 10/3238/gilmar-mendes-curso-de-direito-constitucional.pdf. Acesso em: 05 dez. 2021.

[49] SILVA, Anderson Luis Lima da. O Novo CPC: A Audiência de Conciliação nos Casos de Violência Doméstica. **Revista de doutrina e jurisprudência / Tribunal de Justiça do Distrito Federal e dos Territórios**, v. 110, n. 1, p. 129-145, jul./dez. 2018. Disponível em: https://revistajuridica.tjdft.jus.br/index.php/rdj/article/download/251/83/1583. Acesso em: 05 dez. 2021.

[50] SILVA, Anderson Luis Lima da. O Novo CPC: A Audiência de Conciliação nos Casos de Violência Doméstica. **Revista de doutrina e jurisprudência / Tribunal de Justiça do Distrito Federal e dos Territórios**, v. 110, n. 1, p. 129-145, jul./dez. 2018. Disponível em: https://revistajuridica.tjdft.jus.br/index.php/rdj/article/download/251/83/1583. Acesso em: 05 dez. 2021.

Neste estudo, procurou-se apontar a facultatividade da audiência de conciliação em ações baseadas em violência doméstica contra a mulher, a fim de garantir a preservação da integridade física e psíquica da vítima bem como a igualdade entre os litigantes.

Em virtude da omissão legislativa processual e a interpretação literal do dispositivo que regula o ato processual em comento, vislumbramos uma mutação dos fins do processo: situação em que, em vez de termos a aplicação de um mecanismo de solução de conflitos por meio da autocomposição, passamos a ter um quadro de extensão de dominação do agressor sobre a vítima. Desse modo, se demonstra evidente que forçar a mulher a comparecer à audiência inaugural promove a desigualdade entre as partes.

O único julgado sobre o tema, do Tribunal de Justiça do Estado de São Paulo, salienta que falta a mulher vítima de violência doméstica o empoderamento necessário para transigir com seu agressor, restando a audiência por prejudicada sob a pena de realização de um acordo mal feito, gerando frustração as partes, podendo, ainda, ocasionar no surgimento de futuros litígios.

Mais do que resolver a demanda de forma célere e desafogar o judiciário, deve-se primar pela efetivação da justiça, salvaguarda dos direitos fundamentais, bem estar e integridade das partes. Desse modo, deve ficar a critério da vítima, através de seu consentimento expresso, pela realização ou não a audiência, bem como de encontrar ou não seu agressor, evitando assim lesões a direitos fundamentais.

É forçoso que os demais tribunais do País, com a mesma percepção, adotem o entendimento firmado pelo TJ-SP, a fim de tornar cada vez mais efetivos os fins propostos pela Lei Maria da Penha e os princípios constitucionais, sendo a facultatividade da audiência de conciliação meio fundamental para garantir a integridade física e psicológica da vítima.

A audiência de conciliação não deve ser determinada de forma cega e descabida, devendo haver por parte do magistrado uma análise sobre a real eficácia do procedimento, sendo necessário um olhar menos legal e mais integrado, mais amplo, humanitário e moral para a situação da mulher.

Por todo arrazoado concluímos que, a lei e o próprio sistema judiciário permanecerão impedindo que a mulher rompa com o ciclo de violência enquanto não houver uma mudança no posicionamento por hora adotado, sendo necessário firmar entendimento, e até mesmo proceder com a alteração do texto legal, pela facultatividade da realização de audiência de conciliação em ações com causa de pedir baseadas em violência doméstica.

REFERÊNCIAS

BARBOSA, Rui. **Oração aos moços**. 5 ed. Rio de Janeiro: Fundação Casa de Rui Barbosa, 1997, p. 26. Disponível em: http://www.casaruibarbosa.gov.br/dados/DOC/artigos/rui_barbosa/FCRB_RuiBarbosa_Oracao_aos_mocos.pdf. Acesso em: 17 nov. 2021.

BARROS, Alice Monteiro de. **Curso de direito do trabalho**. 10. Ed. São Paulo: LTr, 2016.

BOTH, Daniela Antonia; OLIVERA, Lisandra Antunes de. **Consequências Psicológicas Resultantes da Violência Doméstica Contra a Mulher** apud KASHANI, Javad H.; ALLAN, Wesley D. **The impact of family violence on children and adolescents.** Thousand Oaks: Sage, 1998. Disponível em: http://www.uniedu.sed.sc.gov.br/index.php/pos-graduacao/trabalhos-de-conclusao-de-bolsistas/trabalhos-de-conclusao-de-bolsistas-a-partir-de-2018/ciencias-sociais-aplicadas/especializacao-5/485-consequencias-psicologicas-resultantes-da-violencia-domestica-contra-a-mulher/file. Acesso em: 29 nov. 2021.

BRASIL. **Constituição da República Federativa do Brasil**. 1988. Disponível em: http:// www.planalto.gov.br/ccivil_03/constituicao/constituicaocompilado.htm. Acesso em: 07 set. 2021.

BRASIL. **Decreto nº 1.973, de 1º de agosto de 1996**. 1996. Disponível em: http://www.planalto.gov.br/ccivil_03/decreto/1996/d1973.htm. Acesso em: 12 out. 2021.

BRASIL. **Lei nº 11.340, de 7 de agosto de 2006**. 2006. Disponível em: http://www.planalto.gov.br/ccivil_03/_ato2004-2006/2006/lei/l11340.htm. Acesso em: 12 out. 2021.

BRASIL. **Lei nº 13.105, de 16 de março de 2015**. 2015. Disponível em: http://www.planalto.gov.br/ccivil_03/_ato2015-2018/2015/lei/l13105.htm. Acesso em: 12 out. 2021.

BRASIL. **Lei nº 13.894, de 29 de outubro de 2019**. 2019. Disponível em: http://www.planalto.gov.br/ccivil_03/_ato2019-2022/2019/lei/L13894.htm. Acesso em: 12 out. 2021.

BRASIL. Ministério da Saúde. Secretaria de Políticas de Saúde. **Violência intrafamiliar:** orientações para a prática em serviço. Brasília: Ministério da Saúde, 2001. Disponível em: https://bvsms.saude.gov.br/bvs/publicacoes/cd05_19.pdf. Acesso em: 29 nov. 2021.

BRASIL. Superior Tribunal de Justiça. **HC: 92875 RS 2007/0247593-0**. Relator: Ministra Jane Silva (Desembargadora Convocada do TJ/MG), Data de Julgamento: 30/10/2008. Sexta Turma, Data de Publicação DJe 17/11/2008. Disponível em: https://stj.jusbrasil.com.br/jurisprudencia/2054496/habeas-corpus-hc-92875-rs-2007-02 47593-0 Acesso em: 29 nov. 2021.

BRASIL. Tribunal de Justiça de São Paulo. 2ª Câmara de Direito Privado. **Processo Digital nº 2215265- 68.2016.8.26.0000**. Relator: Des. José Carlos Ferreira Alves, DJe de 23/1/2017. Disponível em: https://www.jusbrasil.com.br/processos/131301907/processo-n-2215265-6820168 260000-do-tjsp. Acesso em: 29 nov. 2021.

CARTLEDGE, Paul. **História ilustrada da Grécia Antiga**. Rio de Janeiro: Ediouro, 2002.

CARVALHO, Jess. Por que audiência de conciliação é um desserviço para mulheres vítimas de violência? **Plural Curitiba**. 2021. Disponível em: https://www.plural.jor.br/noticias/vizinhanca/por-que-audiencia-de-conciliacao-e-um-desservico-para-mulheres-vitimas-de-violencia/. Acesso em: 12 out. 2021.

CONSELHO NACIONAL DE JUSTIÇA. **Conciliação e Mediação**. 2021. Disponível em: https://www.cnj.jus.br/programas-e-acoes/conciliacao-e-mediacao/. Acesso em: 12 out. 2021.

CONSELHO NACIONAL DE JUSTIÇA. **Justiça em números 2016: ano-base 2015**. Brasília: CNJ, 2016. Disponível em: https://www.cnj.jus.br/wp-content/uploads/2011/02/b8f46be3dbbff344931a933579915488.

pdf. Acesso em: 11 out. 2021.

CONSELHO NACIONAL DE JUSTIÇA. **Justiça em Números 2017: ano-base 2016**. Brasília: CNJ, 2017. Disponível em: https://www.cnj.jus.br/wp-content/uploads/2019/08/b60a659e5d5cb79337945c1dd137496c.pdf. Acesso em: 11 out. 2021.

DIAS, Maria Berenice. **A lei Maria da Penha na Justiça**. 5 ed. Salvador. Editora JusPodivim. 2018.

DIAS, Maria Berenice. **Manual de Direito das Famílias**. 14. ed. rev. ampl. e atual. Salvador: Editora JusPodivm, 2021.

DIDIER JR., Fredie. **Curso de direito processual civil**: introdução ao direito processual civil, parte geral e proceso de conhecimento. 18. ed. v. 1. Salvador: JusPODIVM, 2016.

EM DECISÃO, TJSP veda audiência de conciliação em caso de violência doméstica. **Justificando**. 2016. Disponível em: http://www.justificando.com/2016/07/18/em-decisao-tjsp-veda-audiencia-de-conciliacao-em-caso-de-violencia-domestica/. Acesso em 17 nov. 2021.

FOLHA DE SÃO PAULO. **O que eles disseram delas**. Disponível em: https://www1.folha.uol.com.br/fsp/folhatee/fm08039908.htm. Acesso em: 07 set. 2021.

INFORMATIVO JURÍDICO ACRJ. **Edição 67, de 22 a 29 de abril de 2019**. Disponível em: http://acrj.org.br/download/2019/informativo_juridico67.pdf . Acesso em: 07 set. 2021.

LE GOFF, Jacques. **História e memória**. Campinas: Editora da Unicamp, 1990.

LIMA, Fausto Rodrigues de. **Violência doméstica**: vulnerabilidade e desafios na intervenção criminal e multidisciplinar. Rio de Janeiro: Lumen Juris, 2009.

MEDEIROS, Marcelo Farina de; GONÇALVES, Bruno Coelho. Princípios da mediação e conciliação como forma de resolução dos conflitos de interesse. **Colloquium Socialis,** Presidente Prudente, v. 1, n. Especial, p. 648-654 jan/abr 2017. Disponível em: http://www.unoeste.br

/site/enepe/2016/suplementos/area/Socialis/Direito/Princ%C3%ADpios
%20da%20media%C3%A7%C3%A3o%20e%20concilia%C3%A7%C
3%A3o%20como%20forma%20de%20resolu%C3%A7%C3%A3o%20
dos%20conflitos%20de%20interesse.pdf. Acesso em: 12 out. 2021.

MENDES, Gilmar Ferreira. **Curso de direito constitucional**. 4. ed. São Paulo: Saraiva, 2009. Disponível em: http://noosfero.ucsal.br/articles/00 10/3238/gilmar-mendes-curso-de-direito-constitucional.pdf. Acesso em: 05 dez. 2021.

MERCEDES, Rafaella. **Mudanças no novo CPC no tocante às ações de família**. 2016. Disponível em: https://jus.com.br/artigos/46076/muda ncas-no-novo-cpc-no-tocante-as-acoes-de-familia#:~:text=O%20novo%20CPC%2C%20que%20entrar%C3%A1%20em%20vigor%20no,ser%20utilizada%20para%20a%20solu%C3%A7%C3%A3o%20consensual%20dessas%20controv%C3%A9rsias. Acesso em: 11 out. 2021.

MEZA, Eliane Cristina Carvalho Mendoza; FRANCA, Isabel Bezerra de Lima. **A violência doméstica e a revitimização da mulher no judiciário**: um estudo de caso do município de Santo André. 2017. Disponível em: http://www.enadir2017.sinteseeventos.com.br/arquivo/d ownloadpublic2?q=YToyOntzOjY6InBhcmFtcyI7czozMzoiYToxOntz OjEwOiJJRF9BUlFVSVZPIjtzOjI6IjgwIjt9IjtzOjE6ImgiO3M6MzI6Ijg zNmNmYzBjNjMwY2Y2OTRhYTZiNzRmMmE0ZjE4MDVjIjt9. Acesso em 17 nov. 2021.

MEZA, Eliane Cristina Carvalho Mendoza; FRANCA, Isabel Bezerra de Lima. **A violência doméstica e a revitimização da mulher no judiciário: um estudo de caso do município de Santo André**. apud VASCONCELOS, Maria Eduarda Mantovani; AUGUSTO, Cristiane Brandão. **Práticas Institucionais: revitimização e lógica familista nos JVDFMs**. Direito em Movimento, Rio de Janeiro, v. 23, p. 47-100, 2º sem. 2015. Disponível em: http://www.enadir2017.sinteseeventos.com.b r/arquivo/downloadpublic2?q=YToyOntzOjY6InBhcmFtcyI7czozMzoi YToxOntzOjEwOiJJRF9BUlFVSVZPIjtzOjI6IjgwIjt9IjtzOjE6ImgiO3 M6MzI6IjgzNmNmYzBjNjMwY2Y2OTRhYTZiNzRmMmE0ZjE4M DVjIjt9. Acesso em: 17 nov. 2021.

MIGALHAS. Lei que facilita divórcio a vítimas de violência doméstica é sancionada com vetos. **Migalhas**. 2019. Disponível em: https://www.m igalhas.com.br/quentes/314090/lei-que-facilita-divorcio-a-vitimas-de-vi olencia-domestica-e-sancionada-com-vetos. Acesso em: 12 out. 2021.

LESSA NETO, João Luiz. **O procedimento especial das ações de família no novo CPC e a mediação**. RKL Advocacia. 2017. Disponível em: https://www.rkladvocacia.com/o-procedimento-especial-das-acoes-de-familia-no-novo-cpc-e-mediacao/. Acesso em: 12 out. 2021.

PEREIRA, Sarah Batista Santos. Parte 1: Os avanços e a (in)eficácia da Lei Maria da Penha. **Magis – Portal Jurídico.** 2021. Disponível em: https://magis.agej.com.br/parte-1-os-avancos-e-a-ineficacia-da-lei-maria-da-penha/#fn-2720-1. Acesso em: 07 set. 2021.

SCARANCE, Fernandes Valeria Diez. **Lei Maria da Penha** – O Processo Penal no Caminho da Efetividade. São Paulo: Atlas, 2015.

SILVA, Anderson Luis Lima da. O Novo CPC: A Audiência de Conciliação nos Casos de Violência Doméstica. **Revista de doutrina e jurisprudência / Tribunal de Justiça do Distrito Federal e dos Territórios,** v. 110, n. 1, p. 129-145, jul./dez. 2018. Disponível em: https://revistajuridica.tjdft.jus.br/index.php/rdj/article/download/251/83/1583. Acesso em: 05 dez. 2021.

SILVA, Luciane L.; COELHO, Elza B S.; CAPONI, Sandra N C. **Violência Silenciosa**: violência psicológica como condição da violência física doméstica. Interface – Comunic, Saúde, Educ. v. 11, n. 21, jan./abr., 2007, p. 93-103.

TARTUCE, Fernanda. **Processo civil no direito de família**: teoria e prática. 3. ed. São Paulo: Método, 2018.

LEI GERAL DE PROTEÇÃO DE DADOS E A ADEQUAÇÃO DOS TRIBUNAIS NO TRATAMENTO DE DADOS PESSOAIS SENSÍVEIS

4

Victoria Emily da Silva Oliveira Castro

1 CONSIDERAÇÕES INICIAIS

O início da era digital, nos meados da década de 70, foi um marco para a sociedade pós-moderna. A revolução das tecnologias da informação tornou os meios informáticos onipresentes, posto que a infraestrutura da informação perpassa todos os aspectos da vida do indivíduo. Assim, os mecanismos criados no meio digital e introduzidos nas atividades cotidianas passaram a ser essenciais, pois ampliaram a capacidade de ação dos indivíduos, além de facilitar e auxiliar a realização destas. Contudo, o aumento da tecnologia na vida dos indivíduos também aumentou, na mesma proporção, os riscos a que seus usuários estão submetidos.

Devido à fragilidade da segurança dos usuários no meio digital, surge a necessidade de regulamentação jurídica para atender às demandas e possíveis conflitos decorrentes das relações digitais entre os indivíduos. A disciplina do Direito Digital, juntamente a outras matérias, busca estruturar e proteger as relações jurídicas desse meio, regendo-se, principalmente, por princípios. Conforme afirma Patrícia Peck, os princípios prevalecerão em relação às regras, pois o ritmo de evolução tecnológica sempre será mais veloz que a atividade legislativa. Dessa forma, a disciplina jurídica atende aos dinamismos exigidos pelo Direito Digital, no qual há uma autorregulamentação em que as soluções são criadas pelos próprios participantes diretos do assunto[1].

---

[1] PINHEIRO, Patrícia Peck. **#Direito Digital**. 6ªed. São Paulo: Saraiva, 2016, p. 78.

No entanto, apenas a autorregulamentação do Direito Digital não é suficiente para garantir a segurança jurídica das pessoas ao realizarem ações no ciberespaço[2]. A crescente troca de informações pelos usuários realizadas no meio digital revelou a carência de normas protetivas e, até mesmo, regulamentadoras quanto ao uso, compartilhamento e armazenamento dessas informações. Nesse sentido, foi editada, em 2018, a Lei Geral de Proteção de Dados (LGPD/ Lei 13.709/18), com o objetivo de esclarecer as lacunas criadas pelas relações já existentes na internet e regular o tratamento e utilização de dados e informações no mundo digital.

A LGPD é a lei mais nova no ordenamento jurídico brasileiro no tocante à internet e possui natureza jurídica *sui generis*, de forma que suas regras abrangem tanto o direito privado quanto o direito público, obrigando todos os órgãos públicos que utilizam dados de terceiros à adequação às novas regras estabelecidas nessa lei. Dito isso, os Tribunais de Justiça por serem órgãos públicos do poder judiciário, também estão abrangidos pela LGPD e devem adequar-se a ela.

Não obstante, em todo processo litigioso ajuizado nos Tribunais, utilizam-se dados pessoais das partes, pois são informações fundamentais ao livre prosseguimento do processo. Além disso, estes estão sujeitos ao princípio da publicidade, no qual, salvo as exceções de interesse público e social ou para proteger a intimidade, todos os processos devem ser públicos[3], não restringindo a consulta e certidão dos atos apenas às partes, mas a todos aqueles que possam se interessar no processo.

Embora o Código de Processo Civil de 2015 (CPC/15) seja uma lei recente, ele não abrange o tratamento de dados e a utilização de informações pessoais nos processos eletrônicos, limitando-se apenas a questões procedimentais. Com isso, há a colisão entre os princípios da privacidade e extra proteção dos dados pessoais, previstos na Lei

---

[2] Espaço virtual extremamente complexo, no qual há uma alta volatilidade de informações e interações pessoais simultâneas. O ciberespaço é o termo criado para denominar o mundo virtual da internet onde é possível a interação síncrona de seus usuários sem delimitar espaço e tempo. Para mais informações ver: PEREIRA, Alexandre L. Dias **"DIREITO CIBERESPACIAL: SOFT LAW OU HARD LAW?"**. Em Estudos em Homenagem ao Professor Doutor Jorge Joaquim Gomes Canotilho. 2012, p. 685-710.

[3] Art. 189 *caput* e incisos do Código de Processo Civil de 2015.

13.709/18, e a regra de publicidade dos atos processuais, prevista no CPC/15.

Com vistas a solucionar essa questão, o presente artigo possui como pergunta problema como é possível a adequação à Lei Geral de Proteção de Dados pelos Tribunais de Justiça à luz do princípio da publicidade previsto no Código de Processo Civil. Dito isso, define-se como hipótese para a questão a mitigação do princípio da publicidade prevista no código a terceiros interessados, visto que a proteção dos dados pessoais sensíveis não interfere na compreensão e análise do caso concreto, tampouco interfere no livre prosseguimento do processo. Entende-se que com a edição da lei de proteção de dados, as informações pessoais sensíveis possam integrar o rol de dados protegidos pelo direito constitucional à intimidade, além da proteção aos indivíduos, frente a possível utilização de seus dados, erroneamente, por terceiros.

Para maior compreensão do tema tratado, o presente artigo se dividirá em três tópicos principais. No primeiro tópico, será analisado o surgimento e a importância da internet na vida cotidiana das pessoas na sociedade atual, bem como o compartilhamento de dados entre os servidores e usuários no ciberespaço e suas possíveis consequências. A partir disso, será versado o conceito de privacidade no mundo digital e o direito a ela. Já no segundo tópico, serão discutidos os aspectos gerais da proteção de dados na internet, abordando com maior profundidade e diferenciando, à luz da LGPD, os dados pessoais ditos comuns dos dados pessoais sensíveis, assim como o direito constitucional de todos os indivíduos à privacidade e proteção de seus dados e a necessidade da proteção aumentada para os dados pessoais sensíveis independentemente de quem irá tratá-los.

Enquanto no terceiro tópico, será apreciado a implementação da LGPD pelo Judiciário brasileiro e como deverá ser realizada tal adaptação, posto que existe uma colisão de normas principiológicas previstas na lei de dados pessoais e no CPC/15, no qual é necessário publicar e usar constantemente dados pessoais sensíveis. A análise dos princípios conflitantes relativos ao tema será realizada sob a perspectiva da teoria da ponderação dos princípios, de Robert Alexy, na qual será buscada uma possível solução para a utilização dos dados pessoais sensíveis pelos Tribunais de Justiça.

Ressalta-se que apesar das diferenças semânticas substanciais das palavras ciberespaço, internet e meio digital, para fins didáticos e fácil compreensão deste artigo, a partir de uma perspectiva semiótica, os três termos acima explicitados serão empregados como sinônimos.

Destarte, o presente artigo, no qual se trata de uma pesquisa qualitativa, utilizou-se da vertente metodológica jurídico-sociológica. No tocante ao tipo de investigação, foi escolhido o tipo dedutivo. Posto isso, o raciocínio desenvolvido na pesquisa será, predominantemente, hipotético-dedutivo. Assim, pode-se dizer que a técnica de análise de conteúdo trata-se de uma pesquisa bibliográfica e documental, o que será possível a partir do fichamento como técnica de coleta de dados. Por fim, por realizar uma análise do problema sem envolvimento, o instrumento de coleta de dados é o de pesquisador não participante.

A discussão sobre o tema e a inspiração para aprofundar os estudos acerca da LGPD e a proteção dos dados pessoais na internet surgiu com a afirmação da renomada jurista Laura Schertel Mendes, mestre em "Direito, Estado e Constituição" pela UnB e doutora *summa cum laude* em direito privado pela Universidade Humboldt de Berlim, tendo publicado sua tese sobre proteção de dados na Alemanha. No seu livro "Privacidade, proteção de dados e defesa do consumidor, linhas gerais de um novo direito fundamental", a autora já discutia a necessidade de reanálise e implementação de medidas protetivas no ambiente virtual, antes mesmo da edição da Lei 13.709/18. Suas contribuições foram de grande valia e perduram até os dias atuais, sendo seus estudos essenciais para a análise e compreensão da proteção de dados no meio digital.

2   INTERNET E PRIVACIDADE

Há pouco mais de quarenta anos a internet não passava de um projeto, dado que "informação era um item caro, pouco acessível e centralizado"[4]. Sendo assim, ela era utilizada como ferramenta militar e posteriormente para propagação de conhecimentos científicos pelas universidades dos Estados Unidos da América, sendo o seu uso apenas dentro dos *campi* universitários. Foi apenas em 1987 que a internet

---

[4] PINHEIRO, Patrícia Peck. **#Direito Digital**. 6ªed. São Paulo: Saraiva, 2016, p. 47.

começou a se popularizar, pois começou a ser utilizada comercialmente. A partir disso, o "avanço tecnológico na comunicação permitiu que cada vez mais um número maior de pessoas no mundo pudesse ter acesso a uma informação simultaneamente"[5]. Assim, cada vez mais pessoas passaram a fazer parte do meio digital e, consequentemente, trocar informações e realizar novos tipos de negócios jurídicos na internet.

É de suma importância analisar o início da internet e como a sua popularização ocorreu para compreender sua relevância na atualidade, uma vez que, conforme elucida Patrícia Peck, a internet interligou uma rede de pessoas ávidas por informação, serviços e produtos[6]. Essa interligação e a constante utilização das ferramentas facilitadoras criadas pelo ciberespaço criou a relação de dependência tecnológica que a sociedade atual possui com o mundo virtual. Por isso, não é incomum recorrer a aplicativos e sites da internet para acompanhar as notícias, realizar compras, reuniões em grupo e, até mesmo, atos formais, como registrar certidões e ajuizar processos.

A cada atividade feita no ciberespaço, trocamos informações e dados tanto para os servidores de rede[7] quanto para outros usuários. De acordo com o Dr. Alexandre Pereira, no ambiente das tecnologias digitais e das redes globais, os utilizadores deixam "pegadas eletrônicas", ou seja, deixam registros digitais de suas atividades no ciberespaço: o que pesquisaram, pensamentos que emitiram, compras, sites visitados, dentre outras possíveis ações, e esses registros são detalhados, individualizados e processados informaticamente[8].

---

[5] CASTRO, Victoria Emily. **MEMES E DIREITO DO AUTOR: A responsabilidade civil digital pelo compartilhamento de imagens não autorizadas.** 2020, p. 13.

[6] PINHEIRO, Patrícia Peck. **#Direito Digital.** 6ªed. São Paulo: Saraiva, 2016, p. 47-49.

[7] O termo servidor de rede define um recurso físico ou virtual dentro de um sistema computacional maior, capaz de processar aplicações, prestar serviços e armazenar dados, geralmente são escaláveis e possuem alto poder de processamento. Eles são capazes de executar um conjunto específico de programas ou protocolos para fornecer serviços para outras máquinas ou clientes. Há diferentes tipos de servidores para realizar tarefas de acordo com o seu objetivo.

[8] PEREIRA, Alexandre L. Dias. **Direito da Informática Estudos.** Vol. II. 2017, p. 55.

O artigo "The right to privacy"[9], de Samuel Warren e Louis Brandeis, foi o pioneiro a tratar dos aparatos tecnológicos como invasores da vida privada dos indivíduos, antes mesmo da internet e sua popularização. Destarte, o Dr. Volker Boehme-Neßler também afirma que a crescente utilização do meio digital tornou ímprobo a proteção da privacidade. Quanto às consequências no Direito Digital desse fenômeno, "no domínio da privacidade, é legítimo supor que a lógica mercantil não fornecerá respostas adequadas para a proteção dos valores em causa. Por isso se diz que a proteção dos dados pessoais na Internet é, cada vez mais, uma tarefa de Sísifo e que a privacidade está condenada a ser um valor ultrapassado"[10]. Percebe-se que os debates doutrinários acerca do direito de privacidade digital iniciaram-se logo após a crescente popularização e "utilização de novas técnicas e instrumentos tecnológicos, que passaram a possibilitar o acesso e a divulgação de fatos relativos à esfera privada do indivíduo de uma forma anteriormente impensável"[11].

Com isso, os debates sobre o direito à privacidade se intensificaram e no decorrer do século XX, esse direito passou a ser considerado "uma garantia de controle do indivíduo sobre suas próprias informações"[12]. Esse conceito possibilitou que o direito à privacidade se transformasse para emergir a dimensão de proteção de dados pessoais, um conceito mais amplo e específico que abrange toda a personalidade do indivíduo para além da teoria dos círculos concêntricos de Hubmann[13]. Conforme elucida Danilo Doneda:

---

[9] WARREN, Samuel; BRANDEIS, Louis. **The right to privacy.** Harvard Law Review Association, vol. 4, nº 5. 1890, p. 193-220.
[10] Boehme-Neßler, Volker: CyberLaw - Lehrbuch zum Recht des Internets, Beck, München, 2001, p. 285. apud Alexandre L. Dias Pereira. In Direito da Informática Estudos. Vol. I. 2017, p. 19.
[11] MENDES, Laura Schertel. **Privacidade, proteção de dados e defesa do consumidor.** 2014, p. 27.
[12] MENDES, Laura Schertel. **Privacidade, proteção de dados e defesa do consumidor.** 2014, p. 29.
[13] A teoria de Hubmann utiliza um esquema de esferas concêntricas para representar os diferentes graus de manifestação do sentimento de privacidade: a esfera da intimidade ou do segredo, Intimsphäre, a esfera privada, denominada de Privatsphäre, e a esfera pessoal, que abrangeria a vida pública,

O fato da tutela da privacidade apontar cada vez menos para uma formulação do tipo "direito à privacidade" é sintomático: cada vez é menos relevante o raciocínio em termos de "espaços" ou "bens" protegidos pela privacidade, à medida que cresce em importância uma espécie de "administração" das escolhas pessoais como forma de projetar a personalidade no exterior e, consequentemente, a determinação da própria esfera pessoal.[14]

Dessa forma, a necessidade crescente de proteger os dados no meio digital vem desse conceito de administração da informação pessoal publicada. Não há o que se falar em bens imaterialmente protegidos pela privacidade ou desse direito como "segredo", algo a se esconder[15], mas sim da possibilidade, juridicamente prevista, do utilizador da internet de organizar e gerenciar quais dos seus dados pessoais serão tratados no ciberespaço. Assim, corrobora Doneda:

A tecnologia, potente e onipresente, propõe questões e exige respostas do jurista. Os reflexos dessa dinâmica são imediatos para o direito, pois esse deve se mostrar apto a responder à novidade proposta pela tecnologia com a reafirmação de seu valor fundamental – a pessoa humana.[16]

A proteção das informações pessoais passa a ser um direito da dignidade da pessoa humana por abarcar os direitos da personalidade, sendo, consequentemente, merecedor de tutela. O fato da privacidade e a proteção de dados pessoais serem assuntos na pauta cotidiana do jurista, deve-se há uma nova orientação estrutural do ordenamento jurídico,

---

Öffentlichkentsbereich, esta abrange as outras duas. (tradução nossa). HUBMANN, Heinrich. **Der zivilrechtliche Schutz der Persönlichkeit gegen Indiskretion.** 1957, p. 521-528.
[14] DONEDA, Danilo. **Da privacidade à proteção de dados pessoais. Fundamentos da Lei Geral de Proteção de Dados.** 2ª ed. 2020, p. 95.
[15] Inicialmente a privacidade era conceituada como o direito de esconder aspectos da vida íntima do indivíduo, com caráter fortemente individualista, com a feição do direito a ser deixado só (definição de Warren e Brandeis), de maneira que para a absoluta garantia da privacidade das pessoas o estado deveria abster-se totalmente na esfera privada individual.
[16] DONEDA, Danilo. **Da privacidade à proteção de dados pessoais. Fundamentos da Lei Geral de Proteção de Dados.** 2ª ed. 2020, p. 54.

tendo como escopo a atuação dos direitos fundamentais frente ao desenvolvimento tecnológico[17].

A partir disso, o conceito de privacidade tornou-se amplo e a proteção dos dados como matéria de proteção à privacidade é recorrente nas discussões relacionadas ao tema. A edição da LGPD ocorreu justamente para disciplinar tais questões, tornando o tratamento de dados digitais mais seguros e transparentes com seus usuários.

3 ASPECTOS GERAIS DE PROTEÇÃO DE DADOS PESSOAIS

A proteção dos dados pessoais tornou-se um tema recorrente após o aumento do uso da internet pelas pessoas. O alto compartilhamento de informações entre os usuários e as redes começou a gerar insegurança quanto ao que poderia ser feito com esses dados e, até mesmo, como eles eram utilizados por quem os retinham.

Como anteriormente referido, os utilizadores deixam "pegadas eletrônicas" com as quais os servidores de rede são capazes de processar os dados pessoais, detalhá-los e individualizá-los para configurar os perfis dos "cibernautas"[18] a partir de códigos únicos gerados pelos servidores para cada visitante de um site. Isso gerou diversas discussões, uma vez que:

> A informação que é subsequentemente recolhida sobre o utilizador pode ser depois ligada a este número de código. Ora, a proteção da vida privada e dos dados pessoais é uma das principais preocupações da integração das redes globais de informação na vida do quotidiano. Com efeito, as novas tecnologias aumentam o risco de a informação pessoal ser automaticamente gerada, recolhida, armazenada, interligada e colocada à disposição de vários tipos de uso por agentes comerciais ou pela Administração Pública, sem o conhecimento nem a autorização do titular dos dados.[19]

---

[17] DONEDA, Danilo. **Da privacidade à proteção de dados pessoais. Fundamentos da Lei Geral de Proteção de Dados.** 2ª ed. 2020, p. 44.

[18] Termo utilizado para denominar aquele que utiliza um espaço virtual ou de uma rede internacional de telemática.

[19] PEREIRA, Alexandre L. Dias. **Direito da Informática Estudos.** Vol. II. 2017, p. 56.

É evidente a preocupação com a tutela dos dados pessoais na internet desde o início da utilização dela, nos meados dos anos 70, e o aumento dessa preocupação acompanhou os avanços da tecnologia. Dessa forma, "a tecnologia, em conjunto com as mudanças ocorridas no tecido social, vai definir diretamente o contexto no qual a informação pessoal e a privacidade atualmente se relacionam"[20]. Isso posto, o ordenamento jurídico tende a se organizar para disciplinar a proteção da vida privada no ciberespaço e, consequentemente, os dados armazenados por agentes.

Essa análise sobre a evolução da disciplina da privacidade no ambiente virtual e do conceito de proteção de dados, é importante para compreender o impacto das relações digitais no dia a dia das pessoas e a importância da intervenção jurídica na tutela dos dados pessoais. Bem como elucida Mendes, a tecnologia não é o cerne do problema dos dados pessoais, afinal, ela deve ser compreendida a partir do meio social, político e econômico em que está inserida, de maneira que o problema da privacidade está nas decisões que tomamos com relação à tecnologia e, consequentemente, ao ciberespaço[21].

Assim, pode-se dizer que o Direito e a tecnologia andam juntos, e "a sociedade somente poderá obter as vantagens do desenvolvimento tecnológico se este for acompanhado da tutela jurídica da privacidade"[22]. No mesmo sentido, Doneda nota que a reflexão sobre a eficácia da proteção dos dados foi determinante para a criação dos instrumentos de tutela:

> O reconhecimento de um direito fundamental à proteção dos dados pessoais vem acompanhado por uma reflexão sobre sua eficácia. A legislação sobre a matéria, desde as suas primeiras manifestações, dedicou especial atenção à forma de atuação da

---

[20] DONEDA, Danilo. **Da privacidade à proteção de dados pessoais. Fundamentos da Lei Geral de Proteção de Dados.** 2ª ed. 2020, p. 34.
[21] MENDES, Laura Schertel. **Privacidade, proteção de dados e defesa do consumidor.** 2014, p. 34-35.
[22] MENDES, Laura Schertel. **Privacidade, proteção de dados e defesa do consumidor.** 2014, p. 34.

proteção de dados, o que determinou a adaptação de criação de instrumentos para sua tutela.[23]

No ordenamento jurídico atual, não excluindo a primordialidade do diálogo das fontes entre os institutos do Direito[24], o mecanismo mais apto para a tutela dos dados é a Lei 13.709/18. O Dr. Alexandre elucida que "a Lei dos Dados Pessoais regula o tratamento destes dados segundo determinados princípios (qualidade, consentimento, finalidade, adequação, pertinência). Além disso, reconhece certos direitos gerais do titular dos dados (informação, acesso, retificação, oposição)"[25]. O mesmo pode ser entendido para a lei brasileira de proteção de dados, a qual busca o tratamento de dados com base nos princípios previstos no art. 6°, *caput* e incisos desse dispositivo legal[26], que através do "*privacy-control*"[27] ou "paradigma de controle", explicado por Paul Schwartz, prevê princípios gerais e mecanismos legais para proteger o titular dos dados.

3.1 Direito Constitucional à proteção de dados

Indubitavelmente, o direito à privacidade é tema de proteção pela Constituição Federal de 1988, sendo classificado como garantia fundamental e previsto no art.5°, inciso X, em que se afirma: "são invioláveis a intimidade, a vida privada, a honra e a imagem das pessoas,

---

[23] DONEDA, Danilo. **Da privacidade à proteção de dados pessoais. Fundamentos da Lei Geral de Proteção de Dados.** 2ª ed. 2020, p. 287.
[24] A hermenêutica jurídica é um instrumento importante para a análise dos dissídios que possam ocorrer no mundo digital, posto que é um tema relativamente novo e, apesar de muito discutido pela doutrina ainda é pouco abrangido pelas normas positivadas. Além disso, a interseção de temas transversais e das diferentes fontes do Direito contribuem para uma análise completa e garantista das possíveis questões envolvendo dados pessoais dos utilizadores. Hodiernamente, no sistema jurídico brasileiro, são utilizadas como fontes de diálogo com o tema, o Código de Processo Civil, a Constituição Federal, a Lei 12.527/11, o Marco Civil da Internet de 2014, entre outras mais que forem significativos para a compreensão integral do tema.
[25] PEREIRA, Alexandre L. Dias. **Direito da Informática Estudos.** Vol. II. 2017, p. 56.
[26] BRASIL, Lei n° 13.709 de 2018. Lei Geral de Proteção de Dados. Art. 6°. 2018.
[27] SCHWARTZ, Paul. **Internet privacy and the State.** Connecticut Law Review, v. 32, 1999-2000, p. 815.

assegurado o direito a indenização pelo dano material ou moral decorrente de sua violação"[28]. Assim, quando a Carta Magna torna inviolável a vida privada e a intimidade, ela reforça a proteção às esferas íntimas dos indivíduos, descritas pela teoria dos círculos concêntricos de Hubmann.

Além disso, a Constituição Federal também prevê a possibilidade do gerenciamento dos dados e informações pelos seus titulares por intermédio do *Habeas Data*, o qual é previsto, também, no seu art. 5º, LXXII:

> Art. 5º Todos são iguais perante a lei, sem distinção de qualquer natureza, garantindo-se aos brasileiros e aos estrangeiros residentes no País a inviolabilidade do direito à vida, à liberdade, à igualdade, à segurança e à propriedade, nos termos seguintes: [...] LXXII - conceder-se-á *"habeas-data":* a) para assegurar o conhecimento de informações relativas à pessoa do impetrante, constantes de registros ou bancos de dados de entidades governamentais ou de caráter público; b) para a retificação de dados, quando não se prefira fazê-lo por processo sigiloso, judicial ou administrativo;[29]

Este remédio constitucional é regulamentado pela Lei 9.507/97. Doneda explica que "no direito brasileiro, é uma das ações constitucionais que formam um rol de instrumentos para a garantia de direitos individuais e coletivos"[30]. Posto isso, Doneda adiciona que a sua posição deve ser entendida como uma reação de proteção, dada num momento de recomposição da sociedade de um período em que diversas liberdades individuais foram suprimidas. O *Habeas Data,* pode-se dizer, é um dos primeiros instrumentos de garantia ao acesso e correção de dados pessoais, "o fato é que ele serviu para atrair para si a responsabilidade por sua tutela pela respectiva efetividade"[31].

---

[28] BRASIL. Constituição (1988). Constituição da República Federativa do Brasil. Art. 5º, inc. X.
[29] BRASIL. Constituição (1988). Constituição da República Federativa do Brasil. Art. 5º, inc. LXXII.
[30] DONEDA, Danilo. **Da privacidade à proteção de dados pessoais. Fundamentos da Lei Geral de Proteção de Dados.** 2ª ed. 2020, p. 274.
[31] DONEDA, Danilo. **Da privacidade à proteção de dados pessoais. Fundamentos da Lei Geral de Proteção de Dados.** 2ª ed. 2020, p. 275.

Dessa forma, sendo o *Habeas Data* um instrumento de garantia à proteção de dados previsto constitucionalmente e possuindo a privacidade custódia constitucional, seria possível afirmar que os dados pessoais são igualmente tutelados pela Carta Magna? Nesse sentido, Doneda afirma:

> Se derivarmos a proteção de dados pessoais diretamente da privacidade, tal qual espécie e subespécie, poderíamos sustentar existir uma extensão da tutela da privacidade à proteção de dados pessoais, sendo esta última uma espécie de mão longa da primeira. Tal operação, se bastaria para abarcar a disciplina sob a égide constitucional, acaba por simplificar demasiadamente os fundamentos da tutela de dados pessoais, o que pode eventualmente limitar o seu alcance.[32]

Portanto, apenas analisando sob a égide da transformação semiótica do direito à privacidade, os dados pessoais seriam igualmente tutelados pela Constituição. No entanto, a interpretação generalista que trata os problemas relacionados às informações pessoais como uma série de categorizações simplistas e apenas como uma subespécie da privacidade, criando um sistema de regras rígidas apenas para a utilização de informações específicas, não considera os riscos potencializados pelo tratamento de dados informatizados gerais.

Em decisão recente, o Supremo Tribunal Federal (STF) reconheceu o direito fundamental à proteção de dados, por meio das Ações Diretas de Inconstitucionalidades (ADI) 6387, 6388, 6389, 6390 e 6393[33], destacando nelas a ampliação da proteção constitucional aos dados pessoais. Consoante apontado pela Min. Cármen Lúcia na ADI 6387, o tempo em que os dados pessoais eram publicados em listas

---

[32] DONEDA, Danilo. **Da privacidade à proteção de dados pessoais. Fundamentos da Lei Geral de Proteção de Dados.** 2ª ed. 2020, p. 267.

[33] Ações Diretas de Inconstitucionalidades propostas contra a Medida Provisória 954/2020, que dispunha sobre o compartilhamento de dados por empresas de telecomunicações prestadoras de Serviço Telefônico Fixo Comutado e de Serviço Móvel Pessoal com a Fundação Instituto Brasileiro de Geografia e Estatística, durante a situação de emergência de saúde pública decorrente do coronavírus (covid-19), nas ADIs foi apontado a contrariedade da norma aos requisitos formais previstos na CF/88, aos princípios fundamentais e asseverando a necessidade de tutelar expressamente um direito fundamental à proteção de dados.

telefônicas não existe mais e o "que podia ser feitos a partir da publicização de tais dados pessoais não se compara ao que pode ser feito no patamar tecnológico atual, em que poderosas tecnologias de processamento, cruzamento e filtragem de dados permitem a formação de perfis individuais extremamente detalhados"[34]. Isso posto, a ideia de que "não haveria problema no compartilhamento de dados como nome, endereço e número de telefone, uma vez que esses teriam 'caráter público'"[35], foi ultrapassada.

Consequentemente, a decisão proferida reconheceu a tutela constitucional dos dados pessoais pela determinação do direito fundamental à autodeterminação informativa, posto que estão inferidos nos direitos fundamentais.

Nesse mesmo sentido, também foi proposto uma Emenda Constitucional (PEC) para a inclusão explícita dos dados pessoais no rol dos Direitos e Garantias Fundamentais, a PEC nº 17/2019, a qual dispõe sobre a alteração à "Constituição Federal para incluir a proteção de dados pessoais entre os direitos e garantias fundamentais e para fixar a competência privativa da União para legislar sobre proteção e tratamento de dados pessoais"[36]. Caso fosse aprovada, tal PEC proporcionaria uma isonomia entre os direitos fundamentais que possuem implicação direta na proteção de informações, como o direito à publicidade e o direito à transparência.

Em síntese, "a proteção de dados pessoais é uma garantia de caráter instrumental, derivada da tutela da privacidade, porém, não limitada por esta; ainda, faz referência a um leque de garantias fundamentais que se encontram no ordenamento brasileiro"[37]. Além

---

[34] BRASIL, Supremo Tribunal Federal. ADI 6387. Rel. Min. Rosa Weber, j. 07.05.2020, DJe 12.11.2020, p.27.
[35] MENDES, Laura Schertel; FONSECA, Gabriel Campos Soares da. **STF reconhece direito fundamental à proteção de dados: comentários sobre o referendo da Medida Cautelar nas ADIs 6387, 6388, 6389, 6390 e 6393.** 2020, p. 02.
[36] BRASIL, Supremo Tribunal Federal. ADI 6387. Rel. Min. Rosa Weber, j. 06.05.2020, DJe 07.05.2020, p.08.
[37] DONEDA, Danilo. **Da privacidade à proteção de dados pessoais. Fundamentos da Lei Geral de Proteção de Dados.** 2ª ed. 2020, p. 270.

disso, conforme observado, ela é entendida como um direito constitucional dos titulares dos dados digitais.

3.2 Dados pessoais e dados pessoais sensíveis

Os limites da tutela jurídica dos dados pessoais dependem do que se considera dado pessoal para o ordenamento jurídico atual. Para isso, é necessário compreender o conceito de dado antes de especificar os seus gêneros e subgêneros. Segundo Raymond Wacks, dados são informações em potencial, ou seja, caso este dado seja comunicado, recebido e compreendido, ele se tornará uma informação[38].

Com relação ao significado de dados pessoais, a Diretiva 95/46/CE da União Europeia foi uma das pioneiras em legislar sobre a proteção de dados automatizados. Ela determinava que são dados informações e fatos pessoais ou materiais de um indivíduo identificado ou identificável[39]. Com seu arquivamento e a edição do Regulamento Geral de Proteção de Dados (RGPD) em 2016, os dados pessoais passaram a ser definidos como a

> informação relativa a uma pessoa singular identificada ou identificável («titular dos dados»); é considerada identificável uma pessoa singular que possa ser identificada, direta ou indiretamente, em especial por referência a um identificador, como por exemplo um nome, um número de identificação, dados de localização, identificadores por via eletrónica ou a um ou mais elementos específicos da identidade física, fisiológica, genética, mental, económica, cultural ou social dessa pessoa singular.[40]

Dessa mesma forma, a LGPD disciplina em seu art. 5°, inc. I, a definição de dados pessoais como "informação relacionada a pessoa natural identificada ou identificável"[41]. Sendo assim, pode-se dizer que

---

[38] WACKS, Raymond. **Personal information: privacy and the law**. 1989, p. 25.
[39] Diretiva Europeia 95/46/CE.
[40] REGULAMENTO (UE) 2016/679 DO PARLAMENTO EUROPEU E DO CONSELHO de 27 de abril de 2016. Art. 4°, 1.
[41] Lei 13.709 de 14 de agosto de 2018. Lei Geral de Proteção de Dados. Art. 5°, inciso I.

os dados pessoais são todos aqueles passíveis de identificar uma pessoa, como por exemplo o seu nome, endereço, endereço eletrônico, imagem ou qualquer outro elemento que quando fornecido pode identificar alguém. Bruno Bioni explicita que a LGPD se utiliza do critério expansionista, não definindo como dados pessoais apenas aqueles que imediatamente identificam uma pessoa natural, mas também abarcando todo e qualquer dado capaz de tornar uma pessoa identificável indiretamente e não imediato.[42]

Portanto, pode-se afirmar que os dados pessoais são todos aqueles capazes de identificar, imediatamente ou não, um indivíduo, devendo ser tratados, conforme disposto na LGPD, com transparência e atenção, assegurando ao seu titular o direito ao gerenciamento destes. Doneda observa que:

> Neste último sentido, a prática do direito da informação deu origem à criação de uma categoria específica de dados, os dados sensíveis. Estes seriam determinados tipos de informação que, caso sejam conhecidas e submetidas a tratamento, podem se prestar a uma potencial utilização discriminatória ou lesiva e que apresentaria maiores riscos potenciais do que outros tipos de informação. Entre estes dados, tidos como sensíveis, estariam as informações sobre raça, credo político ou religioso, opções sexuais, histórico médico ou dados genéticos de um indivíduo.[43]

Dessa forma, compreende-se os dados pessoais sensíveis como um subgênero dos dados pessoais, pois dizem respeito a dados mais específicos dos usuários, os quais, se usados de maneira errônea, podem inferir tratamento diferenciado e discriminatório ao titular, tal como afirma Mendes, "o tratamento de dados sensíveis acarreta riscos, e, portanto, merece uma atenção especial do legislador"[44]. Esses dados estão previstos no art. 5º, inciso II, da LGPD, nos quais são caracterizados como dados sensíveis os dados relativos à "origem racial ou étnica,

---

[42] BIONI, Bruno Ricardo. **Proteção de Dados Pessoais - A função e os Limites do Consentimento.** 2019, p. 101-105.
[43] DONEDA, Danilo. **Da privacidade à proteção de dados pessoais. Fundamentos da Lei Geral de Proteção de Dados.** 2ª ed. 2020, p. 144.
[44] MENDES, Laura Schertel. **Privacidade, proteção de dados e defesa do consumidor.** 2014, p.73

convicção religiosa, opinião política, filiação a sindicato ou a organização de caráter religioso, filosófico ou político, dado referente à saúde ou à vida sexual, dado genético ou biométrico, quando vinculado a uma pessoa natural"[45].

Assim, a proteção especial dada aos dados sensíveis permite considerar "os abusos decorrentes do tratamento dos dados pessoais como um problema de igualdade, sempre que sua inadequada utilização acarretar ações potencialmente discriminatórias"[46]. Logo, para evitar essas ações, o RGPD "dá aos Estados-Membros margem de manobra para especificarem as suas regras, inclusive em matéria de tratamento de categorias especiais de dados pessoais"[47]. Dito isso, alguns deles, como é o caso da legislação francesa, optaram por proibir o tratamento desses dados. Não obstante, o mais comum, devido ao grande número de atividades na internet, é optar pelo tratamento específico desses dados, como é o caso da legislação brasileira (Lei 13.709/18) em seu art. 11º, *caput* e incisos.

Em suma, infere-se a importância da proteção especial aos dados sensíveis para garantir maior igualdade entre os indivíduos e proteger grupos específicos de ações de caráter discriminatório. Essa tutela jurídica "procura assegurar que o titular dos dados pessoais possa se relacionar e se realizar perante a sociedade, sem que eventuais práticas frustrem tal projeto"[48]. Assim, ela objetiva garantir a ausência de traços diferenciais, possibilitando que o titular dos dados possa desenvolver sua personalidade sem sofrer qualquer prática discriminatória.

3.3 Dos dados inferidos

A Lei de dados pessoais também confere proteção especial para os dados ditos "comuns" dos quais se possa inferir e especificar o indivíduo,

---

[45] BRASIL, **Lei nº 13.709 de 2018**. Lei Geral de Proteção de Dados. Art. 5º, inc. II. 2018.
[46] MENDES, Laura Schertel. **Privacidade, proteção de dados e defesa do consumidor**. 2014, p.74
[47] MENDES, Laura Schertel. **Privacidade, proteção de dados e defesa do consumidor**. 2014, p.74
[48] BIONI, Bruno Ricardo. **Proteção de Dados Pessoais - A função e os Limites do Consentimento**. 2019, p. 120.

revelando algum dado pessoal sensível sem o seu consentimento. Bioni afirma que:

> Assim como um dado anônimo pode se tornar um dado pessoal, um dado "trivial" pode também se transmudar em um dado sensível; particularmente, quando se têm disponíveis tecnologias (e.g., Big Data) que permitem correlacionar uma série de dados para prever comportamentos e acontecimentos, tal como ocorreu com a loja de departamentos que identificou quais consumidoras estariam grávidas, precisando, inclusive, o período gestacional.[49]

Com esse entendimento, infere-se que nenhum dado é insignificante ou possuirá sempre o mesmo status. Nos casos em que é possível correlacionar os dados, chegando a um dado sensível e à última esfera da vida privada, a esfera da intimidade, esses dados deverão ser tratados à luz da proteção especial dos dados sensíveis. Um dos primeiros reconhecimentos desse tratamento especial foi no julgamento BVerfGE 65, 1 "Volkszählung", do Tribunal Constitucional alemão com relação à lei de recenseamento. Nele, a Corte afirmou que "estas dependem, por outro lado, da finalidade a que se destina a pesquisa [...]. Desse modo, um dado insignificante em si mesmo pode adquirir um novo valor, e a este modo, não existem mais dados insignificantes no contexto do processo do processamento automatizado de dados".[50]

Essa previsão também está no art. 11, §1º, da LGPD: "Aplica-se o disposto neste artigo a qualquer tratamento de dados pessoais que revele dados pessoais sensíveis e que possa causar dano ao titular, ressalvado o disposto em legislação específica"[51]. Dito isso, a análise e proteção dos

---

[49] BIONI, Bruno Ricardo. **Proteção de Dados Pessoais - A função e os Limites do Consentimento**. 2019, p. 119.
[50] *Diese hängen einerseits von dem Zweck, dem die Erhebung dient, und andererseits von den der Informationstechnologie eigenen Verarbeitungsmöglichkeiten und Verknüpfungsmöglichkeiten ab. Dadurch kann ein für sich gesehen belangloses Datum einen neuen Stellenwert bekommen; insoweit gibt es unter den Bedingungen der automatischen Datenverarbeitung kein "belangloses" Datum mehr.* Tribunal Constitucional Alemão, *BVerfGE 65, 1 "Volkszählung"*, 1983.
[51] Lei 13.709 de 14 de agosto de 2018. Lei Geral de Proteção de Dados. Art. 11º, §1º.

dados pessoais não deve ser rígida. Deve-se considerar a amplitude e a individualização dos dados feita pelos agentes de tratamento e caso verifique-se a possibilidade de os dados pessoais revelarem dados pessoais sensíveis, estes deverão ter o mesmo tratamento.

4 JUDICIÁRIO E A IMPLEMENTAÇÃO DA LGPD

Após a análise dos dados pessoais e a importância da sua proteção na sociedade atual, visto o número de informações compartilhadas no ciberespaço, também é preciso observar o funcionamento dos processos litigiosos dentro dos Tribunais e como são realizados os trâmites dos procedimentos em um processo eletrônico. Esse estudo é importante para compreender o impacto da Lei de proteção de dados no tratamento de informações realizado pelo sistema judiciário, bem como a sua adequação entre as normas básicas já existentes e os novos princípios trazidos pela LGPD.

Antes de compreender os impactos da Lei de proteção de dados, é importante entender brevemente o que é e como funcionam as etapas de um processo. Fredie Didier explica que:

> O processo é um método de exercício da jurisdição. A jurisdição caracteriza-se por tutelar situações jurídicas concretamente afirmadas em um processo. Essas situações jurídicas são situações substanciais (ativas e passivas, os direitos e deveres, p. ex.) e correspondem, grosso modo, ao mérito do processo. Não há processo oco: todo processo traz a afirmação de ao menos uma situação jurídica carecedora de tutela jurisdicional. Essa situação jurídica afirmada pode ser chamada de direito material processualizado ou simplesmente direito material.[52]

Assim, não há uma hierarquização entre processo e direito material nesse contexto, mas uma ponte entre eles, afinal, um não existe sem o outro[53]. Ao ajuizar uma ação, busca-se por meio do processo a tutela jurídica de um direito material existente, bem como instrumentaliza-se e

---

[52]DIDIER JR., Fredie. **Curso de direito processual civil: introdução ao direito processual civil, parte geral e processo de conhecimento,** 2019, p 44.
[53]DIDIER JR., Fredie. **Curso de direito processual civil: introdução ao direito processual civil, parte geral e processo de conhecimento,** 2019, p. 45.

define-se as etapas a qual o dissídio de que trata o direito material deve passar para chegar ao seu mérito e, assim, afirmar o direito contido no negócio jurídico disputado.

Evidentemente, deve-se respeitar a hierarquização das normas constitucionais no processo civil. Cada vez mais há o diálogo entre processualistas e constitucionalistas no direito processual contemporâneo. Essa constitucionalização do Direito Processual é uma das características da contemporaneidade que, conforme explica Didier, pode ser visto de duas dimensões do processo: "primeiramente, há a incorporação aos textos constitucionais de normas processuais, inclusive como direitos fundamentais. [...] De outro lado, a doutrina passa a examinar as normas processuais infraconstitucionais como concretizadoras das disposições constitucionais"[54].

No direito brasileiro, as normas processuais do direito civil são regidas pelo Código de Processo Civil (CPC/15), o qual estabelece os trâmites processuais necessários para chegar à satisfação do direito, assim como princípios essenciais para a garantia de um processo justo e igualitário. Dessa maneira, tanto a Constituição quanto o CPC/15 definem ao longo dos seus dispositivos os princípios processuais necessários para a satisfação do direito. Um desses princípios é o princípio da publicidade, garantido tanto pela constituição no art. 5°, LX e arts. 8° e 11 do CPC/15.

O princípio da publicidade estabelece que todo processo é público, abrangendo também, todos os atos processuais e documentos do processo. Conforme afirma Helena Abdo, o princípio da publicidade gera o direito fundamental à publicidade. Este direito tem basicamente duas funções. A primeira de proteger as partes contra juízos arbitrários e a segunda de permitir o controle da opinião pública sobre os serviços da justiça, principalmente sobre o exercício da atividade jurisdicional[55]. Portanto, a publicidade garante tanto para as partes quanto para terceiros o acesso a um processo.

---

[54] DIDIER JR., Fredie. **Curso de direito processual civil: introdução ao direito processual civil, parte geral e processo de conhecimento**, 2019, p. 53-54.
[55] ABDO, Helena Najjar. Mídia e processo. São Paulo: Saraiva, 2011, p. 48-55.

4.1 O conflito entre os princípios da publicidade e a proteção especial aos dados sensíveis

Enquanto o CPC/15 estabelece o princípio da publicidade como essencial em um processo, a LGPD determina que o princípio da máxima proteção aos dados pessoais sensíveis seja mantido, através do princípio da privacidade. A partir disso, depreende-se que, exceto nos casos previstos no art. 11 da LGPD, os dados pessoais sensíveis e, também, os dados inferidos, não poderão ser tratados, posto que se referem à vida íntima do indivíduo. Há então a colisão entre o princípio da publicidade e o princípio da proteção dos dados pessoais sensíveis, uma vez que estes não devem ser públicos a qualquer um, e sim apenas às partes necessariamente interessadas[56].

Conforme a teoria da ponderação dos princípios de Robert Alexy, os princípios possuem pesos diferentes e os que possuem maior peso na situação concreta possuem preferência em sua aplicação. Quando há conflitos entre princípios, "um dos princípios terá que ceder. [...] Na verdade, o que ocorre é que um dos princípios tem precedência em face do outro sob determinadas condições"[57]. A precedência entre os princípios não é absoluta e, por isso, é analisada abstratamente de acordo com o caso concreto em que está ocorrendo a sobreposição dos princípios.

Alexy esclarece na teoria da ponderação que o objetivo do sopesamento deve ser definir qual é o interesse naquele caso e, assim, o princípio que deve ter preferência em sua aplicação. Diferente das regras, os princípios possuem caráter *prima facie* e, "portanto, não dispõem da extensão do seu conteúdo em face dos princípios colidentes e das possibilidades fáticas" [58], por isso a importância do sopesamento dos princípios conflitantes no caso concreto.

Isso posto, conforme a teoria da ponderação de Robert Alexy, deve-se sopesar os princípios analisando no caso concreto qual o princípio prevalecente naquela situação. Diante da questão entre a

---

[56] Lei 13.709 de 14 de agosto de 2018. Lei Geral de Proteção de Dados. Art. 11°, inc. II, "d".
[57] ALEXY, Robert. **Teoria dos Direitos dos Fundamentos**. 2008, p. 93.
[58] ALEXY, Robert. **Teoria dos Direitos dos Fundamentos**.2008, p. 104

aplicação do princípio da publicidade, tornando qualquer ato ou documento público no processo litigioso, e o princípio da privacidade, em que ocorre a proteção especial dos dados sensíveis, acredita-se que o princípio da privacidade sopesa o da publicidade, posto que se refere a assuntos sensíveis e potencialmente capazes de produzir ações discriminatórias contra a pessoa titular daquelas informações, impedindo-a de realizar ações na vida cotidiana.

Portanto, o princípio da publicidade deve ser mitigado em face da proteção das informações sensíveis nos processos judiciais eletrônicos, de forma que seja possível o cumprimento constitucional da publicidade aos atos e, por conseguinte, a efetuação das suas funções de proteção contra juízos arbitrários e controle da opinião pública, mas que não lesione a vida privada das partes detentoras de informações sensíveis no procedimento.

4.2 A adequação do tratamento de dados no sistema judiciário

A atualização dos Tribunais para acompanhar as mudanças na sociedade permitiu a migração dos processos físicos para o meio digital, assim como a propositura direta de processos digitais, o que gerou diversas facilidades, como por exemplo, a possibilidade de consultar todo o processo pelo sistema eletrônico do judiciário, uma vez que não há separação de partes do processo de acordo com o que será realizado. Outra facilidade é a possibilidade de terceiros acessarem os dados das ações judiciais sem precisar se deslocar até o juízo em que a ação está.

O CPC/15 já abrangia algumas questões quanto ao trâmite dos procedimentos eletrônicos e seu prosseguimento. Contudo, o seu conteúdo no que tange aos dados existentes no processo eletrônico e à publicação, tal como o tratamento que deve ser dado pelo sistema judiciário, é omisso. Com a edição da LGPD, algumas dessas questões foram sanadas, visto que a Lei 13.709/18 aplica-se a qualquer pessoa jurídica de direito público ou privado[59], ou seja, também se aplica ao poder judiciário, obrigando-o a se adequar às novas normas de proteção e tratamento dos dados.

---

[59] Lei 13.709 de 14 de agosto de 2018. Lei Geral de Proteção de Dados. Art. 3º.

Todavia, a LGPD também trouxe novas questões a serem discutidas para a implementação de suas regras pelos tribunais, que agora também passam a ser agentes de tratamentos dos dados. Um desses problemas é, como já discutido anteriormente, a colisão entre a publicidade do processo e o direito ao segredo dos dados sensíveis. Demonstra-se que a simples proibição da coleta pelos Tribunais é inviável, tal como expõe Doneda:

> a mera proibição da coleta e tratamento de dados sensíveis – recurso utilizado em algumas das leis sobre a matéria – demonstra-se inviável, pois muitas vezes o uso de tais dados é legítimo e necessário; além do que existem determinados organismos cuja própria razão de ser estaria comprometida caso não pudessem obter informações deste gênero.[60]

Por outro lado, também é inviável a publicação de qualquer documento no curso do processo, disponibilizando acesso irrestrito a terceiros. Graças aos avanços tecnológicos, é possível realizar o tratamento de dados e a ocultação de informações pessoais sensíveis automaticamente pelo sistema de processos eletrônicos do judiciário, sem que seja necessário vetar o acesso a terceiros de todo o processo, e sim de apenas algumas de suas partes. Esse também é o entendimento do Conselho Nacional de Justiça (CNJ) ao regulamentar o acesso de terceiros aos processos eletrônicos, após o pedido de acesso de todas as peças do processo por todos os usuários cadastrados no sistema eletrônico do Tribunal de Justiça do Rio de Janeiro. O pedido foi apreciado na 17ª sessão do plenário virtual do CNJ, em 2016[61].

Nele, a conselheira Daldice Santana manifestou sobre a impossibilidade de acesso amplo à integralidade dos documentos por aqueles que não são partes no processo. Também entendeu que o processo é público, mas alguns documentos não podem ser disponibilizados para consulta geral, pois há dados pessoais não incluídos nos dados básicos do processo. Na decisão do CNJ, é possível perceber o sopesamento dos princípios anteriormente descritos. Ainda que a

---

[60] DONEDA, Danilo. **Da privacidade à proteção de dados pessoais. Fundamentos da Lei Geral de Proteção de Dados.** 2ª ed. 2020, p. 145.
[61] No pedido de providências do processo nº 0005957-84.2015.2.00.0000, decisão da 17ª sessão do plenário virtual do CNJ.

decisão tenha sido *a priori* da edição da LGPD, já se pensava na proteção dos dados sensíveis a partir da Lei do processo eletrônico (Lei 11.419/96) e da Lei de acesso à informação (Lei 12.527/11), assim como outras resoluções do CNJ.

Assim, a LGPD reafirma a necessidade de um controle maior não só para os dados sensíveis como também para os dados inferidos, porque eles acabam por possuir *status* de dados sensíveis quando, a partir deles, for possível a identificação de informações pessoais sensíveis, o que ressalta a ponderação entre a privacidade e a publicidade.

Destarte, para que os Tribunais se adequem à implementação da LGPD nos processos eletrônicos, possibilitando a gestão das informações dos titulares dos dados e a sua proteção, de forma a garantir a impossibilidade de ações discriminatórias para o indivíduo por meio da proibição do acesso desses dados às pessoas que não ostentam a qualidade de parte no processo, é preciso o aumento da segurança da informação no tratamento dos dados sensíveis pelo judiciário, para que ocorra a satisfação do direito material buscado no processo com a máxima garantia de proteção dos dados sensíveis das partes envolvidas.

5 CONSIDERAÇÕES FINAIS

A presente pesquisa buscou analisar a adequação à LGPD pelos Tribunais de Justiça à luz do princípio da publicidade previsto no Código de Processo Civil, posto que há um conflito entre os princípios da publicidade e da privacidade no tratamento dos dados realizados pelos tribunais. Dessa forma, proporcionou um maior entendimento da popularização da internet e como ela se tornou necessária na vida cotidiana dos indivíduos, abrangendo, até mesmo, o judiciário, o qual transformou a maneira de ajuizamento e prosseguimento das ações judiciais, passando estas de uma análise física para virtual. Também analisou a importância e os impactos da LGPD no ordenamento jurídico atual, além de definir os conceitos básicos de dados pessoais e a proteção desses dados.

Compreende-se, em suma, que com a dependência tecnológica atual, os usuários, ao utilizarem a internet para realizar qualquer ação, deixam "pegadas virtuais", as quais permitem identificar e individualizar aquela pessoa, formando um perfil detalhado sobre seus gostos, interesses e informações da vida privada. Dessa maneira, com cada vez mais pessoas utilizando o ciberespaço, era imprescindível a intervenção jurídica para a tutela dos interesses individuais no meio virtual, sendo um desses direitos tutelados a segurança e clareza no tratamento dos dados pessoais, tal qual a garantia de gestão dessas informações pelos titulares dos dados.

Para que ocorresse essa intervenção e ela acompanhasse as rápidas mudanças da sociedade, foi editada a Lei Geral de Proteção de Dados (Lei 13.709/18). Ela traz a segurança jurídica necessária ao tratamento dos dados, tanto pelas pessoas jurídicas de direito privado quanto pelas pessoas jurídicas de direito público, incluindo neste rol o Poder Judiciário e seus órgãos. Além disso, a LGPD complementa o CPC/15 ao definir princípios e regras a serem seguidos no tratamento de dados no processo litigioso eletrônico.

Ademais, a Lei de proteção de dados, estabelece uma proteção maior aos dados pessoais sensíveis, isto é, aqueles relativos à convicção religiosa, raça ou etnia, dados genéticos e biométricos, vida sexual, entre outros dados referentes à esfera da vida íntima do indivíduo. Ressalta-se que os dados ditos comuns que indiretamente podem revelar informações sensíveis e passíveis de ações discriminatórias, denominados de dados inferidos, também devem possuir proteção especial no seu tratamento.

Após o estudo das circunstâncias jurídicas em que haverá proteção dos dados sensíveis e tendo em vista a teoria da ponderação dos princípios, de Robert Alexy, o princípio da privacidade foi considerado preponderante ao princípio da publicidade e, por isso, deve ser aplicado, impossibilitando o acesso irrestrito de terceiros aos dados contidos nos processos eletrônicos.

Portanto, para que seja realizada a adequação da LGPD nos Tribunais, é necessário mitigação, mas não extinção do direito fundamental da publicidade previsto tanto na Constituição quanto no Código de Processo Civil, a fim de ocultar a terceiros os documentos que possuírem dados pessoais não denominados de dados básicos do processo. Desse modo, aliado à atualização e ao aumento da segurança da informação pelos Tribunais, será possível a implementação correta da LGPD no sistema judiciário, garantindo a proteção dos dados pessoais sensíveis das partes sem impossibilitar ou comprometer a compreensão e o acesso de terceiros nos processos judiciais eletrônicos. As consequências dessa relação social não foram profundamente analisadas, pois ainda é um tema muito recente e a atividade jurídica não consegue acompanhar a evolução tecnológica. Dessa maneira, a partir da pesquisa realizada, será possível estudar com profundidade a implementação de mecanismos para garantir a proteção dos dados pessoais sensíveis nos juízos.

REFERÊNCIAS

ABDO, Helena Najjar. **Mídia e processo.** São Paulo: Saraiva, 2011.

ALEMANHA. Tribunal Constitucional Alemão. BVerfGE 65, 1 "Volkszählung", **julgamento do primeiro senado** de 15 de dezembro de 1983. Disponível em: https://www.servat.unibe.ch/dfr/bv065001.html. Acesso em: 13 jul. 2021.

ALEXY, Robert. **Teoria dos Direitos dos Fundamentos.** Tradução de Virgílio Afonso da Silva da 5ª edição alemã *Theorie der Grundrechte* publicada pela Suhrkamp Verlag (2006). São Paulo: Malheiros Editores LTDA. 2008.

BIONI, Bruno Ricardo. **Proteção de Dados Pessoais - A função e os Limites do Consentimento.** Rio de Janeiro: Forense. 2019.

BRASIL. Código de Processo Civil (2015). Lei 13.105, de 16 de março de 2015. Código de Processo Civil (CPC). Disponível em: http://www.pl analto.gov.br/ccivil_03/_ato2015-2018/2015/lei/l13105.htm. Acesso em: 15 jul. 2021.

BRASIL. Constituição (1988). Constituição da República Federativa do Brasil. 42ª ed. São Paulo: Editora Atlas LTDA. 2016.

BRASIL. Lei Geral de Proteção de Dados (2018). Lei 13.709, de 14 de agosto de 2018. Lei Geral de Proteção de Dados (LGPD). Disponível em: http://www.planalto.gov.br/ccivil_03/_ato2015-2018/2018/Lei/L13709. htm. Acesso em: 10 jul. 2021.

BRASIL. Proposta de Emenda à Constituição 17 de 03 jul. de 2019. Altera a Constituição Federal para incluir a proteção de dados pessoais entre os direitos e garantias fundamentais e para fixar a competência privativa da União para legislar sobre proteção e tratamento de dados pessoais. (PEC 17/2019). Disponível em: https://www.camara.leg.br/proposicoesWeb/fichadetramitacao?idProposicao=2210757. Acesso em: 12 jul. 2021.

BRASIL. Supremo Tribunal Federal. Ação Direta de Inconstitucionalidade 6387/DF. Relator: Min. Rosa Weber. **Diário de Justiça Eletrônico**. 12 de nov. de 2020. Disponível em: http://portal.stf.jus.br/processos/downloadPeca.asp?id=15344949214&ext=.pdf. Acesso em: 12 jul. 2021.

CASTRO, Victoria Emily. **MEMES E DIREITO DO AUTOR: A responsabilidade civil digital pelo compartilhamento de imagens não autorizadas.** 2020. 56 f. Monografia (Graduação) – Programa de bacharelado em Direito. Escola Superior Dom Hélder Câmara. Belo Horizonte. 2020.

CONSELHO NACIONAL DE JUSTIÇA. **17ª sessão do plenário virtual do CNJ de 2016.** Pedido de providências do processo nº 0005957-84.2015.2.00.0000. Disponível em: https://www.cnj.jus.br/plenario-virtual/?sessao=406. Acesso em: 12 de jul. 2021.

COTS, Márcio. OLIVEIRA, Ricardo. **Lei Geral de Proteção de Dados Pessoais Comentada**. Ed. Ver.,atual e ampl. São Paulo: Revista dos Tribunais, Brasil. 2019.

DIDIER JR., Fredie. **Curso de direito processual civil: introdução ao direito processual civil, parte geral e processo de conhecimento**. 21. ed., Salvador: Jus Podivm, 2019.

DONEDA, Danilo. **Da privacidade à proteção de dados pessoais. Fundamentos da Lei Geral de Proteção de Dados**. 2ª ed. rev. e atual. São Paulo: Revista dos Tribunais. 2020.

HUBMANN, Heinrich. Der zivilrechtliche Schutz der Persönlichkeit gegen Indiskretion. **JuristenZeitung 12**, nº. 17. 05 set. de 1957, Alemanha: Mohr Siebeck GmbH & Co. KG. p. 521-528. 1957. Disponível em: https://www.jstor.org/stable/20804785. Acesso em: 10 de jul. 2021

MENDES, Laura Schertel; FONSECA, Gabriel Campos Soares da. **STF reconhece direito fundamental à proteção de dados: comentários sobre o referendo da Medida Cautelar nas ADIs 6387, 6388, 6389, 6390 e 6393. Revista de Direito do Consumido**r, v. 130/2020, p. 471-478, Jul./Ago, 2020.

MENDES, Laura Schertel. **Privacidade, proteção de dados e defesa do consumidor: linhas gerais de um novo direito fundamental.** 1ª ed. São Paulo: Saraiva, 2014.

MORAES, Thamiris. **Marco Civil e LGPD: qual a diferença entre as Leis e o que muda na prática.** WSpot blog. 2020. Disponível em: https://www.wspot.com.br/gestao-de-rede/marco-civil-e-lgpd-diferencas/. Acesso em: 11 jul. 2021.

PEREIRA, Alexandre Dias. **"DIREITO CIBERESPACIAL: SOFT LAW OU HARD LAW?".** Em Estudos em Homenagem ao Professor Doutor Jorge Joaquim Gomes Canotilho. Coimbra: Coimbra 2012, p. 685-710.

PEREIRA, Alexandre Dias. **Direito da Informática Estudos.** Vol. II. 2017. [Livro Digital].

PEREIRA, Alexandre Dias. **Novos Modelos de Negócios APDI 2020.** 2020. 35 Slides.

PINHEIRO, Patrícia Peck. **#Direito Digital.** 6ªed. São Paulo: Saraiva, 2016.

SCHWARTZ, Paul. Internet privacy and the State. **Connecticut Law Review**, v. 32, 1999-2000. Disponível em: https://paulschwartz.net/wp-content/uploads/2019/01/SCHWARTZ-CK1A-1.pdf. Acesso em: 10 jul. 2021.

UNIÃO EUROPEIA. Diretiva 95/46/CE do Parlamento Europeu e do Conselho, de 24 de outubro de 1995, relativa à proteção das pessoas singulares no que diz respeito ao tratamento dos dados pessoais e à livre circulação desses dados. Disponível em: https://eur-lex.europa.eu/legal-content/PT/LSU/?uri=celex:31995L0046. Acesso em: 10 jul. 2021.

UNIÃO EUROPEIA. Regulamento (UE) 2016/679 do Parlamento Europeu e do Conselho, de 27 de abril de 2016. Relativo à proteção das pessoas singulares no que diz respeito ao tratamento de dados pessoais e à livre circulação desses dados e que revoga a Diretiva 95/46/CE (Regulamento Geral sobre a Proteção de Dados. Disponível em: https://eur-lex.europa.eu/legal-content/PT/TXT/PDF/?uri=CELEX:32016R0679. Acesso em: 10 jul. 2021.

WACKS, Raymond. **Personal information: privacy and the law**. Clarendon Press, Oxford, 1989.

WARREN, Samuel; BRANDEIS, Louis. The right to privacy. **Havard Law Review Association**, vol. 4, nº 5. 15 dez. 1890, p. 193-220. Disponível em: https://www.jstor.org/stable/1321160?seq=9#metadata_info_tab_contents. Acesso em: 08 jul. 2021.

O ATIVISMO JUDICIAL E OS PRINCÍPIOS CONSTITUCIONAIS DO PROCESSO CIVIL

5

Jordano Paiva Rogério

1 CONSIDERAÇÕES INICIAIS

O direito está em constante evolução, sempre esteve, e sempre estará: ele é o que vai sendo.[1] Deve-se, nessa lógica, condenar o Estado ou a legislação que deseje paralisar o constante progresso. Entretanto, se o legislador deve prever situações sociais futuras a fim de definir os parâmetros legais, sempre deverá atualizar a lei, mas nunca conseguirá antecipar todos os anseios da evolução social. Tendo por base a volatilidade do direito e a dificuldade do legislador de acompanhar suas evoluções, se cogita atribuir a função de atualizar a norma ao órgão jurisdicional.

Surge então um problema, até que ponto pode o Poder Judiciário, por meio do entendimento individual de um magistrado, interpretar a necessidade humana para além da lei positiva? Pode o juízo decidir tão somente com base nas suas convicções morais e do direito, diante da inércia da parte ou do interessado? A resposta a essas questões pode delimitar o garantismo, ou possibilitar o ativismo judicial.

De maneira preliminar, ressalta-se a importância de preservar os princípios basilares do sistema jurídico brasileiro, como o devido processo legal e a separação dos poderes. Os quais impõem limites históricos à atuação estatal diante da intervenção na vida privada, além da necessidade de observância das garantias processuais constitucionais. Se o ativismo judicial extrapola esses preceitos, não deve prosperar.

---

[1] FILHO, Roberto Lyra. **O que é direito**. 11. ed. São Paulo: Brasiliense, 1982, p. 03-06.

Destarte, o presente trabalho se delimita a pesquisar: O ativismo judicial e os princípios constitucionais do processo civil, no campo do Direito Processual Civil e Direito Constitucional, além de História do Direito. Propõe-se através do raciocínio teórico hermenêutico e dogmático, competente à vertente metodológica jurídico-sociológica. No tocante ao tipo de investigação, foi escolhido, na classificação de Witker[2] e Gustin,[3] o tipo jurídico-interpretativo.

2 O CONCEITO DE ATIVISMO JUDICIAL

O ativismo judicial deve ser entendido como a substituição da vontade do legislador, diante de sua incompletude ou ausência, pela do órgão julgador. Desse modo, os juízes ativistas atuam ativamente no intuito de promover os interesses que entendem necessários, prescindido de prévia previsão legal explícita, ou petição e intervenção específica dos interessados no âmbito decidido.

No contexto jurisdicional brasileiro possui quatro dimensões que o caracterizam.[4] A primeira é chamada de ativismo contra majoritário, qualificado pela aversão dos tribunais em acatar as decisões dos poderes eleitos democraticamente, em prol de fortalecer a jurisdição e o Poder Judiciário como legislador negativo. Posição que não se justifica sem descumprir os princípios fundamentais da constituição, questão que será debatida em momento oportuno.[5]

---

[2] WITKER, Jorge. **Como elaborar una tesis en derecho: pautas metodológicas y técnicas para el estudiante o investigador del derecho.** Madrid: Civitas, 1985.

[3] GUSTIN, Miracy Barbosa de Sousa; DIAS, Maria Tereza Fonseca. **(Re)pensando a pesquisa jurídica: teoria e prática.** 3. ed. Belo Horizonte: Del Rey, 2010.

[4] MARSHALL, William P. **Conservatives and the Seven Sins of Judicial Activism.** North Carolina: University of North Carolina (UNC) at Chapel Hill – School of Law, 2002. Vol 73. Colorado: University of Colorado Law Review, 2002.

[5] MAGALHÃES, Pedro Naves. **O ativismo judicial e os reflexos no processo civil.** Dissertação (Mestrado em Direito Processual) - Faculdade de Direito, Universidade de São Paulo, São Paulo, 2015. doi:10.11606/D.2.2016.tde-15122015- 143227. Disponível em: https://teses.usp.br/teses/disponiveis/2/2137/tde-15122015-143227/pt-br.php. Acesso em: 2021-07-13. Pág. 50-61.

A segunda dimensão busca ampliar os limites jurisdicionais do ativismo jurisdicional do Poder Judiciário, da sua modificação, correição ou complementação das leis e os atos do Poder Executivo. A terceira é chamada de ativismo criativo, define o ativismo como forma de criação e implementação de novos direitos, pelo juízo, baseando-se no seu prévio conhecimento do direito e suas afirmações morais. Ela se baseia equivocadamente na ideia de buscar maior efetividade das normas constitucionais, introduzida com o neoconstitucionalismo e o póspositivismo.

Há ainda a dimensão de ativismo entendida como remedial, enquanto meio de combater doenças ou problemas decorrentes da atuação, ou inércia, dos demais poderes. Nessa lógica, "(...) se afirma pela imposição pelo judiciário de obrigações positivas aos poderes eleitos, seja pela alteração, implementação ou determinação de políticas públicas, interferência em órgãos estatais e regulamentações legais, dentre outros."[6]

2.1 O garantismo judicial

Em discordância com o ativismo judicial surge o garantismo, movimento que exige dos órgãos julgadores o respeito aos princípios decorrentes do devido processo legal, além da atuação conforme previsão legal e provocação das partes. Em 19 de agosto de 2017 foi publicada a Carta de Jundiaí,[7] um dos principais instrumentos que definem o movimento garantista. Na ocasião foi debatido o tema por diversos magistrados e doutrinadores, diante de um colóquio internacional para discutir o primeiro ano de vigência do Código de Processo Civil de 2015.

A carta talentosamente delineia o garantismo:

> O Garantismo é uma forma de pensar o Processo em suas dimensões analítico-legal, semântico-conceitual e pragmático-

---

[6] MAGALHÃES, Pedro Naves. **O ativismo judicial e os reflexos no processo civil**. Dissertação (Mestrado em Direito Processual) - Faculdade de Direito, Universidade de São Paulo, São Paulo, 2015. doi:10.11606/D.2.2016.tde-15122015- 143227. Disponível em: https://teses.usp.br/teses/disponiveis/2/2137/tde-15122015-143227/pt-br.php. Acesso em: 2021-07-13. Pág. 51.

[7] Jundaí é um município no interior de São Paulo/Brasil.

jurisprudencial como efetiva GARANTIA do indivíduo e da sociedade perante o poder estatal de exercer a Jurisdição. Se processo é garantia, jurisdição é poder, e este só será legitimamente exercido quando concatenar as regras de garantia estabelecidas no plano constitucional, como o devido processo, o contraditório (=direito das partes, não do juiz), a ampla defesa, a imparcialidade, a impartialidade, a acusatoriedade, a liberdade, a dispositividade, a igualdade, a segurança jurídica, a separação dos poderes, a presunção de inocência etecetera.[8]

Em seguida, defende que o movimento é de suma importância para a guarda da Constituição da República Federativa do Brasil de 1988, nesses exatos termos:

> O Garantismo Processual, ainda, respeita e leva a sério o papel contramajoritário da Constituição e das garantias por ela estabelecidas, além de racionalmente empreender, em caráter pedagógico, na dissuasão de posturas dogmático-discursivas que, contraditórias à Liberdade constitucionalmente garantida, contemplam proposições e soluções jurisdicionais ex parte principis reveladoras de arbítrio. O Garantismo Processual também implica um tipo de concentricidade que remete o seu discurso à cláusula do due process of law, que por resplandecer no núcleo fundante dos direitos e garantias fundamentais de nossa Constituição da República faz do Processo uma instituição de garantia, e não um ambiente político estatal para que o Judiciário atue para conflagrar a macrocósmica visão de mundo dos agentes públicos que o integram.[9]

Logo, o juízo garantista deve se preocupar com a segurança e estabilidade jurídica, respeitando sempre as garantias processuais e constitucionais, acima do interesse de solucionar a questão ou o litígio de forma rápida.

---

[8] BRASIL. **Carta de Jundiaí – Pela compreensão e concretização do Garantismo Processual.** Jundiaí: Petição Pública Brasil, 2017. Disponível em: https://peticaopublica.com.br/pview.aspx?pi=BR100953. Acesso em 26 de jun. de 2021.

[9] BRASIL. **Carta de Jundiaí – Pela compreensão e concretização do Garantismo Processual.** Jundiaí: Petição Pública Brasil, 2017. Disponível em: https://peticaopublica.com.br/pview.aspx?pi=BR100953. Acesso em 26 de jun. de 2021.

3 O (NEO)CONSTITUCIONALISMO

3.1 O surgimento do constitucionalismo

De maneira clara e direta o constitucionalismo foi o grande responsável por limitar o poder do Estado, que em determinado momento da história humana e das sociedades era dominado por regimes opressores, autoritários[10] ou totalitários.[11] Seu principal objetivo foi conferir direitos individuais aos cidadãos,[12] principalmente a liberdade contra o Estado até então opressor. Por isso, é marcado pela conquista de direitos abstencionistas, como forma de impedir a atuação estatal exacerbada sobre a vida dos indivíduos.

Alguns autores defendem que o constitucionalismo não é um conceito senão um movimento constitucional que "ergue o princípio do governo limitado indispensável à garantia dos direitos em dimensão estruturante da organização político-social de uma comunidade. Neste sentido, o constitucionalismo moderno representará uma técnica específica de limitação do poder com fins garantísticos".[13] Movimento este que, embora tenha o mesmo motivo originário, ocorreu de maneira díspar em diferentes locais do mundo, o que pode ser identificado, por exemplo, diante do movimento constitucional inglês, americano e francês.

Além disso, detém também um caráter jurídico, no sentido de dar início à normatividade, sustentando positivamente a limitação do poder.

---

[10] O Autoritarismo é uma forma de governo cujos governados não estão em posição de diálogo com o governante. É, por isso, qualificado pela obediência e submissão ao absoluto poder do governo e restrição dos direitos individuais.
[11] O Totalitarismo detém semelhanças com o Autoritarismo, no entanto, é uma forma ainda maior e extrema de concentração do poder. É marcado por fortes questões ideológicas - que se sobressaem às demais - e exercem poder sobre os cidadãos do Estado Totalitário.
[12] Muitas vezes utilizados equivocadamente como sinônimo de indivíduo, cidadão é um conceito iminentemente político, é o principal requisito para que o indivíduo assinante do contrato social (quem ingressa numa sociedade) obtenha os direitos de votar e ser votado, representar o povo, ou ser representado nas decisões da sua própria sociedade.
[13] CANOTILHO, J.J. Gomes. **Direito Constitucional e teoria da Constituição.** Coimbra: Livraria Almedina, 2013. Pág. 51.

Os movimentos foram, nesse sentido, institucionalizados por meio de uma carta de direitos, denominada Magna Carta ou Constituição. Assim também explica o professor André Ramos Tavares:

> Pode-se identificar pelo menos quatro sentidos para o constitucionalismo. Numa primeira acepção, emprega-se a referência ao movimento político-social com origens históricas bastante remotas que pretende, em especial, limitar o poder arbitrário. Numa segunda acepção, é identificado com a imposição de que haja cartas constitucionais escritas. Tem-se utilizado, numa terceira acepção possível, para indicar os propósitos mais latentes e atuais da função e posição das constituições nas diversas sociedades. Numa vertente mais restrita, o constitucionalismo é reduzido à evolução histórico-constitucional de um determinado Estado.[14]

Além do constitucionalismo moderno, podem-se identificar outros momentos dos movimentos constitucionais no mundo que ocorreram com o passar do tempo. Há registros, segundo Pedro Lenza,[15] do surgimento do constitucionalismo ainda na antiguidade clássica, com os povos hebreus, quando estabeleceram um Estado teocrático. Nele foi determinado que os profetas, enquanto representantes de deus, detinham a legitimidade para fiscalizar e limitar os atos governamentais que extrapolassem os limites da bíblia.

Mais adiante, no século V antes de cristo, a democracia nas Cidades-Estados[16] gregas estabeleceu diálogo entre os governados e governantes, uma vez que se tratava de democracia direta. Por meio desta, o próprio povo geria as decisões tomadas pelo meio social, e decidia diretamente o que era de interesse público, não havendo, portanto, delegação do poder de decisão a um governante. Conforme o entendimento de Lenza acerca dos estudos de Loewenstein, este foi "(...) o único exemplo conhecido de sistema político com plena identidade entre governantes e governados, no qual o poder político está igualmente

---

[14] TAVARES, André Ramos. **Curso de Direito Constitucional.** 18 ed. São Paulo: Saraiva Educação, 2020. Pág. 72.
[15] LENZA, Pedro. **Direito Constitucional esquematizado.** 24 ed. São Paulo: Saraiva Educação, 2020. Pág. 65.
[16] As Cidades-Estados gregas eram cidades com governo próprio e autônomo, locais independentes, a exemplo de Tebas, Atenas, Esparta e Tróia.

distribuído entre todos os cidadãos ativos."[17]

Houve também movimentos constitucionais na Idade Média, quando o Rei João Sem Terra assinou, em 1215, sob pressão dos barões ingleses, o primeiro documento denominado de Magna Carta na história da humanidade.[18] Este foi um marco inigualável para o constitucionalismo medieval, pois estabeleceu grandes proteções aos direitos individuais ainda não consagrados. Nas palavras de Bandeira Cardoso:

> Desde 1213, vinha João Sem Terra encurralado num círculo de fogo de reivindicações, às quais fugia ou cedia de má-fé. Excomungado por Inocêncio III, finge uma submissão redentora de fiel vassalo da Santa Fé. Esquecendo logo depois a convenção de Dover, arma-se com a Flandres e com o Oto IV, da Alemanha, contra Felipe Augusto, mas é vencido entre Lille e Tornai, em 1214. No ano seguinte, os bispos e barões organizaram "o Exército de Deus e da Santa Igreja", que marcha contra Londres, quando João Sem Terra julga que vai perder a coroa com a famosa lei constitucional assinada no dia 15 de junho de 1215.[19]

Nos últimos dois séculos, isto é, desde o século XVIII, inicia-se o chamado constitucionalismo moderno, gérmen de direitos atualmente positivados nas constituições ao redor do mundo. Os dois maiores marcos históricos deste movimento são a constituição norte-americana de 1787, e a francesa, de 1791, conforme explica a doutrina:

> Dois são os marcos históricos e formais do constitucionalismo moderno: a Constituição norte-americana de 1787 e a francesa de 1791 (que teve como preâmbulo a Declaração Universal dos Direitos do Homem e do Cidadão de 1789), movimento este deflagrado durante o Iluminismo e concretizado como uma contraposição ao absolutismo reinante, por meio do qual

---

[17] LOEWENSTEIN, Karl. **Teoría de la Constitución**. 2 ed. Barcelona: Ediciones Ariel. 1970. Pág. 154-155.
[18] CARDOSO, Antônio Manoel Bandeira. **A Magna Carta – conceituação e antecedentes**. Brasília: R. Inf. Legisl., 1986. Disponível em: https://www2.sena do.leg.br/bdsf/bitstream/handle/id/182020/000113791.pdf. Acesso em: 11/07/2021. Pág. 01.
[19] CARDOSO, Antônio Manoel Bandeira. **A Magna Carta – conceituação e antecedentes**. Brasília: R. Inf. Legisl., 1986. Disponível em: https://www2.sena do.leg.br/bdsf/bitstream/handle/id/182020/000113791.pdf. Acesso em: 11/07/2021. Pág. 03.

se elegeu o povo como o titular legítimo do poder. Podemos destacar, nesse primeiro momento, na concepção do constitucionalismo liberal, marcado pelo liberalismo clássico, os seguintes valores: individualismo, absenteísmo estatal, valorização da propriedade privada e proteção do indivíduo. Essa perspectiva, para se ter um exemplo, influenciou profundamente as Constituições brasileiras de 1824 e 1891.[20]

Essa concepção liberal do constitucionalismo é didaticamente chamada de direitos de primeira geração ou dimensão. Na atual Constituição Federal brasileira de 1988 (quando já se falava em constitucionalismo contemporâneo) podem ser citados exemplos como o direito à vida, à liberdade, à propriedade, à participação política e religiosa (...), positivados principalmente em seu art. 5º, ao dizer que "Todos são iguais perante a lei, sem distinção de qualquer natureza, garantindo-se aos brasileiros e aos estrangeiros residentes no País a inviolabilidade do direito à vida, à liberdade, à igualdade, à segurança e à propriedade (...)".[21]

3.2 O Neoconstitucionalismo

A partir do século XXI a doutrina passa a elucubrar acerca da superação do constitucionalismo contemporâneo, e o seguinte surgimento de um novo movimento constitucional, chamado de neoconstitucionalismo, constitucionalismo pós-moderno, ou pós-positivismo. Supera-se então a ideia já alcançada de limitação do poder público, em busca de conferir maior eficácia às normas já positivadas. Assim, o que se objetiva é a real tutela dos direitos fundamentais.

> O neoconstitucionalismo tem como uma de suas marcas a concretização das prestações materiais prometidas pela sociedade, servindo como ferramenta para a implantação de um Estado Democrático Social de Direito. Ele pode ser considerado como um movimento caudatário do pós-

---

[20] LENZA, Pedro. **Direito Constitucional esquematizado.** 24 ed. São Paulo: Saraiva Educação, 2020. Pág. 66.
[21] BRASIL. Constituição (1988). **Constituição da República Federativa do Brasil.** Brasília: Senado Federal, Centro Gráfico, 1988.

modernismo. Dentre suas principais características podem ser mencionadas: a) positivação e concretização de um catálogo de direitos fundamentais; b) onipresença dos princípios e das regras; c) inovações hermenêuticas; d) densificação da força normativa do Estado; e) desenvolvimento da justiça distributiva.[22]

Passa-se a buscar uma constituição como valor em si, sob um modelo axiológico, no sentido de concretizar, ou dar real eficácia, aos direitos fundamentais. A Magna Carta sucede então normas de caráter superiores e imperativos, sobrepondo-se inclusive às demais normas do próprio sistema jurídico que regula, sendo então o centro do sistema. O poder exercido, principalmente na antiguidade e na idade média, por um - muitas vezes único - governante, é substituído por uma carta suprema de direitos.

Portanto, os movimentos constitucionais sempre tiveram como objetivo barrar os exageros da atuação estatal sobre a liberdade individual. A depender do momento em que ocorreram tiveram facetas específicas, que retratavam peculiaridades de cada povo, mas sempre tiveram as mesmas premissas: possibilitar maior diálogo entre o governo e seus governados. Por conta disso, os limites da atuação estatal no campo individual refletem diretamente nas atribuições do Poder Judiciário, que deve ter bem delineado seus momentos passíveis de intervenção, como será exposto nos capítulos seguintes.

4 PRINCÍPIOS CONSTITUCIONAIS APLICÁVEIS AO PROCESSO CIVIL

Os princípios são as normas basilares do sistema jurídico, em algumas situações - em especial os princípios previstos formalmente na constituição - não possibilitam aplicação direta e solução imediata da questão problema, mas sustentam e norteiam outras normas específicas de eficácia plena. Eles detêm mandamentos ou mandados de otimização, não obstante sejam de valor, peso e importância superiores às normas específicas postas pelo legislador. Possibilitam, nesse sentido, atribuição

---

[22] AGRA, Walber de Moura. **Curso de direito constitucional.** 4 ed. São Paulo: Editora Forense, 2008. Pág. 31.

de contexto às interpretações sistemáticas, isto é, do sistema no qual foi inserida a norma.

Princípios são, por conseguinte, mandamentos de otimização, que são caracterizados por poderem ser satisfeitos em graus variados e pelo fato de que a medida devida de sua satisfação não depende somente das possibilidades fáticas, mas também das possibilidades jurídicas. O âmbito das possibilidades jurídicas é determinado pelos princípios e regras colidentes.[23]

Muitos são os princípios do sistema jurídico brasileiro, alguns autores inclusive nomeiam novos princípios conforme suas interpretações da lei. Este trabalho, no entanto, se manterá adstrito aos princípios mais comuns e expressamente positivados na legislação, cuja aplicação esteja diretamente relacionada ao conceito de ativismo judicial.

4.1 Supremacia da Constituição

Com o advento do constitucionalismo contemporâneo, e os consequentes aperfeiçoamentos introduzidos pelo neoconstitucionalismo, a carta de direitos que inaugura o estado democrático de direito paulatinamente ganha força. Os direitos nela elencados começam a não somente obter maior vigor jurídico e aplicabilidade direta (em contraposição às cartas constitucionais mais antigas, nas quais a maioria das normas detinham conteúdo de dever ser, meramente programáticas, de cunho verdadeiramente filosófico e doutrinário), mas também passam a ser critério de parâmetro para as demais normas.[24]

A Constituição Federal do Brasil de 1988 é considerada super-rígida, cujo processo de alteração é difícil e exige processo legislativo diferenciado, podendo ser até defesa a supressão de conceitos e garantias.

---

[23] ALEXY, Robert. **Teoria dos Direitos Fundamentais.** 2 ed. São Paulo: Malheiros, 2014. Pág. 90-91.
[24] MAGALHÃES, Pedro Naves. **O ativismo judicial e os reflexos no processo civil.** Dissertação (Mestrado em Direito Processual) - Faculdade de Direito, Universidade de São Paulo, São Paulo, 2015. doi:10.11606/D.2.2016.tde-15122015- 143227. Disponível em: https://teses.usp.br/teses/disponiveis/2/2137/tde-15122015-143227/pt-br.php. Acesso em: 2021-07-13. Pág. 37-40.

Como é o caso das cláusulas pétreas;[25] a proibição de alteração da constituição na vigência do estado de sítio, defesa, ou intervenção federal;[26] e a necessidade de quórum qualificado de 3/5, em cada casa legislativa, em dois turnos de votação, para aprovação das emendas constitucionais.[27] Dessa maneira, pode-se observar a força cogente máxima dessa carta e os direitos nela elencados.[28]

> Enfim, o originário permitiu a alteração de sua obra, mas obedecidos alguns limites (...) Dessa forma, além das limitações expressas ou explícitas (formais ou procedimentais — art. 60, I, II, III e §§ 2.o, 3.o e 5.o; circunstanciais — art. 60, § 1.o; e materiais — art. 60, § 4.o), a doutrina identifica, também, as limitações implícitas (como impossibilidade de se alterar o titular do poder constituinte originário e o titular do poder constituinte derivado reformador, bem como a proibição de se violar as limitações expressas, não tendo sido adotada, no Brasil, portanto, a teoria da dupla revisão, ou seja, uma primeira revisão acabando com a limitação expressa e a segunda reformando aquilo que era proibido).[29]

O princípio da supremacia da constituição, do qual decorrem vários subprincípios (efeito integrador, máxima efetividade,

---

[25] As cláusulas pétreas estão previstas no art. 60, § 4°, da Constituição Federal do Brasil de 1988.
[26] A proibição de alteração da constituição na vigência do estado de sítio, defesa, ou intervenção federal está prevista no art. 60, § 1°, da Constituição Federal do Brasil de 1988.
[27] O quórum para aprovação das emendas constitucionais está previsto no art. 60, § 2°, da Constituição Federal do Brasil de 1988.
[28] Como bem explica Tavares, em seu Curso de Direito Constitucional. 18 ed. 2020. Pág: 223. "A terminologia "cláusulas pétreas" passou a ser de uso corrente na doutrina brasileira. Com ela pretende-se identificar o conjunto dos preceitos integrantes da Constituição que não podem ser objeto de emenda constitucional restritiva. A Constituição de 1988 é ex- pressa em determinar que não poderá ser objeto de deliberação (parlamentar) a proposta de emenda tendente a abolir alguma norma constitucional que seja considerada pétrea. Para tanto, indica as matérias que se consideram preservadas em relação ao poder restritivo de reforma constitucional: i) a forma federativa de estado; ii) o voto direto, secreto, univer- sal e periódico; iii) a separação dos Poderes; e iv) os direitos e garantias individuais."
[29] LENZA, Pedro. **Direito Constitucional esquematizado.** 24 ed. São Paulo: Saraiva Educação, 2020. Pág. 158.

conformidade funcional, concordância prática ou harmonização, força normativa, interpretação conforme a constituição, proporcionalidade etc.),[30] garante superioridade hierárquica às normas constitucionais com relação às demais normas jurídicas. Isso significa que os direitos nela introduzidos estão também posicionados no topo da hierarquia do sistema jurídico por ela regulado. Por conta disso os três poderes, incluindo o Poder Judiciário e todos os seus atos jurídicos, deverão respeitar a constituição e os direitos nela elencados.

> O princípio da supremacia da constituição se traduz no fato de que as normas constitucionais, dada a sua origem e em virtude da distinção entre poder constituinte e poderes constituídos, ocupam posição hierárquica superior em relação a toda e qualquer norma ou ato oriundo dos assim chamados poderes constituídos, portanto, em relação às demais normas do sistema jurídico. Em outros termos, o princípio da supremacia da constituição significa que a constituição e, em especial, os direitos fundamentais nela consagrados situam-se no topo da hierarquia do sistema normativo, de tal sorte que todos os demais atos normativos, assim como os atos do Poder Executivo e do Poder Judiciário (mas também e de certo modo todo e qualquer ato jurídico), devem ter como critério de medida a constituição e os direitos fundamentais.[31]

Essa superioridade da constituição impõe ao Poder Judiciário o dever de aplicar somente as leis e atos estatais que não lhe reputem conflito, em qualquer momento processual. Assim entendeu o Supremo Tribunal Federal, no julgamento do Recurso Extraordinário de nº 107.869/SP (de relatoria do então Ministro Célio Borja), nas palavras do ex Ministro José Celso de Mello Filho:

> O princípio da supremacia da ordem constitucional – consectário da rigidez normativa que ostentam os preceitos de nossa Constituição – impõe ao Poder Judiciário, qualquer que

---

[30] TAVARES, André Ramos. **Curso de Direito Constitucional**. 18 ed. São Paulo: Saraiva Educação, 2020. Pág. 06.
[31] SCARLET, Ingo Wolfgang. **Curso de Direito Constitucional**. 8 ed. São Paulo: Saraiva Jur, 2018. Pág. 289.

seja a sede processual, que se recuse a aplicar as leis ou atos estatais reputados em conflito com a Carta Federal.[32]

A carta máxima de direitos tem como alguns de seus objetivos fundamentar a sociedade, o estado democrático de direito, limitar o poder e atuação do Estado, regular a atuação dos entes estatais e os poderes (...) e servir de parâmetro para todo o sistema. Dessarte, não compete a ela - tampouco seria possível - regular especificamente todas as circunstâncias que poderão acontecer em qualquer momento futuro. Embora já possuam maior vigor jurídico e melhor aplicabilidade, as constituições mais modernas ainda não são isentas de posterior regulamentação, pelo fato de ser impossível que tão somente um diploma legal preveja, regule e regulamente todas as demandas humanas. Por isso, existem normais constitucionais de eficácia limitada ou contida.

Não obstante as normas de eficácia contida tenham aplicabilidade direta e imediata, possivelmente não possuem aplicabilidade integral. "Embora tenham condições de, quando da promulgação da nova Constituição, ou da entrada em vigor (ou diante da introdução de novos preceitos por emendas à Constituição, ou na hipótese do art. 5º, §3º), produzir todos os seus efeitos, poderá haver a redução de sua abrangência.".[33] Deverá então ser criado um órgão ou autoridade com a atribuição de editar a referida norma, em prol de limitar ou restringir sua aplicabilidade e eficácia.

As normas de eficácia limitada, por sua vez, não possuem condão de produzir todos os efeitos perseguidos, tão logo precisam da edição de outra norma regulamentadora, mas desta vez infraconstitucional. Assim, possuem aplicabilidade indireta, mediata e diferida/reduzida. O único efeito que produzem é o de vincular o legislador infraconstitucional. Lenza, ao estudar José Afonso da Silva, explica que:

---

[32] BRASIL. Supremo Tribunal Federal. Recurso Extraordinário 107.869/SP. Relator: Min. Célio Borja. Diário de Justiça Eletrônico, 21 de agosto de 1992. Disponível em: https://jurisprudencia.stf.jus.br/pages/search?base=acordaos&sino-nimo=true&plural=true&page=1&pageSize=10&queryString=107869&sort=_score&sortBy=desc. Acesso em: 10 jul. 2021.

[33] LENZA, Pedro. **Direito Constitucional esquematizado.** 24 ed. São Paulo: Saraiva Educação, 2020. Pág. 172.

> Assim, José Afonso da Silva, em sede conclusiva, assevera que referidas normas têm, ao menos, eficácia jurídica imediata, direta e vinculante, já que: a) estabelecem um dever para o legislador ordinário; b) condicionam a legislação futura, com a consequência de serem inconstitucionais as leis ou atos que as ferirem; c) informam a concepção do Estado e da sociedade e inspiram sua ordenação jurídica, mediante a atribuição de fins sociais, proteção dos valores da justiça social e revelação dos componentes do bem comum; d) constituem sentido teleológico para a interpretação, integração e aplicação das normas jurídicas; e) condicionam a atividade discricionária da Administração e do Judiciário; f) criam situações jurídicas subjetivas, de vantagem ou de desvantagem.[34] Todas elas - em momento seguinte concluiu o mestre[35] - possuem eficácia ab-rogativa da legislação precedente incompatível (Geraldo Ataliba diria "paralisante da eficácia destas leis", sem ab-rogá-las — nosso acréscimo) e criam situações subjetivas simples e de interesse legítimo, bem como direito subjetivo negativo. Todas, enfim, geram situações subjetivas de vínculo.[36]

Surge um problema quando não há atividade do Poder Legislativo para definir os parâmetros das normas constitucionais que não podem, por si só, serem cumpridas e efetivadas. Como poderão os demais poderes aplicarem as normas da constituição diante da inércia legislativa? No âmbito do Poder Judiciário este é um dos motivos geradores do ativismo judicial.

Para alguns autores esta mora legislativa serve de fundamento para o ativismo judicial, como preconiza Magalhães:

> De rigor, por fim, salientar o reflexo desse princípio na inatividade legislativa ou executiva. Conforme visto, **diante da inatividade dos outros poderes, o judiciário estaria legitimado a implementar o chamado ativismo.** Sendo assim, no momento em que a norma constitucional determina que seja elaborada norma infraconstitucional, complementadora, regulamentadora, etc., a inercia dos

---

[34] SILVA, José Afonso da. **Aplicabilidade das normas constitucionais.** 8 ed. São Paulo: Malheiros, 2012. Pág. 164.
[35] SILVA, José Afonso da. **Aplicabilidade das normas constitucionais.** 8 ed. São Paulo: Malheiros, 2012. Pág. 262.
[36] LENZA, Pedro. **Direito Constitucional esquematizado.** 24 ed. São Paulo: Saraiva Educação, 2020. Pág. 173.

poderes responsáveis desrespeita a Constituição e sua supremacia.[37]

Entretanto, com a devida vênia, deve-se discordar de tal posicionamento. Conforme dito anteriormente, se todas as normas devem respeito à constituição, enquanto parâmetro do sistema jurídico, as leis infraconstitucionais que regulamentarem as normas constitucionais evidentemente também estarão limitadas pela supremacia constitucional. Com as decisões jurídicas não poderá ser diferente, não poderá o juízo entender de maneira diversa da prevista na Magna Carta.

Aliás, sequer poderá o juízo inovar do sistema jurídico em sede de decisão. Ato contínuo, uma vez não prevista legalmente determinada situação, não poderá o juízo decidir com base no seu convencimento, sob pena de desrespeito ao princípio da supremacia da constituição, que deferiu ao poder legislativo o atributo de regulamentar a norma demandada. A conseguinte decisão que sirva de parâmetro para preencher lacunas da lei será indubitavelmente teratológica.

4.2 Separação dos Poderes

A divisão dos poderes é um princípio antigo do Direito Constitucional, inscrito nas constituições como um de seus princípios fundamentais. Está previsto na Constituição Federal do Brasil de 1988 em seu art. 2º, "São Poderes da União, independentes e harmônicos entre si, o Legislativo, o Executivo e o Judiciário.".[38] Consiste em confiar cada uma das funções governamentais a órgãos diferentes, que tomam os nomes das respectivas funções (poder ou órgão legislativo, executivo e judiciário). Do contrário, se fossem exercidas por um órgão apenas, ter-se-ia uma concentração de poderes, não separação, de forma

---

[37] MAGALHÃES, Pedro Naves. **O ativismo judicial e os reflexos no processo civil**. Dissertação (Mestrado em Direito Processual) - Faculdade de Direito, Universidade de São Paulo, São Paulo, 2015. doi:10.11606/D.2.2016.tde-15122015- 143227. Disponível em: https://teses.usp.br/teses/disponiveis/2/2137/tde-15122015-143227/pt-br.php. Acesso em: 2021-07-13. Pág. 39. (grifei)
[38] BRASIL. Constituição (1988). **Constituição da República Federativa do Brasil.** Brasília: Senado Federal, Centro Gráfico, 1988.

com que não seria possível qualquer tipo de limitação do Estado.[39] Tem-se como fundamento dois elementos, a especialização funcional e a independência orgânica. Aquela significa atribuir a cada órgão o dever de ser especializado no exercício de uma função: às assembleias (Congresso Nacional e Câmaras de deputados estaduais e vereadores municipais) se atribui como função típica a de legislar; ao Poder Executivo a função típica propriamente executiva; ao Poder Judiciário a função jurisdicional. Esta, a especialização funcional, se traduz na necessidade de que cada órgão seja autônomo e independente dos outros, não sendo possível a instauração de normas ou atos de subordinação.

> O princípio da separação dos poderes já se encontra sugerido em Aristóteles, John Locke e Rousseau, que também conceberam uma doutrina da separação dos poderes, que, afinal, em termos diversos, veio a ser definida e divulgada por Montesquieu. Teve objetivação positiva nas Constituições das ex-colônias inglesas da América, concretizando-se em definitivo na Constituição dos Estados Unidos de 17.9.1787. Tornou-se, com a Revolução Francesa, um dogma constitucional, a ponto de o art. 16 da Declaração dos Direitos do Homem e do Cidadão de 1789 declarar que não teria constituição a sociedade que não aguardasse a separação dos poderes, tal a compreensão de que ela constituiu técnica de extrema relevância para a garantia dos Direitos do Homem, como ainda o é.[40]

Como bem explicado pela doutrina, pensadores da antiguidade já o defendiam como requisito principal do todo e qualquer Estado, especialmente o que chamamos hoje de Estado Democrático de Direito. Não há constituição senão por meio de um sistema de freios e contrapesos, técnica de notória relevância para se garantir os direitos mais básicos do ser humano e o bom funcionamento da máquina pública enquanto agente, delegado pelo povo, para gerir seus próprios interesses.

A tomada de decisão individual do juízo não respaldada em lei prévia instala obstáculo ao respeito da separação dos poderes e,

---

[39] SILVA, José Afonso da. **Curso de Direito Constitucional Positivo.** 37 ed. São Paulo: Malheiros, 2013. Pág. 108- 111.
[40] SILVA, José Afonso da. **Curso de Direito Constitucional Positivo.** 37 ed. São Paulo: Malheiros, 2013. Pág. 111.

consequentemente, à própria constituição. Se ao Poder Judiciário foi atribuída a função típica jurisdicional, não poderá então decidir independentemente de manifestação anterior do Poder Legislativo, posto que deva decidir conforme a lei e somente baseado restritivamente ao que ela ou o sistema jurídico diz. Além disso, sua inobservância retrata grande perigo à segurança jurídica, como explica a passagem seguinte.

> A corrente garantista, portanto, preocupa-se com a segurança e a estabilidade jurídica, vi- sando a produzir, pois, situações jurídicas mais previsíveis na medida em que defende que o magistrado respeite as garantias processuais e se volte para o processo, não para a querela a ser resolvida. Esse posicionamento busca a evitar que, em casos semelhantes, por diferenças de convicção dos magistrados, conduzam-se os processos de forma divergentes. Reduz, assim, a atuação de ofício do juiz, e prima pela atuação das próprias partes, concedendo a estas o protagonismo do processo.[41]

Nesse viés, a corrente garantista, em contraposição ao ativismo judicial, reflete inequivocadamente maior guarda à constituição, aos princípios constitucionais, à limitação popular do poder estatal, e à segurança jurídica.

4.3 Devido processo legal e princípios correlatos

O princípio do devido processo legal é tão importante que o surgimento da sua proteção já poderia ser encontrado na Magna Carta de 1215, do Rei João Sem Terra, citada anteriormente neste artigo. Nas palavras do próprio dispositivo legal: "Nenhum homem livre será detido ou sujeito à prisão, ou privado dos seus bens, ou colocado fora da lei, ou exilado, ou de qualquer modo molestado, e nós não procederemos nem mandaremos proceder contra ele senão *mediante um julgamento regular pelos seus pares ou de harmonia com a lei do país.*"[42]

---

[41] SILVA, José Afonso da. **Curso de Direito Constitucional Positivo.** 37 ed. São Paulo: Malheiros, 2013. Pág. 111.
[42] INGLATERRA. Magna Carta (1215). **Magda Carta Libertatum seu Concordiam inter regem Johannen at barones pro concessione libertatum ecclesiae et regni angliae.** São Paulo: Saraiva, 1999. Disponível em: http://www.

Pulando para o atual sistema jurídico brasileiro, a Constituição Federal de 1988 atribuiu relevante valor ao princípio em questão. Nesse diapasão, para alguns autores também foi intenção do constituinte originário garantir legitimidade ao Estado Democrático de Direito, por meio de assegurar o exercício dos atos estatais pelo princípio do devido processo legal.

> A Constituição brasileira de 1988 abre-se com a afirmação de se constituir como um "Estado Democrático de Direito", revelando, assim, uma constante preocupação com o exercício legítimo do Poder Público e, por isso mesmo, denotando uma forte preocupação com o pro- cesso como instituto jurídico garantidor dessa legitimidade.[43]

Como forma de conceituar o princípio do devido processo legal, deve-se dizer que é aquele pelo qual se exige de um ato jurisdicional seguir todas as etapas processuais legalmente previstas, sob pena de invalidade do ato. Dele podem ser igualmente extraídos outros subprincípios, como o contraditório, ampla defesa, direito ao recurso, juízo natural, direito ao procurador constituído etc. Todos têm como desígnio limitar a atuação estatal no âmbito processual, enquanto forma de garantir às partes do processo que o meio pelo qual será satisfeito o direito/pretensão passará pelos ditames da justiça prevista no sistema jurídico, chamada de verdade real processual.

Ele está previsto na CF/88,[44] em seu art. 5º, inc. LV, por assim dizer: "aos litigantes, em pro- cesso judicial ou administrativo, e aos acusados em geral são assegurados o contraditório e ampla defesa, com os meios e recursos a ela inerentes;".[45] Além da previsão dos artigos 7º e 8º do atual Código de Processo Civil de 2015: "É assegurada às partes paridade de tratamento em relação ao exercício de direitos e faculdades processuais, aos meios de defesa, aos ônus, aos deveres e à aplica- ção de

---

direitoshumanos.usp.br/index.php/Documentos-anteriores-%C3%A0- cria%C3%A7%C3%A3o-da-Sociedade-das-Na%C3%A7%C3%B5es-at%C3%A9-1919/magna-carta-1215-magna- charta-libertatum.html. Acesso em: 13/07/2021. (grifei)
[43] FERNANDES, Bernardo Gonçalves. **Curso de Direito Constitucional**. 9 ed. Salvador: Jus Podivm, 2017. Pág. 517.
[44] CF/88: Constituição da República Federativa do Brasil de 1988.
[45] BRASIL. Constituição (1988). **Constituição da República Federativa do Brasil**. Brasília: Senado Federal, Centro Gráfico, 1988.

sanções processuais, competindo ao juiz zelar pelo efetivo contraditório.";[46] "Ao aplicar o ordenamento jurídico, o juiz atenderá aos fins sociais e às exigências do bem comum, resguardando e promovendo a dignidade da pessoa humana e observando a proporcionalidade, a razoabilidade, a legalidade, a publicidade e a eficiência."[47]

Como anteriormente explanado, a autoridade judiciária não pode decidir conforme sua simples vontade. Deve o julgador buscar o fundamento legal de sua decisão, para então formar sua convicção a respeito do que está para decidir, não o contrário. Aquele que já tem opinião formada, e depois busca o fundamento para legitimá-la, incorre em descumprimento da constituição.

> Dessa forma, **a autoridade pública não detém poderes para com sua simples vontade dotar de existência e normatividade qualquer ato jurídico.** Todo ato então de caráter imperativo, que Fazzalari denomina de provimento (lei, ato administrativo, sentença) é produzido por um procedimento – que é tal cadeia de atos – construído por lei e estruturado logicamente. O processo, então, seria uma espécie de procedimento no qual se faz presente a figura do contraditório.[48]

Ex positis, o juiz ativista descumpre o princípio do devido processo legal e todos dele decorrentes, tal como afronta as limitações impostas ao Estado. Portanto, sua decisão é eivada de vício de constitucionalidade, por contrariar as normas presentes na constituição.

5   CONSIDERAÇÕES FINAIS

---

[46] BRASIL. Código Civil de Processo Civil (2015). Lei n. 13.105, de 16 de março de 2015. **Código de Processo Civil**. Disponível em: http://www.planalto.gov.br/ccivil_03/_ato2015-2018/2015/lei/l13105.htm. Acesso em: 13 de jul. de 2021.
[47] BRASIL. Código Civil de Processo Civil (2015). Lei n. 13.105, de 16 de março de 2015. **Código de Processo Civil**. Disponível em: http://www.planalto.gov.br/ccivil_03/_ato2015-2018/2015/lei/l13105.htm. Acesso em: 13 de jul. de 2021.
[48] FERNANDES, Bernardo Gonçalves. **Curso de Direito Constitucional**. 9 ed. Salvador: Jus Podivm, 2017. Pág. 518. (grifei)

Tendo por base a necessária imputação de limites ao Poder Judiciário, enquanto agente hermenêutico do direito, se iniciou a discussão desta pesquisa, assim também se encerra. Deve o órgão jurisdicional interpretar a norma de maneira a respeitar os princípios constitucionais historicamente construídos, sob pena de afronta direta à Constituição da República e aos princípios basilares do Estado Democrático de Direito. Nesse sentido, o ativismo judicial se encontra ameaçado. É indubitável que o legislador não conseguirá acompanhar todas as evoluções do direito e positivar - previamente - todos os futuros anseios sociais. Mas isso não legitima o juízo a criar interpretações para além da lei, tampouco *contra legem*, pois criar-se-ia lei nova, e, consequentemente, invadir-se-ia a esfera de atribuição típica do Poder Legislativo. Não poderá ser criado precedente de afronta à tripartição dos poderes, enquanto princípio fundamental da constituição, pois colocar-se-ia em xeque toda a conquista do povo, historicamente construída, contra as deliberações de um Estado opressor e autoritário.

A inércia do Poder Legislativo em regulamentar norma constitucional de eficácia limitada ou contida não é, por si só, ato omissivo inconstitucional. Ora, se o legislativo nunca conseguirá prever todas as situações fáticas futuras que deverão ser atingidas pela norma, nem conseguirá regulamentar todas as normas que exijam regulamentação específica, então a inércia do legislador em algumas situações não é nada senão esperada. Todavia, se o Poder Judiciário criar a norma ao julgar determinado caso restará inconstitucional a decisão, pois o texto constitucional não o delega tal função.

Além disso, o princípio do devido processo legal, ainda no século XIII considerado essencial, conforme a Magna Carta de 1215, não pode ser amesquinhado no século XXI. Ele garante pressupostos básicos de procedibilidade processual, ao representar o nem sempre comezinho método de se atingir a satisfação do direito, mas a melhor forma - consagrada por anos de estudos doutrinários e legislativos - de atingir o mérito questionado. Dessarte, deve o julgador se manter restrito ao método que o levará ao mérito, e não priorizar o resultado em detrimento da forma e do meio, do contrário, estaria retrocedendo quase mil anos de avanços legislativos e jurídicos.

Portanto, as decisões de um juízo ativista devem ser anuladas, por afronta à lei processual vigente e à constituição. Deve-se priorizar o garantismo jurídico, para manutenção da irrestrita aplicação da carta de direitos suprema de um país e da ordem legal vigente. A única maneira de se alcançar a maior eficácia pretendida pelo texto constitucional neoconstitucionalista é cumprindo o que a constituição prevê. Os magistrados, nesse intuito, devem ser guardiões do direito, comprometidos com a constituição e suas garantias, a todo custo.

REFERÊNCIAS

AGRA, Walber de Moura. **Curso de direito constitucional.** 4. ed. São Paulo: Editora Forense, 2008.

ALEXY, Robert. **Teoria dos Direitos Fundamentais.** 2. ed. São Paulo: Malheiros, 2014.

BEVILAQUA, Clóvis. **Código Civil dos Estados Unidos do Brasil Comentado.** V. II, 3. ed. Rio de Janeiro: Francisco Alves, 1928.

BRASIL. **Constituição.** Constituição da República Federativa do Brasil. Brasília: Senado Federal, Centro Gráfico, 1988.

BRASIL. **Código de Processo Civil.** Lei n. 13.105, de 16 de março de 2015. Disponível em: http://www.planalto.gov.br/ccivil_03/_at o2015- 2018/2015/lei/l13105.htm. Acesso em: 13 jul. 2021.

BRASIL. **Carta de Jundiaí** – Pela compreensão e concretização do Garantismo Processual. Jundiaí: Petição Pública Brasil, 2017. Disponível em: https://peticaopublica.com.br/pview.aspx?pi=BR100953. Acesso em 26 jun. 2021.

BRASIL. Supremo Tribunal Federal. Recurso Extraordinário 107.869/SP. Relator: José Celso de Mello Filho. **Diário de Justiça Eletrônico,** 21 de agosto de 1992. Disponível em: https://jurisprudencia.s tf.jus.br/pages/search?base=acordaos&sinonimo=true&plural=true&pag e=1&pageSize=10&queryString=107869&sort=_score&sortBy=desc. Acesso em: 10 jul. 2021.

CANOTILHO, J. J. Gomes, **Direito Constitucional e teoria da Constituição.** Coimbra: Livraria Almedina, 2013.

CARDOSO, Antônio Manoel Bandeira. **A Magna Carta** – conceituação e antecedentes. Brasília: R. Inf. Legisl., 1986. Disponível em: https://www2.senado.leg.br/bdsf/bitstream/handle/id/182020/000113791.pdf. Acesso em: 02 jul. 2021.

COULANGES, Fustel de. **A Cidade Antiga.** Tradução de Frederico Ozanam Pessoa de Barros. São Paulo: Editora das Américas S.A, 2006.

FERNANDES, Bernardo Gonçalves. **Curso de Direito Constitucional.** 9. ed. Salvador: Jus Podivm, 2017.

GUSTIN, Miracy Barbosa de Sousa; DIAS, Maria Tereza Fonseca. **(Re)pensando a pesquisa jurídica:** teoria e prática. 3. ed. Belo Horizonte: Del Rey, 2010.

INGLATERRA. Magna Carta (1215). **Magda Carta Libertatum seu Concordiam interregem Johannen at barones pro concessione libertatum ecclesiae et regni angliae.** São Paulo: Saraiva, 1999. Disponível em: http://www.direitoshumanos.usp.br/index.php/Documentos-anteriores-%C3%A0-cria%C3%A7%C3%A3o-da-Sociedade-das-Na%C3%A7%C3%B5es-at%C3%A9-1919/magna-carta-1215-magna-charta-libertatum.html. Acesso em: 13 jul. 2021.

LENZA, Pedro. **Direito Constitucional esquematizado.** 24. ed. São Paulo: Saraiva Educação, 2020.

LOEWENSTEIN, Karl. **Teoría de la Constitución.** 2. ed. Barcelona: Ediciones Ariel, 1970.

MAGALHÃES, Pedro Naves. **O ativismo judicial e os reflexos no processo civil.** Dissertação (Mestrado em Direito Processual) - Faculdade de Direito, Universidade de São Paulo, São Paulo, 2015. Disponível em: https://teses.usp.br/teses/disponiveis/2/2137/tde-15122015-143227/pt-br.php. Acesso em: 12 jul. 2021.

MARSHALL, William P. Conservatives and the Seven Sins of Judicial Activism. **University of Colorado Law Review.** v. 73, 2002.

ROCHA, Anacélia Santos; COSTA, Beatriz Souza et al. **O dom da produção acadêmica:** manual de normalização e metodologia de pesquisa. Belo Horizonte: Dom Helder, 2017.

SCARLET, Ingo Wolfgang. Curso de Direito Constitucional. 8. ed. São Paulo: Saraiva Jur, 2018.

SILVA, Flávio Murilo Tartuce. **Manual de direito civil:** volume único. 7. ed. São Paulo: Método, 2017.

SILVA, José Afonso da. **Aplicabilidade das normas constitucionais.** 8. ed. São Paulo: Malheiros, 2012.

SILVA, José Afonso da. Curso de Direito Constitucional Positivo. 37. ed. São Paulo: Malheiros, 2013.

TAVARES, André Ramos. **Curso de Direito Constitucional.** 18. ed. São Paulo: Saraiva Educação, 2020.

WITKER, Jorge. **Como elaborar uma tesis en derecho:** pautas metodológicas y técnicas para el estudiante o investigador del derecho. Madrid: Civitas, 1985.

RESPONSABILIDADE CIVIL MÉDICA E A INVERSÃO DO ÔNUS DA PROVA: ASPECTOS PROCESSUAIS À LUZ DO CÓDIGO DE DEFESA DO CONSUMIDOR

6

Camilla Rodrigues Cardoso
Mariza de Souza Paiva

1 CONSIDERAÇÕES INICIAIS

A inversão do ônus da prova é utilizada pelo Código de Defesa do Consumidor de 1990 como instituto auxiliar na facilitação da defesa dos direitos do consumidor. Essa aplicação se justifica pelo fato de que, comumente, os consumidores não se encontram em circunstâncias que lhes favoreçam a produção de prova técnica no decorrer da instrução processual, isto é, são hipossuficientes na relação de consumo. Nesse ponto, nota-se que quando este vínculo é observado entre paciente e médico, o aspecto da tecnicidade é facilmente identificado, em razão do conhecimento científico do profissional, o que, por seu turno, conduz as partes do processo a condições desiguais.

Neste escopo, o objeto de estudo do presente trabalho consiste na análise da aplicação da inversão do ônus da prova aos casos de responsabilidade civil médica. Afinal, é possível que ocorra a referida modificação do ônus probatório com respaldo no direito brasileiro? Em caso afirmativo, quais seriam as hipóteses cabíveis? À vista disso, o objetivo geral deste artigo é examinar os fundamentos legais existentes para que se viabilize a modificação do ônus probatório para, em seguida, confrontá-los com a sua observância no caso concreto.

De início, o artigo se propõe a estudar os deveres de conduta dos médicos durante o exercício da profissão. Em momento posterior, visa-se explorar a teoria geral da responsabilidade civil médica, com enfoque, sobretudo, em seu conceito, função basilar e pressupostos, para então adentrar em suas modalidades. Por derradeiro, passa-se ao exame do sistema probatório na responsabilização civil destes agentes, tendo como temática central a possibilidade de inversão o ônus da prova, seus requisitos e aplicação prática.

Diante disso, a metodologia adotada se restringiu à investigação da inversão do ônus da prova durante o processo de imputação de responsabilidade civil médica, considerando a relação de consumo existente entre paciente e médico. Destarte, o trabalho se pautou na pesquisa qualitativa com o emprego da técnica de pesquisa bibliográfica e documental, se baseando, fundamentalmente, no Código de Defesa do Consumidor, no Código de Processo Civil e na jurisprudência pátria concernente à responsabilidade civil médica. Outrossim, o desenvolvimento da hipótese de inversão do ônus da prova nesses casos se deu mediante a utilização do método dialético, tendo em vista que sua verificação se origina do diálogo de conceitos construídos pela doutrina e, ainda, de teses relativas aos aspectos processuais nas ações consumeristas que visam a responsabilização de profissionais da saúde.

2 A PRÁTICA MÉDICA E OS DEVERES DE CONDUTA

Indene de dúvidas que o exercício da medicina merece atenção singular quando se fala em responsabilidade civil. A prática médica relaciona-se intimamente a saúde e a vida dos seres humanos, e exige a mais precisa cautela quando da realização de qualquer intervenção, mesmo que não invasiva. Isso porque todo procedimento e tratamento guarda em si um certo risco, que precisa ser analisado e evidenciado.

Não é por outra razão que essa atividade é pautada em alguns deveres que representam importância ímpar para o desenvolvimento preventivo de danos, como é o caso do dever de informação, de vigilância e cuidado, de atualização e de abstenção de abuso.

São muitos os pontos que devem ser observados pelo profissional quando da atuação médica, no entanto, alguns desses destacam-se na medida que evidenciam o desequilíbrio técnico na relação médico-paciente. Para melhor compreensão, cada um deles será analisado cuidadosamente em apartado.

Inicialmente, cabe mencionar que o dever de informação se manifesta de diversas formas na seara médica, contudo, o enfoque que se dá ao presente trabalho é na informação alcançada pelo paciente, de forma clara e precisa, que o faça atingir um nível razoável de entendimento técnico. Cuida-se de informações que se considera fundamental ao conhecimento do paciente - *v.g.* o tipo de procedimento que será realizado, como ele será efetuado, quais riscos apresenta, quais serão os cuidados de recuperação, dentre outros.

Nos dizeres de Genival Veloso França[1]:

> É fundamental que o paciente seja informado pelo médico sobre a necessidade de determinadas condutas ou intervenções e sobre seus riscos ou suas consequências. Mesmo que o paciente seja menor de idade ou incapaz e que seus pais ou responsáveis tenham tal conhecimento, ele tem o direito de ser informado e esclarecido, principalmente a respeito das precauções essenciais. O ato médico não implica um poder excepcional sobre a vida ou a saúde do paciente. O dever de informar é imperativo como requisito prévio para o consentimento.

Ainda, mister salientar que, sob a perspectiva consumerista, o dever de informação é tratado como direito básico do consumidor, comando disposto no artigo 6º, inciso III do CDC[2], com a seguinte redação:

> Art. 6º São direitos básicos do consumidor: [...] III - a informação **adequada e clara** sobre os diferentes produtos e serviços, com **especificação correta** de quantidade, características, composição, qualidade, tributos incidentes e preço, bem como sobre os riscos que apresentem;

O dever de informação não só é imprescindível no exercício da medicina, como também evidencia que eventual dano causado ao paciente, decorrente dos riscos da intervenção efetuada, eram de

---

[1] FRANÇA, Genival Veloso de. **Direito Médico.** – 12. ed. rev., atual. e ampl. – Rio de Janeiros: Forense, 2014, p. 249.
[2] BRASIL. **Lei nº 8.078, de 11 de Setembro de 1990.** Dispõe sobre a proteção do consumidor e dá outras providências. Diário Oficial da União, Brasília, DF. Disponível em: http://www.planalto.gov.br/ccivil_03/leis/l8078.htm. Acesso em 23 jul. 2021. (grifo nosso)

conhecimento deste, protegendo-se o profissional de eventual responsabilização, como se verá no próximo tópico.

Em segundo lugar, tem-se o dever de vigilância e cuidado, que se mostra nas cautelas contínuas oferecidas pelo profissional médico, de forma integral, às necessidades clínicas do paciente.

As lições de Veloso França[3] ajudam a compreender as raízes desse dever, veja-se:

> É omisso do dever de vigilância o médico que não observa os reclamos de cada circunstância, concorrendo para a não realização do tratamento necessário, a troca de medicamento por letra indecifrável e o esquecimento de certos objetos em cirurgias. É omisso do dever de vigilância o profissional que permanece em salas de repouso limitando-se a prescrever sem ver o paciente, medicar por telefone sem depois confirmar o diagnóstico ou deixar de solicitar os exames necessários.

Frise-se que tanto a omissão como a inércia do profissional podem caracterizar a negligência do médico, fazendo-se possível a responsabilização por qualquer dano causado de forma subsequente.

Em terceiro lugar, cabe discutir o dever de atualização, que por sua vez é compreendido como o acompanhamento metodológico das novas técnicas desenvolvidas na seara médica. É cediço que, especialmente nos últimos anos, a revolução tecnológica tem se manifestado em grande peso nas mais diversas esferas da vida humana. Sendo assim, é imprescindível que o médico conduza sua atividade de forma linear com a evolução dos métodos empregados, seja no campo cirúrgico, como no profilático e procedimental.

O avanço das estratégias que envolvem o exercício da medicina promove maior segurança no cuidado da saúde e da vida do paciente. O emprego de técnicas defasadas colocam em risco o bem estar do paciente e aumentam o perigo de dano à sua integridade física ou psicológica.

Por fim, o dever de abstenção de abuso diz respeito ao dever subjetivo de cuidado exigido do "profissional médio" no exercício da medicina. Nesse viés, veda-se qualquer forma de desvio de poder, como acontece, por exemplo, no emprego de meios propedêuticos arriscados,

---

[3] FRANÇA, Genival Veloso de. **Direito Médico.** – 12. ed. rev., atual. e ampl. – Rio de Janeiros: Forense, 2014, p. 252.

em técnicas sem comprovação científica de resultado eficaz, dentro outras medidas capazes de causar qualquer tipo de dano ao paciente. Em linhas gerais, tem-se que a prática médica deve ser guiada pelo dever subjetivo de cuidado, demandando-se do médico performance dentro do esperado.

No contexto de implementação dos deveres de conduta na prática médica, é imperativo trazer à baila a noção de erro médico, definido como a forma inadequada de conduta profissional que supõe uma inobservância técnica capaz de produzir um dano à vida ou à saúde do paciente[4]. A figura do erro médico se manifesta por meio do desvio das regras de cuidado exigidas em sua especialidade[5], exigindo-se para a sua caracterização, além da conduta culposa, o dano causado ao paciente.

Caracterizado o erro médico, deverá o profissional ser responsabilizado nos termos do Código de Defesa do Consumidor, e observados, ainda, os ditames do Código Civil e do Código de Processo Civil, como se verá em seguida.

3 TEORIA GERAL DA RESPONSABILIDADE CIVIL MÉDICA

Em primeiro lugar, insta salientar que a responsabilidade civil médica é espécie do gênero "responsabilidade civil", logo, compartilha da mesma razão de ser desta. Nesse sentido, ambas surgem do princípio do *neminem laedere*, isto é, da noção de "agir de forma a não lesar os direitos de outrem"[6]. Portanto, a princípio, o respaldo legal para a responsabilização de profissionais da saúde diz respeito aos mesmos artigos que amparam a responsabilidade civil em geral, quais sejam os dispositivos legais 186 e 927 do Código Civil, os quais tratam do ato ilícito e da obrigação de indenizar, respectivamente.

---

[4] FRANÇA, Genival Veloso de. **Direito Médico**. – 12. ed. rev., atual. e ampl. – Rio de Janeiros: Forense, 2014. p. 257.
[5] FARIAS, Cristiano Chaves de; NETTO, Felipe Peixoto Braga; ROSENVALD, Nelson. **Curso de direito civil: responsabilidade civil, volume 3** – 2. ed. rev., ampl. e atual. – São Paulo: Atlas, 2015. p. 202.
[6] BRAGA NETTO, Felipe Peixoto. **Novo Manual de Responsabilidade Civil**. 2. ed. Salvador: Ed. JusPodivm, 2021. p. 98.

No entanto, apesar de apresentar alicerce comum ao seu gênero, por envolver aspectos consideravelmente peculiares, a temática referente à responsabilização de profissionais médicos é frequentemente estudada em apartado, o que contribui para a sua uniformização na prática ao desenvolver padrões de aferição e, por conseguinte, propicia a segurança jurídica deste sistema. Assim, além dos artigos supramencionados, cabe-se examinar os demais fundamentos presentes na legislação que auxiliam de maneira mais específica o regime de responsabilidade civil médica.

Nesse contexto, informa-se que tanto o Código Civil, bem como o Código de Defesa do Consumidor, possuem disposições aplicáveis à responsabilidade civil de profissionais da saúde. De início, o artigo 951 do CC/2002, estabelece que

> Art. 951. O disposto nos arts. 948, 949 e 950 aplica-se ainda no caso de indenização devida por aquele que, no exercício de atividade profissional, por negligência, imprudência ou imperícia, causar a morte do paciente, agravar-lhe o mal, causar-lhe lesão, ou inabilitá-lo para o trabalho.[7]

Dessa forma, percebe-se que o item aludido trata do tema de modo amplo, apenas se referindo à indenização diante de danos causados ao paciente por culpa do profissional. Logo, embora não se verifique maiores determinações, já se observa a exigência de negligência, imprudência ou imperícia na conduta do agente.

Nessa linha de intelecção, define o artigo 14, §4°, do Código de Defesa do Consumidor que "A responsabilidade pessoal dos profissionais liberais será apurada mediante a verificação de culpa".[8] À vista disso, resta evidente a adoção da teoria subjetiva da responsabilidade pelo ordenamento jurídico. Portanto, os pressupostos da responsabilidade civil identificados por Farias *et al.*[9] como o ato ilícito,

---

[7] BRASIL. Lei n° 10.406 de 10 de janeiro de 2002. **Código Civil**. Disponível em: http://www.planalto.gov.br/ccivil_03/leis/2002/l10406compilada.htm. Acesso em: 22 jul. 2021.
[8] BRASIL. Lei n° 8.078 de 11 de setembro de 1990. **Dispõe sobre a proteção do consumidor e dá outras providências**. Disponível em: http://www.planalto.gov.br/ccivil_03/leis/l8078compilado.htm. Acesso em: 23 jul 2021.
[9] FARIAS, Cristiano Chaves de; NETTO, Felipe Peixoto Braga; ROSENVALD, Nelson. **Curso de direito civil:** responsabilidade civil, volume 3 – 2. ed. rev., ampl. e atual. – São Paulo: Atlas, 2015.

a culpa, o dano e o nexo causal são os mesmos necessários para a responsabilização dos profissionais médicos.

Outrossim, ainda que o CC/2002 disponha acerca da responsabilidade civil de forma genérica, o entendimento consolidado pela jurisprudência pátria foi de prevalência do CDC nas hipóteses de responsabilidade médica, como se verifica nos seguintes julgados:

> APELAÇÃO CÍVEL. AÇÃO DE INDENIZAÇÃO. **ERRO MÉDICO. INCIDÊNCIA DO CDC.** RESPONSABILIDADE CIVIL SUBJETIVA. OBRIGAÇÃO DE MEIO. PERÍCIA AFASTA A EXISTÊNCIA DE ELEMENTOS CONFIGURADORES DA RESPONSABILIDADE DO MÉDICO APELADO. MANUTENÇÃO DA SENTENÇA. - **A relação entre as partes é regida pelas normas do Código de Defesa do Consumidor**, visto que a autora/apelante foi atendida pelo demandado através de convênio médico. - Consoante o art. 14, §4º, do CDC, a responsabilidade dos médicos é subjetiva, necessitando a comprovação de culpa, além da presença dos demais requisitos da responsabilidade civil, quais sejam conduta ilícita, dano e nexo causal. – [...]. RECURSO CONHECIDO E DESPROVIDO.[10]

> AGRAVO DE INSTRUMENTO. AÇÃO DE INDENIZAÇÃO POR DANOS MATERIAIS E MORAIS. FALHA NA PRESTAÇÃO DE SERVIÇO. POSSÍVEL **ERRO MÉDICO**. FALECIMENTO DA ESPOSA DO AUTOR APÓS ATENDIMENTO MÉDICO. DENUNCIAÇÃO À LIDE DOS PROFISSIONAIS ESPECIALIZADOS. DESNECESSIDADE. **INCIDÊNCIA DO CÓDIGO DE DEFESA DO CONSUMIDOR.** PRECEDENTES DO STJ. TRATANDO-SE DE RELAÇÃO JURÍDICA DE CARÁTER CONSUMERISTA NÃO É CABÍVEL A DENUNCIAÇÃO À LIDE, CONFORME DISPÕE O ART. 88, DO CDC. RECURSO CONHECIDO E IMPROVIDO. DECISÃO MANTIDA. [...] ACÓRDÃO: Vistos, relatados e discutidos estes autos, acorda a 2ª Câmara Direito Privado do Tribunal de Justiça do Estado do Ceará,

---

[10] BRASIL. TJAM. Apelação Cível nº 0619654-79.2013.8.04.0001. Relator Ari Jorge Moutinho da Costa. DJ: 30/09/2019. Disponível em: https://tj-am.jusbrasil .com.br/jurisprudencia/764682556/apelacao-civel-ac-6196547920138040001-am-0619654-7920138040001. Acesso em: 22 jul. 2021. (Grifos nossos)

unanimemente, conhecer e negar provimento ao recurso interposto, nos termos do voto da relatora.[11]

Portanto, conforme se nota nas referidas ementas, não há dúvidas quanto à existência de relação de consumo entre médico e paciente e, por conseguinte, da sujeição à legislação consumerista. Nesse ponto, elenca Braga Netto[12] diversos benefícios para o paciente quanto à incidência do CDC, dos quais se destacam a opção conferida ao autor de propor a ação no foro de seu domicílio, o prazo prescricional superior ao previsto no Código Civil e, por fim, a questão mais relevante para este estudo, a possibilidade de inversão do ônus probatório.

Destarte, identificados os pressupostos de imputação, os fundamentos legais e o regime aplicável à relação que vincula paciente e profissional da saúde, se faz mister analisar as modalidades de responsabilidade civil médica. Isto porque tal aspecto é capaz influenciar no litígio que visa a responsabilização do profissional, bem como no momento de instrução processual.

4 MODALIDADES DA RESPONSABILIDADE CIVIL MÉDICA

A partir da identificação do preceito legal infringido relativo ao dano causado e, consequentemente, ao dever de repará-lo, é que surge a divisão da responsabilidade civil em contratual e extracontratual. A esse respeito, Pablo Stolze e Rodolfo Pamplona[13] lecionam que "se o prejuízo decorre diretamente da violação de um mandamento legal, por força da atuação ilícita do agente infrator [...] estamos diante da responsabilidade extracontratual". Já na hipótese de descumprimento de obrigação prevista

---

[11] BRASIL. TJCE. Agravo de Instrumento nº 0621594-18.2019.8.06.0000. Relatora Maria de Fátima de Melo Loureiro. DJ: 23/10/2019. Disponível em: https://tj-ce.jusbrasil.com.br/jurisprudencia/772499807/agravo-de-instrumento-ai-6215941820198060000-ce-0621594-1820198060000. Acesso em: 23 jul. 2021. (Grifos nossos)
[12] BRAGA NETTO, *op. cit.*, p. 732.
[13] GAGLIANO, Pablo Stolze; PAMPLONA FILHO, Rodolfo. **Novo curso de direito civil**, volume 3: responsabilidade civil. – 10. ed. rev., atual. e ampl. São Paulo: Saraiva, 2012. p.62.

em contrato firmado anteriormente à ocorrência do dano, estar-se-á diante de responsabilidade civil contratual, conforme o autor supracitado. Neste escopo, questiona-se qual seria a natureza da responsabilidade civil médica, levando em consideração a norma jurídica violada pelo profissional da saúde ao gerar dano ao paciente. Acerca desta temática, defende Carlos Roberto Gonçalves[14] que, na atualidade, seguramente, a referida responsabilidade se reveste de caráter contratual, tendo em vista a inexecução de uma obrigação pelo médico ao não empenhar todos os esforços possíveis para o tratamento do paciente.

No mesmo sentido, Braga Netto[15] explica que, geralmente, a responsabilização dos profissionais da saúde será de cunho contratual, considerando a existência de um contrato prévio na maioria dos casos, a exemplo do firmado com o plano de saúde ou com o próprio médico. Ainda nessa perspectiva, Italo Alexandre Chi evidencia a referida natureza, uma vez que, "quando um médico atende a um cliente está ocorrendo a celebração de um verdadeiro contrato".[16] Portanto, nota-se o entendimento majoritário acerca do caráter contratual da responsabilização desses profissionais liberais.

Nesse sentido, explica-se que em se tratando de responsabilidade contratual, a partir da demonstração do descumprimento do contrato, o ônus probatório, em geral, recairá sobre o devedor, o qual deverá comprovar que não houve culpa em sua conduta ou, ainda, apresentar a ocorrência de alguma excludente de ilicitude (caso fortuito, força maior, fato de terceiro ou culpa exclusiva da vítima). Todavia, diante de responsabilidade extracontratual, também denominada aquiliana, suportará a vítima o encargo de demonstrar a culpa por parte do agente que deu causa ao evento danoso.[17]

Contudo, é imperioso destacar que, "para o cliente é limitada a vantagem da concepção contratual da responsabilidade médica, porque o

---

[14] GONÇALVES, Carlos Roberto. **Direito civil brasileiro,** volume 4: responsabilidade civil. – 7. ed. São Paulo: Saraiva, 2012. p. 239.
[15] BRAGA NETTO, *op. cit.*, p. 728.
[16] CHI, Italo Alexandre. **A inversão do ônus da prova na responsabilidade civil médica.** Monografia (Graduação em Direito) – Setor de Ciências Jurídicas da Universidade Federal do Paraná. Paraná, 2001, p. 18.
[17] *Ibid.*, p.12.

fato de não obter a cura do doente não importa reconhecer que o médico foi inadimplente."[18]

Nesse cenário, urge a identificação da obrigação médica como de meio ou de resultado, já que esta classificação influencia diretamente na distribuição do ônus probatório na demanda atinente à responsabilidade de profissionais da área da saúde. A esse respeito, tem-se que as obrigações de meio se referem às situações em que o devedor não garante o resultado desejado, mas tão somente que irá fazer uso da prudência e da diligência habituais para a realização de sua atividade. Em contrapartida, as obrigações de resultado correspondem àquelas em que o prestador de serviços se vincula à concretização do resultado almejado pelo credor, ou seja, haverá a responsabilidade do devedor caso este não atinja o fim ao qual se comprometeu.[19]

No tocante à tal divisão na responsabilidade civil médica, entende-se que, em regra, os profissionais não se sujeitam à efetivação de determinado resultado, isto é, assumem apenas obrigações de meio. Sobre o tema, Carlos Roberto Gonçalves[20] informa que

> O objeto do contrato médico não é a cura, obrigação de resultado, mas a prestação de cuidados conscienciosos, atentos, e, salvo circunstâncias excepcionais, de acordo com as aquisições da ciência. Comprometem-se os médicos a tratar o cliente com zelo, utilizando-se dos recursos adequados, não se obrigando, contudo, acurar o doente. Serão, pois, civilmente responsabilizados somente quando ficar provada qualquer modalidade de culpa: imprudência, negligência ou imperícia.

Entretanto, vale ressaltar que, excepcionalmente, a obrigação dos médicos poderá ser de resultado, visto que eles se comprometem a alcançar determinadas finalidades em alguns casos, o que atuará substancialmente em sua eventual responsabilização civil. A título de exemplo, Farias et al.[21] trazem à baila as cirurgias plásticas com fins estéticos, as operações odontológicas, os exames de Raio X e, ainda, as

---

[18] GONÇALVES, Carlos Roberto, op. cit., p. 239.
[19] GAGLIANO, Pablo Stolze; PAMPLONA FILHO, Rodolfo, op. cit., p. 303.
[20] GONÇALVES, Carlos Roberto, op. cit., p. 239-240.
[21] FARIAS, Cristiano Chaves de; NETTO, Felipe Peixoto Braga; ROSENVALD, Nelson, op. cit., p. 768-769.

transfusões de sangue. Portanto, nessas hipóteses, é possível afirmar que, além do emprego das técnicas existentes de forma diligente durante a prestação dos serviços médicos, o profissional também se compromete a atingir o resultado esperado pelo paciente.

Nesse contexto, informa-se que nas situações supramencionadas, diversamente do observado nas obrigações de meio, o médico responderá sempre que não obter o resultado ao qual se vinculou, já que tal insucesso exprime que a prestação não foi cumprida. No que tange à distribuição do ônus probatório em face do inadimplemento das obrigações de resultado, Flávio Tartuce elucida que "Aqueles que assumem obrigação de resultado respondem independentemente de culpa ou por culpa presumida, invertendo-se o ônus da prova nos dois casos, conforme já entendiam doutrina e jurisprudência muito antes da entrada em vigor do Código Civil de 2002."[22]

Como se observa no trecho acima, o autor faz menção tanto à teoria da responsabilidade objetiva ao utilizar a expressão "independentemente de culpa", bem como à teoria da presunção de culpa. Isto porque, de acordo com o mesmo doutrinador, houve oscilações na jurisprudência pátria ao longo dos anos acerca de qual tese seria adotada na responsabilização por descumprimento de obrigações de resultado na área médica. Não obstante, pode-se afirmar que a tendência atual dos tribunais caminha no sentido de reconhecimento da responsabilidade subjetiva em razão da culpa presumida dos profissionais, ou seja, conserva-se a necessidade de demonstração do elemento culpa. Nessa linha de raciocínio, apresenta-se os seguintes julgados:

> DIREITO CIVIL. RESPONSABILIDADE CIVIL DO MÉDICO. CIRURGIA PLÁSTICA. **OBRIGAÇÃO DE RESULTADO.** SUPERVENIÊNCIA DE PROCESSO ALÉRGICO. CASO FORTUITO. ROMPIMENTO DO NEXO DE CAUSALIDADE.
> [...].
> **2. Em procedimento cirúrgico para fins estéticos, conquanto a obrigação seja de resultado, não se vislumbra responsabilidade objetiva pelo insucesso da cirurgia, mas mera presunção de culpa médica, o que importa a inversão**

---

[22] TARTUCE, Flávio. Manual de responsabilidade civil: volume único. Rio de Janeiro: Forense. São Paulo: Método, 2018. p. 877.

do ônus da prova, cabendo ao profissional elidi-la de modo a exonerar-se da responsabilidade contratual pelos danos causados ao paciente, em razão do ato cirúrgico.
3. No caso, o Tribunal a quo concluiu que não houve advertência a paciente quanto aos riscos da cirurgia, e também que o médico não provou a ocorrência de caso fortuito, tudo a ensejar a aplicação da súmula 7/STJ, porque inviável a análise dos fatos e provas produzidas no âmbito do recurso especial.
4. Recurso especial não conhecido.²³

APELAÇÃO. ERRO MÉDICO. CIRURGIA PLÁSTICA (COM FINALIDADE EXCLUSIVAMENTE ESTÉTICA). [...]
(2) DA RESPONSABILIDADE CIVIL POR ERRO MÉDICO: Verificada. Obrigação de resultado (não de meio). Pacífico o nexo causal entre a cirurgia e as deformidades apresentada pela paciente. Demonstração clara nos autos do resultado cirúrgico insatisfatório, a despeito da conclusão do laudo pericial pelo emprego da boa técnica. Prova técnica colocada em suspeita não apenas por suas incongruências flagrantes, mas também pelo fato do perito ter sido processado e condenado por práticas da mesma estirpe. **Além disso, embora a obrigação de resultado não torne a responsabilidade do médico objetiva, acaba por influenciar o ônus da prova, de sorte que impõe ao médico o ônus de demonstrar sua retidão técnica de conduta profissional e a inquestionável imprevisibilidade do insucesso cirúrgico, por fatores externos imprevisíveis.** Parte ré que não se desincumbiu desse ônus. Responsabilidade civil verificada. Dever de indenizar presente, tanto pelos custos dos procedimentos reparatórios, quanto pelos danos de índole estética e moral. Condenações bem dosadas em Primeiro Grau e, assim, mantidas por esta Corte. Sentença correta e, por isso, confirmada. [...]²⁴

---

²³ BRASIL. STJ. Recurso Especial nº 985.888/SP. Relator Ministro Luis Felipe Salomão. DJ: 16/02/2012. Disponível em: https://scon.stj.jus.br/SCON/jurisprudencia/doc.jsp?livre=ERRO+M%C9DICO+RESPONSABILIDADE+OBJETIVA+CIRURGIA+PL%C1STICA&b=ACOR&p=true&thesaurus=JURIDICO&l=10&i=2&operador=e&tipo_visualizacao=RESUMO. Acesso em: 26 jul. 2021. (Grifos nossos)
²⁴ BRASIL. TJSP. Apelação Cível nº 1053607-09.2017.8.26.0100. Relatora: Beretta da Silveira. DJ: 27/07/2021. Disponível em: https://esaj.tjsp.jus.br/cjsg/resultadoCompleta.do;jsessionid=4DBAFFC963E647D529506BEE43AD7628.cjsg3. Acesso em: 26 jul. 2021. (Grifos nossos)

Em síntese, observa-se que, em regra, a responsabilidade civil dos médicos é de natureza contratual e a obrigação assumida por eles é de meio. Dentre as principais consequências destas constatações, se destacam o ônus probatório imposto ao autor de demonstrar o descumprimento da obrigação pelo profissional e, ainda, a tendência atual pela aplicação da teoria subjetiva ao regime de responsabilização, mesmo nos casos de obrigação de resultado.

5 DELINEAMENTOS ACERCA DO SISTEMA PROBATÓRIO NA RESPONSABILIDADE CIVIL MÉDICA

Como já explanado, a configuração da Responsabilidade Civil do Médico guia-se pelo nexo causal entre a conduta, dolosa ou culposa, que causa danos à saúde ou à vida do paciente. Entretanto, a caracterização dessa responsabilidade é muito mais difícil do que aparenta ser.

Em se tratando de uma área pouco conhecida, em seus aspectos técnicos pelos profissionais do direito, a análise de eventual erro médico exige do aplicador jurídico extrema cautela. Nesse ínterim, a prova é o instrumento fundamental por meio do qual evidencia-se a razão do dano.

Sob a perspectiva processualista, Humberto Theodoro Júnior entende que o conceito de prova abarca dois sentidos: (a) objetivo; e (b) subjetivo.

Na visão do autor, o conceito objetivo define prova como instrumento ou meio hábil para demonstrar a existência de um fato. Já pela noção subjetiva, tem-se que a prova é a certeza originada quanto ao fato, em virtude da produção do instrumento probatório[25].

Em sentido semelhante, Alexandre Freitas Câmara entende como prova: "todo elemento trazido ao processo para contribuir com a formação do convencimento do juiz a respeito da veracidade das alegações concernentes aos fatos da causa"[26].

---

[25] THEODORO JÚNIOR, Humberto. Curso de Direito Processual Civil – **Teoria geral do direito processual civil, processo de conhecimento e procedimento comum** – vol. I – 56. ed. rev., atual. e ampl. – Rio de Janeiro: Forense, 2015. p. 859.
[26] CÂMARA, Alexandre Freitas. **O novo processo civil brasileiro** – 3. ed. – São Paulo: Atlas, 2017. p. 200.

Em verdade, a prova tem como finalidade precípua o convencimento do magistrado acerca dos fatos alegados. A veracidade dessas alegações conduz ao pleno fundamento da pretensão visada pelo Autor no momento de interposição da ação, possibilitando, assim, a procedência dos pedidos feitos na inicial.

Nos termos do artigo 373, inciso I e II do Código de Processo Civil, recai sobre o autor da ação o ônus de provar os fatos constitutivos de seu direito, enquanto incumbe ao réu a prova quanto à existência de fato impeditivo, modificativo ou extintivo do direito do autor[27].

Nos dizeres de Humberto Theodoro Júnior[28]:

> O ônus da prova refere-se à atividade processual de pesquisa da verdade acerca dos fatos que servirão de base ao julgamento da causa. Aquele a quem a lei atribui o encargo de provar certo fato, se não exercitar a atividade que lhe foi atribuída, sofrerá o prejuízo de sua alegação não ser acolhida na decisão judicial. Não há um dever de provar, nem à parte contrária assiste o direito de exigir a prova do adversário. Há um simples ônus, de modo que o litigante assume o risco de perder a causa se não provar os fatos alegados dos quais depende a existência do direito subjetivo que pretende resguardar por meio da tutela jurisdicional. Isso porque, segundo máxima antiga, fato alegado e não provado é o mesmo que fato inexistente.

Ao contrário do que se possa pensar à primeira vista, o ônus da prova não é considerado como um imperativo imposto às partes, mas sim como um encargo de grande valia para consolidar as afirmações feitas a fim de defender a pretensão desejada.

A despeito da previsão do artigo mencionado, o §1º prevê a possibilidade de o juiz atribuir o ônus da prova de modo diverso, nos casos previstos em lei ou diante de peculiaridades da causa. A essa atribuição dá-se o termo "inversão do ônus da prova" que poderá ser *"ope legis"*, quando derivar diretamente de uma lei, ou *"ope judicis"*, em razão

---

[27] BRASIL. Lei 13.105, de 16 de março de 2015. **Código de Processo Civil**. Disponível em: http://www.planalto.gov.br/ccivil_03/_Ato2015-2018/2015/Lei/L13105.htm. Acesso em: 28 jul. 2021.
[28] THEODORO JÚNIOR, Humberto. Curso de Direito Processual Civil – **Teoria geral do direito processual civil, processo de conhecimento e procedimento comum** – vol. I – 56. ed. rev., atual. e ampl. – Rio de Janeiro: Forense, 2015. p. 879.

da determinação do juízo, levando-se em consideração as circunstâncias do caso concreto.

Registre-se que a inversão do ônus da prova não se confunde com a teoria da distribuição dinâmica da carga probatória. Essa teoria, que surgiu na argentina e teve como precursor o professor e jurista Jorgen W. Peryano, defende a necessidade de analisar as peculiaridades do caso para se aferir qual das partes revelaria as melhores condições de produzir as provas[29]. Lado outro, a inversão do ônus da prova poderá advir tanto de determinação do magistrado, quanto do comando imperativo de uma norma.

Ao ensejo da inversão *ope legis*, chama a atenção a determinação do artigo 6º, inciso VIII do Código de Defesa do Consumidor[30], que dispõe:

> Art. 6º São direitos básicos do consumidor: [...] VIII - a facilitação da defesa de seus direitos, inclusive com a inversão do ônus da prova, a seu favor, no processo civil, quando, a critério do juiz, for verossímil a alegação ou quando for ele hipossuficiente, segundo as regras ordinárias de experiências;

Na esteira de implemento do CDC, o objetivo primeiro do legislador foi o reestabelecimento do equilíbrio da relação de consumo. Nesta senda, a inversão do ônus da prova demonstra-se como medida facilitadora da defesa processual do consumidor, considerado como o polo mais frágil da relação.

Contudo, ainda cabe ao magistrado a análise acerca da verossimilhança das alegações e da hipossuficiência do consumidor.

Sérgio Cavalieri Filho[31] explica que verossímil é aquilo que é crível ou aceitável em face de uma realidade fática, não se tratando de

---

[29] NOGUEIRA, Ana Cris de Oliveira. **A Teoria da Carga Dinâmica da Prova: flexibilização das regras de distribuição do ônus da prova.** Trabalho de conclusão de curso de pós-graduação Lato Sensu da Escola da Magistratura do Estado do Rio de Janeiro em Direitos Processual Civil. EMERJ.2013.
[30] BRASIL. **Lei nº 8.078, de 11 de Setembro de 1990.** Dispõe sobre a proteção do consumidor e dá outras providências. Diário Oficial da União, Brasília, DF. Disponível em: http://www.planalto.gov.br/ccivil_03/leis/l8078.htm. Acesso em: 28 jul. 2021.
[31] Cavalieri Filho, Sérgio. **Programa de Direito do Consumidor.** 5. Ed. São Paulo: Atlas, 2019. p. 132

prova robusta e definitiva, mas de indícios de verossimilhança, que permite um juízo de probabilidade.

A hipossuficiência, por sua vez, relaciona-se a condições de carência cultural, material ou ambos[32], capazes de conduzir à impossibilidade de realização de prova técnica durante a instrução processual.

Assentadas essas noções, é certo afirmar que a despeito da flexibilização trazida pelo Código de Defesa do Consumidor, no que toca a inversão do ônus da prova, o enquadramento dessas situações ao contexto fático se faz fundamental. Diante disso, a doutrina e a jurisprudência majoritária no Brasil entendem que, uma vez guiada sob os ditames do Código de Defesa do Consumidor, a relação médico-paciente que versa sobre as obrigações de meio deve seguir as diretrizes assinaladas para que se faça possível a inversão do ônus da prova.

Por essa trilha, o Superior Tribunal de Justiça entende que: "No caso das obrigações de meio, à vítima incumbe, mais do que demonstrar o dano, provar que este decorreu de culpa por parte do médico"[33]. Evidentemente, como já explanado, o cumprimento dos deveres de conduta é de extrema importância para que o profissional possa comprovar o fato modificativo ou extintivo do direito de quem alega a ocorrência de erro médico.

Nesta mesma decisão, contudo, o Superior Tribunal de Justiça consolidou entendimento diverso no que tange às obrigações de resultado:

> CIVIL. PROCESSUAL CIVIL. RECURSO ESPECIAL. RESPONSABILIDADE CIVIL.
> NULIDADE DOS ACÓRDÃOS PROFERIDOS EM SEDE DE EMBARGOS DE DECLARAÇÃO NÃO

---

[32] Cavalieri Filho, Sérgio. **Programa de Direito do Consumidor**. 5. Ed. São Paulo: Atlas, 2019. p. 69

[33] REsp 236.708/MG, Rel. Ministro CARLOS FERNANDO MATHIAS (JUIZ FEDERAL CONVOCADO DO TRF 1ª REGIÃO), QUARTA TURMA, julgado em 10/02/2009, DJe 18/05/2009. Disponível em: https://scon.stj.jus.br/SCON/ju risprudencia/toc.jsp?livre=INVERS%C3O+%D4NUS++PROVA+RESPONSA BILIDADE+M%C9DICA+OBRIGA%C7%C3O+MEIO&b=ACOR. Acesso em: 31 jul. 2021.

> CONFIGURADA. CIRURGIA PLÁSTICA ESTÉTICA. OBRIGAÇÃO DE RESULTADO. DANO COMPROVADO. PRESUNÇÃO DE CULPA DO MÉDICO NÃO AFASTADA. PRECEDENTES.
> (...)
> 2. A obrigação assumida pelo médico, normalmente, é obrigação de meios, posto que objeto do contrato estabelecido com o paciente não é a cura assegurada, mas sim o compromisso do profissional no sentido de um prestação de cuidados precisos e em consonância com a ciência médica na busca pela cura.
> (...)
> 4. (...) Já nas **obrigações de resultado**, como a que serviu de origem à controvérsia, **basta que a vítima demonstre, como fez, o dano** (que o médico não alcançou o resultado prometido e contratado) **para que a culpa se presuma**, havendo, destarte, **a inversão do ônus da prova**.
> 5. Não se priva, assim, o médico da possibilidade de demonstrar, pelos meios de prova admissíveis, que o evento danoso tenha decorrido, por exemplo, de motivo de força maior, caso fortuito ou mesmo de culpa exclusiva da "vítima" (paciente).[34]

Constata-se, portanto, que nas obrigações de meio, o ônus de provar a veracidade dos fatos alegados recairá sobre o autor (paciente), salvo quando demonstrada a verossimilhança das alegações ou quando for esse hipossuficiente. De forma contrária, no entanto, nas obrigações de resultado caberá ao médico demonstrar que agiu com a devida diligência e perícia esperada, valendo-se assim da presunção de culpa.

Salienta-se, por fim, que o objetivo visado pela inversão do ônus da prova, sob a perspectiva consumerista, é justamente a facilitação da defesa processual do consumidor, sendo assim, essa deverá ocorrer, preferencialmente, na fase de saneamento do processo ou, pelo menos,

---

[34] REsp 236.708/MG, Rel. Ministro CARLOS FERNANDO MATHIAS (JUIZ FEDERAL CONVOCADO DO TRF 1ª REGIÃO), QUARTA TURMA, julgado em 10/02/2009, DJe 18/05/2009. Disponível em: https://scon.stj.jus.br/SCON/ju risprudencia/toc.jsp?livre=INVERS%C3O+%D4NUS++PROVA+RESPONSA BILIDADE+M%C9DICA+OBRIGA%C7%C3O+MEIO&b=ACOR. Acesso em: 31 jul. 2021. (grifos nossos)

assegurando-se à parte a quem não incumbia inicialmente o encargo, reabertura de oportunidade para apresentação de provas[35].

6 CONSIDERAÇÕES FINAIS

Ao ensejo do desenvolvimento deste trabalho, infere-se a possibilidade de inversão do ônus da prova nos casos em que se discute a responsabilidade civil médica.

Incialmente, teceu-se breves considerações acerca dos deveres de conduta dos médicos, reconhecidos como regras imperativas e fundamentais à atenuação dos danos inerentes a essa atividade.

Em ato contínuo, verificou-se que o descumprimento dessas regras, ante a eclosão de dano, conduz à caracterização do erro médico, devendo o agente causador do evento danoso ser responsabilizado civilmente.

Nesse contexto, viu-se que a responsabilidade civil médica possui natureza subjetiva, ou seja, depende da comprovação de dolo ou culpa do agente. Outrossim, percebeu-se, igualmente, que a relação médico-paciente se estrutura sob a perspectiva consumerista, considerando-se a prestação de serviço e a qualificação do médico como profissional liberal, nos termos do artigo 14, §4º do Código de Defesa do Consumidor.

À vista disso, constatou-se que, a despeito das disposições do Código de Processo Civil, a inversão do *onus probandi* será possível ante a apuração de verossimilhanças das alegações ou da hipossuficiência do consumidor, conforme ditames do artigo 6º, inciso VIII do CDC.

Por fim, se fez mister mencionar a tendência doutrinária e jurisprudencial de aplicar a regra do artigo retro mencionado aos casos que envolvem obrigações de meio, ou seja, aquelas em que o devedor não garante atingir o resultado pretendido. Lado outro, nota-se que, no que tange às obrigações de resultado, nas quais o médico se compromete a apresentar determinado resultado, recai sobre esse profissional o ônus de

---

[35] REsp 802.832/MG, Rel. Ministro PAULO DE TARSO SANSEVERINO, SEGUNDA SEÇÃO, julgado em 13/04/2011, DJe 21/09/2011. Disponível em: https://processo.stj.jus.br/processo/pesquisa/?src=1.1.3&aplicacao=processos.ea&tipoPesquisa=tipoPesquisaGenerica&num_registro=200502038653. Acesso em: 31 jul. 2021.

provar que agiu com a devida diligência e perícia para promover o adimplemento da obrigação.

REFERÊNCIAS

BRAGA NETTO, Felipe Peixoto. **Novo Manual de Responsabilidade Civil**. 2. ed. Salvador: Ed. JusPodivm, 2021.

BRASIL. Lei nº 8.078, de 11 de Setembro de 1990. **Dispõe sobre a proteção do consumidor e dá outras providências.** Diário Oficial da União, Brasília, DF. Disponível em: http://www.planalto.gov.br/ccivil_0 3/leis/l8078.htm. Acesso em 28 jul. 2021.

BRASIL. Lei nº 10.406 de 10 de janeiro de 2002. **Código Civil**. Disponível em: http://www.planalto.gov.br/ccivil_03/leis/2002/l10406c ompilada.htm. Acesso em: 22 jul. 2021.

BRASIL. Lei 13.105, de 16 de março de 2015. **Código de Processo Civil**. Disponível em: http://www.planalto.gov.br/ccivil_03/_Ato2015-2018/2015/Lei/L13105.htm. Acesso em: 28 jul. 2021.

BRASIL. STJ. Recurso Especial nº 236.708/MG, Rel. Ministro CARLOS FERNANDO MATHIAS (JUIZ FEDERAL CONVOCADO DO TRF 1ª REGIÃO), QUARTA TURMA, julgado em 10/02/2009, DJe 18/05/2009. Disponível em: https://scon.stj.jus.br/SCON/jurisprudencia/ toc.jsp?livre=INVERS%C3O+%D4NUS++PROVA+RESPONSABILI DADE+M%C9DICA+OBRIGA%C7%C3O+MEIO&b=ACOR. Acesso em: 31 Jul. 2021.

BRASIL. STJ. Recurso Especial nº 802.832/MG, Rel. Ministro PAULO DE TARSO SANSEVERINO, SEGUNDA SEÇÃO, julgado em 13/04/2011, DJe 21/09/2011. Disponível em: https://processo.stj.jus.br/p rocesso/pesquisa/?src=1.1.3&aplicacao=processos.ea&tipoPesquisa=tip oPesquisaGenerica&num_registro=200502038653. Acesso em: 31 jul. 2021.

BRASIL. STJ. Recurso Especial nº 985.888/SP. Relator Ministro Luis Felipe Salomão. DJ: 16/02/2012. Disponível em: https://scon.stj.jus.br/S CON/jurisprudencia/doc.jsp?livre=ERRO+M%C9DICO+RESPONSA BILIDADE+OBJETIVA+CIRURGIA+PL%C1STICA&b=ACOR&p=t

rue&thesaurus=JURIDICO&l=10&i=2&operador=e&tipo_visualizacao
=RESUMO. Acesso em: 26 jul. 2021.

BRASIL. TJAM. Apelação Cível n° 0619654-79.2013.8.04.0001. Relator Ari Jorge Moutinho da Costa. DJ: 30/09/2019. Disponível em: https://tj-am.jusbrasil.com.br/jurisprudencia/764682556/apelacao-civel-ac-6196547920138040001-am-0619654-7920138040001. Acesso em: 22 jul. 2021.

BRASIL. TJCE. Agravo de Instrumento n° 0621594-18.2019.8.06.0000. Relatora Maria de Fátima de Melo Loureiro. DJ: 23/10/2019. Disponível em: https://tj-ce.jusbrasil.com.br/jurisprudencia/772499807/agravo-de-instrumento-ai-6215941820198060000-ce-0621594-1820198060000. Acesso em: 23 jul. 2021.

BRASIL. TJSP. Apelação Cível n° 1053607-09.2017.8.26.0100. Relatora: Beretta da Silveira. DJ: 27/07/2021. Disponível em: https://esaj.tjsp.jus.br/cjsg/resultadoCompleta.do;jsessionid=4DBAFFC963E647D529506BEE43AD7628.cjsg3. Acesso em: 26 jul. 2021.

CÂMARA, Alexandre Freitas. **O novo processo civil brasileiro** – 3. ed. – São Paulo: Atlas, 2017.

CHI, Italo Alexandre. **A inversão do ônus da prova na responsabilidade civil médica.** Monografia (Graduação em Direito) – Setor de Ciências Jurídicas da Universidade Federal do Paraná. Paraná, 2001.

Cavalieri Filho, Sérgio. **Programa de Direito do Consumidor.** 5. Ed. São Paulo: Atlas, 2019.

FRANÇA, Genival Veloso de. **Direito Médico.** – 12. ed. rev., atual. e ampl. – Rio de Janeiro: Forense, 2014.

FARIAS, Cristiano Chaves de; NETTO, Felipe Peixoto Braga; ROSENVALD, Nelson. **Curso de direito civil: responsabilidade civil, volume 3** – 2. ed. rev., ampl. e atual. – São Paulo: Atlas, 2015.

GAGLIANO, Pablo Stolze; PAMPLONA FILHO, Rodolfo. **Novo curso de direito civil**, volume 3: responsabilidade civil. – 10. ed. rev., atual. e ampl. São Paulo: Saraiva, 2012.

GONÇALVES, Carlos Roberto. **Direito civil brasileiro,** volume 4: responsabilidade civil. – 7. ed. São Paulo: Saraiva, 2012.

NOGUEIRA, Ana Cris de Oliveira. **A Teoria da Carga Dinâmica da Prova: flexibilização das regras de distribuição do ônus da prova.** Trabalho de conclusão de curso de pós-graduação Lato Sensu da Escola da Magistratura do Estado do Rio de Janeiro em Direitos Processual Civil. EMERJ. 2013.

TARTUCE, Flávio. **Manual de responsabilidade civil**: volume único. Rio de Janeiro: Forense. São Paulo: Método, 2018.

THEODORO JÚNIOR, Humberto. Curso de Direito Processual Civil – **Teoria geral do direito processual civil, processo de conhecimento e procedimento comum** – vol. I – 56. ed. rev., atual. e ampl. – Rio de Janeiro: Forense, 2015.

STALKING E RESPONSABILIDADE CIVIL: TUTELA GERAL DOS DIREITOS DA PERSONALIDADE NA SOCIEDADE CONTEMPORÂNEA DOS DANOS

7

Mathaus Miranda Maciel
Vinícius Gurgel Araújo

1 CONSIDERAÇÕES INICIAIS

O estudo proposto apresenta como finalidade precípua constatar a multifuncionalidade assumida pelo instituto da responsabilidade civil na modernidade, sobretudo, em relação à possibilidade de reparação civil decorrente da prática de *stalking*. Nesse contexto, explica-se que, com a ascensão das novas Tecnologias de Informação e Comunicação (TICs), a ocorrência de atos ilícitos, antes viáveis apenas no meio ambiente material, deslocaram-se para o meio ambiente digital, o que explicita a problemática e a necessidade de tutela do Direito dos Danos.

Ademais, o trabalho buscará definir o conceito de *stalking*, para tanto, prestando-se a analisar condutas passíveis de serem subsumidas a tal prática perante o ordenamento jurídico brasileiro, especialmente no âmbito das redes sociais. Destarte, será investigada as similitudes da responsabilização civil pela perturbação do sossego com a responsabilidade decorrente da prática de *stalking*, de modo a visualizar os pontos comuns e específicos de cada instituto jurídico.

A pesquisa, ainda, perpassa pela proteção a que o indivíduo em uma sociedade hiperconectada está assegurado, sendo tal papel desempenhado, precipuamente, pela Constituição Federal,[1] pela Lei

---

[1] BRASIL. **Constituição da República Federativa do Brasil, de 5 de outubro de 1988.** Disponível em: http://www.planalto.gov.br/ccivil_03/Constituicao/ConstituicaoCompilado.htm. Acesso em: 28 jun. 2021.

Geral de Proteção de Dados (Lei n° 13.109/2018),[2] pelo Marco Civil da Internet (Lei n° 12.965/2014),[3] pelo Código Civil (Lei n° 10.406/2002)[4] e pelo Código de Defesa do Consumidor (Lei n° 8.078/1990).[5] Nesse sentido, busca-se pela interpretação harmônica de todos esses dispositivos, a fim de exteriorizar as funções da responsabilidade civil de reparação e de precaução.

Em posse de tais reflexões, será estudada, também, as nuances da responsabilização civil por *stalking*, com a posterior avaliação da presença de seus elementos, à luz de um caso concreto, a saber: importante decisão da Turma Recursal do Juizado Especial Cível da Comarca de Porto Alegre, esta plausível de gerar notáveis precedentes acerca do tópico. Outrossim, a pesquisa visa a investigar a prova indiciária, originária do Processo Penal, e sua utilização no âmbito do Processo Civil, sobretudo em processos aptos a gerar responsabilidade civil.

Por fim, na medida em que houve a tipificação do crime de "perseguição" pelo Código Penal[6] (art. 147-A), explorar-se-á noções atuais dessa modalidade na esfera cível, não se ignorando a possibilidade de instauração de ação *ex delicto*. Assim, devido à velocidade dos acontecimentos a que a modernidade se expõe, buscará delinear considerações preliminares acerca da problemática e responder às indagações acerca do enquadramento da responsabilidade civil à prática do *stalking,* além da apuração da prova indiciária em sede de Processo

---

[2] BRASIL. **Lei n° 13.709, de 14 de agosto de 2018**. Lei Geral de Proteção de Dados (LGPD). Disponível em: http://www.planalto.gov.br/ccivil_03/_ato2015-2018/2018/lei/L13709.htm. Acesso em: 28 jun. 2021.

[3] BRASIL. **Lei n° 12.965, de 23 de abril de 2014**. Estabelece princípios, garantias, direitos e deveres para o uso da Internet no Brasil. Disponível em: http://www.planalto.gov.br/ccivil_03/_ato2011-2014/2014/lei/l12965.htm. Acesso em: 28 jun. 2021.

[4] BRASIL. **Lei n° 10.406, de 10 de janeiro de 2002**. Código Civil. Disponível em: http://www.planalto.gov.br/cc ivil_03/LEIS/2002/L10406.htm. Acesso em: 28 jun. 2021.

[5] BRASIL. **Lei n° 8.078, de 11 de setembro de 1990**. Código de Defesa do Consumidor. Disponível em: http://www.planalto.gov.br/ccivil_03/leis/l8078co mpilado.htm. Acesso em: 28 jun. 2021.

[6] BRASIL. **Decreto-lei n° 2.848, de 7 de dezembro de 1940**. Código Penal. Disponível em: http://www.planalto.gov.br/ccivil_03/decreto-lei/del2848com p ilado.htm.Acesso em: 28 jun. 2021.

Civil. A pesquisa proposta que se pretende realizar caminha ao encontro da vertente metodológica jurídico-sociológica. Quanto ao tipo de investigação, utilizou-se, na classificação Jorge Witker[7] e Miracy Gustin,[8] o tipo jurídico-projetivo. A técnica empregada é a de pesquisa teórica, a dispor-se de doutrinas, legislações e obras literárias pertinentes. Finalmente, utilizou-se como marco teórico, especialmente, os ensinamentos[9] de Cristiano Chaves de Farias, Nelson Rosenvald e Felipe Peixoto Braga Netto no tocante a estudos relacionados à responsabilidade civil atual.

2   NOVOS PARADIGMAS DO DIREITO PRIVADO

A princípio, insta salientar acerca das mudanças pelas quais a modernidade atravessa. Nesse contexto, é possível visualizar a "Sociedade da Informação",[10] conceito pertencente ao autor Manuel Castells, que busca explicar o fenômeno atual de bombardeamento de informações apreendidas pelos indivíduos. Dessa maneira, além do acesso a dados de uma forma mais flexível do que antes, na Sociedade da Informação, com a utilização das novas tecnologias, o privado assume novos contornos, haja vista a (in)evitável publicização de informações que contemplam a esfera da intimidade e da privacidade do indivíduo.

Estima-se que entre 2013 e 2018, a humanidade foi capaz de gerar 90% da informação de toda a história.[11] A par desse dado espantoso, torna-se explícita a problemática, na medida em que o engendramento de

---

[7] WITKER, Jorge. **Como elaborar una tesis en derecho: pautas metodológicas y técnicas para el estudiante o investigador del derecho.** Madrid: Civitas, 1985.
[8] GUSTIN, Miracy Barbosa de Sousa; DIAS, Maria Tereza Fonseca. **(Re)pensando a pesquisa jurídica: teoria e prática.** 3. ed. Belo Horizonte: Del Rey, 2010.
[9] FARIAS, C. C; ROSENVALD, N; NETTO, F. P. B. **Curso de Direito Civil: Responsabilidade Civil (volume 3).** Salvador: JusPodivm, 2016.
[10] CASTELLS, Manuel. **A sociedade em rede. A era da informação: economia, sociedade e cultura.** São Paulo: Paz e Terra, 2013.
[11] DONCEL, Luis. A Era do algoritmo chegou e seus dados são um tesouro. **EL PAÍS BRASIL.** 06 mar. 2018. Disponível em: https://brasil.elpais.com/brasil/20 18/03/01/economia/1519921981137226.html. Acesso em: 14 jul. 2021.

tais informações são acompanhadas de ingerências indevidas no âmbito privado dos titulares de dados. Não obstante muitas das informações serem disseminadas pela própria coletividade, em redes sociais ou aplicativos semelhantes - significando quase um ofuscamento do privado e de antigos limites da privacidade -,[12] essa situação não é absoluta. Seguidas vezes, as informações não são compartilhadas espontaneamente pelos indivíduos, mas recebidas por estes, seja por veículos de notícias e sites de compra e venda de produtos, seja por outra pessoa. Nesta senda, o fato objetivo é que tais investidas, às vezes indevidas, trazem à tona conceitos como o *stalking* e a perturbação do sossego, ambas passíveis de reparação civil.

Destarte, a prática do *stalking* pode ser considerada como as "condutas inoportunas, exteriorizadas pela insistência, pela impertinência e pela habitualidade, seja através de quaisquer meios de contato, vigilância, perseguição ou assédio",[13] isto é, a denominada perseguição em face de um indivíduo. Assim, em um panorama de sociedade multiconectada, em que há diferentes formas de conexão e acesso à informação, percebe-se o aumento dos níveis de incidência de *stalking* e, sobretudo de *cyberstalking*, o que extrapola o mero aborrecimento. O fenômeno da descentralização da informação, com o surgimento de eventuais ilícitos em uma sociedade digitalizada é explicado pelos autores Eduardo Carlos Bianca Bittar e Guilherme Assis de Almeida:

> (...) outros fenômenos indicados estão desafiando a constituição de novas fronteiras para a cultura do direito, e que permitem acima de tudo a oportunidade para a abertura de visão em direção à dinâmica do direito digital. Muitos desses fenômenos têm a ver com a invasão da privacidade, com o abuso de imagem, com a manipulação de informações danosas, com a geração de dano moral e patrimonial à pessoa

---

[12] REIS, Émilien Vilas Boas; NAVES, Bruno Torquato Oliveira. O meio ambiente digital e o direito à privacidade diante do Big Data. **Veredas do Direito**, Belo Horizonte, v. 17, n. 37, p. 161, jan.-abr. 2020. Disponível em: http://revista.domhelder.edu.br/index.php/veredas/article/view/1795. Acesso em: 14 jul. 2021.

[13] CASTRO, Ana Lara Camargo De; SYDOW, Spencer Toth. **Stalking e cyberstalking: obsessão, Internet e amedrontamento**. Belo Horizonte: D'Plácido, 2017, p. 53.

física e/ou jurídica, com a violação de segredo de indústria, com o alargamento das fronteiras da liberdade e o esmagamento e outros valores garantidos pela ordem legal e constitucional.[14]

A prática da perseguição, portanto, surge como ato potencialmente danoso, passível de violar direitos fundamentais da vítima. A tutela do Direito, por meio do instituto da responsabilidade civil torna-se imprescindível, na medida em que, "no mundo hodierno, tal tutela não significa a existência de novos direitos que buscam resguardar o indivíduo, mas uma releitura acerca do impacto das novas tecnologias".[15]

3 DO *STALKING* NA SOCIEDADE DA INFORMAÇÃO

Conforme mencionado alhures, *stalking* é considerado o conjunto de ações, independentemente do meio, em que o agente busca interferir, de forma reiterada, na esfera de liberdade do alvo. É característico o comportamento contínuo do agente que, de diferentes maneiras, e de forma persistente (*v.g.* mensagens, telefonemas ou e-mails constantes) busca satisfazer seus interesses. Dessa forma, posicionando ao encontro das ideias do Professor Lambèr Royakkers:

> *(...) First, stalking is a collective term for numerous activities that, when taken together, seriously disrupt the life of the victim. An important truth about stalking is that it consists of no single act, but a series of collective acts. For example, sending someone flowers is, by itself, clearly not stalking. But, if that person keeps sending flowers every week against the will of the receiver, the behavior may constitute stalking.*[16]

---

[14] BITTAR, Eduardo Carlos Bianca; ALMEIDA, Guilherme Assis de. **Curso de Filosofia do Direito**. 14. ed. São Paulo: Editora Atlas, 2019, p. 834.
[15] FALEIROS JÚNIOR, José. Luiz de Moura; MARTINS, Guilherme Magalhães; BASAN, Arthur Pinheiro. A responsabilidade civil pela perturbação do sossego na internet. **Revista de Direito do Consumidor**. São Paulo: Editora RT, v. 128, p. 241, mar-abr. Disponível em: https://revistadedireitodoconsumido r.emnuvens.com.br/rdc/issue/view/58. Acesso em: 14 jul. 2021.
[16] ROYAKKERS, Lambèr. The dutch approach to stalking laws. **California Criminal Law Review**, v. 3, p. 2. Out. 2000. Disponível em: https://lawcat.berke ley.edu/record/1117144. Acesso em: 14 jul. 2021.

É visualizada, assim, com o exemplo dado, uma sequência de condutas inoportunas direcionadas a uma pessoa específica que extrapolam o limite do razoável, que, caso perpetradas, são viáveis de acarretar danos à integridade físico-psíquica do sujeito vítima.

Apesar de a ocorrência de *stalking* ter se tornado mais comum na Era das Comunicações e das Redes Sociais, a prática é antiga. Nesse diapasão, há relatos de que no Livro IV, Título IV, Capítulo IV das Institutas de Justiniano - século VI - havia passagens que puniam os agentes que se mostrassem "incômodos, seguindo uma mulher casada, menino ou criança".[17] Com efeito, mesmo que já existente tal prática, hoje, com a ascensão da Internet, o *cyberstalking* é mais incidente, uma vez que o acesso à informação permitiu que indivíduos se ocultassem no meio ambiente digital[18] para perpetrar atos ilícitos.

Dados que ilustram a problemática podem ser visualizados quando levada em consideração pesquisa realizada pelo *National Center For Victims*, que expõe que mais de 7 milhões de pessoas são perseguidas por ano, notadamente mulheres, sendo os *stalkers* majoritariamente homens.[19] Na investida de atenuar a situação, cita-se as leis que tipificaram como crime a prática do *stalking* em Portugal, Alemanha, Áustria e Reino Unido, por exemplo.

---

[17] ROYAKKERS, Lambèr. The dutch approach to stalking laws. **California Criminal Law Review**, v. 3, p. 2. Out. 2000. Disponível em: https://lawcat.berkeley.edu/record/1117144. Acesso em: 14 jul. 2021.

[18] Termo utilizado pelo professor Celso Fiorillo. O meio ambiente cultural, por via de consequência, manifesta-se no século XXI em nosso país exatamente em face de uma cultura que passa por diversos veículos reveladores de novo processo civilizatório adaptado necessariamente à sociedade da informação, a saber, de nova forma de viver relacionada a uma cultura de convergência em que as emissoras de rádio, televisão, o cinema, os videogames, a internet, as comunicações por meio de ligações de telefones fixos e celulares etc. moldam uma nova vida reveladora de nova faceta do meio ambiente cultural, a saber: o meio ambiente digital. FIORILLO, Celso Antonio Pacheco. **Curso de direito ambiental brasileiro**. São Paulo: Saraiva, 2013, p. 53

[19] STALKING RESOURCE CENTER.Criminal stalking laws.**The National Center for Victims of Crime**.20 jul. 2015. Disponível em: https://www.victims ofcrime.org/our-programs/stalking-resource-center/stalking-laws/criminal-stalking. Acesso em: 14 jul. 2021.

Em relação ao ordenamento jurídico pátrio, apenas em 2021, houve alteração legislativa para incluir no rol de infrações penais, a prática da perseguição, prevista no art. 147-A, do Código Penal:

> Perseguição
> Art. 147-A. Perseguir alguém, reiteradamente e por qualquer meio, ameaçando-lhe a integridade física ou psicológica, restringindo-lhe a capacidade de locomoção ou, de qualquer forma, invadindo ou perturbando sua esfera de liberdade ou privacidade.
> Pena – reclusão, de 6 (seis) meses a 2 (dois) anos, e multa.[20]

A par dessas reflexões realizadas, sustenta que, além da seara penal, o âmbito cível desempenha importante papel no que toca à problemática do *stalking*, seja pelo instituto da responsabilidade civil, no seu aspecto multifuncional,[21] seja pela tutela geral dos direitos da personalidade, prevista na Constituição Federal e no próprio Código Civil.

3.1 Responsabilidade Civil por perturbação do sossego e *stalking*

Em um contexto de modernidade, a sociedade está sujeita a alterações e, com ela, o Direito. Nesse compasso, os direitos da privacidade e da intimidade, ambos integrantes da personalidade do sujeito, experienciaram mudanças decorrentes das novas tecnologias. A concepção clássica desses direitos exteriorizada pelo *right to be let alone*,[22] ao interpretada sob a ótica atual, é explicada professora Laura Mendes:

> (...) da discussão acerca da violação do direito de celebridades fotografadas em situações embaraçosas ou íntimas, o debate

---

[20] BRASIL. **Decreto-lei nº 2.848, de 7 de dezembro de 1940**. Código Penal. Disponível em: http://www.planalto.gov.br/ccivil_ 03/decreto-lei/del2848compilado.htm. Acesso em: 14 jul. 2021.
[21] FARIAS, Cristiano Chaves de; ROSENVALD, Nelson; NETTO, Felipe Peixoto Braga. **Curso de Direito Civil: Responsabilidade Civil (volume 3)**. Salvador: JusPodivm, 2016, p. 62.
[22] WARREN, Samuel Dennis; BRANDEIS, Louis Dembitz. The right to privacy. **Harvard Law Review**, Cambridge, v. 4, n. 5, p. 193-220, dez. 1890. Disponível em: http://bit.ly/2VSsbCE. Acesso em: 14 jul. 2021.

sobre o direito à privacidade voltou-se para o risco à personalidade de milhares de cidadãos cujos dados pessoais são coletados, processados e transferidos por organismos estatais e privados, a partir de modernas tecnologias da informação.[23]

Na esteira desse pensamento, indica que para resguardar tais direitos, há a Constituição Federal,[24] a Lei Geral de Proteção de Dados, com o conceito da autodeterminação informativa[25] e o regime de reparação civil. Em relação a este último, insta salientar que a responsabilização civil decorrente de prática de atos insistentes e inoportunos pode originar a responsabilidade do agente por perturbação do sossego e, ainda, por *stalking*. Embora, *prima facie,* haja aspectos similares no resultado (reparação civil), a origem (modalidade e âmbito das condutas) é distinta.

Quanto à perturbação do sossego e eventual reparação civil, insta salientar que o *locus* desta é a seara consumerista. Faz-se míster caracterizar a sociedade atual como hiperconsumista,[26] efeito, sobretudo,

---

[23] MENDES, Laura Schertel. **Privacidade, proteção de dados e defesa do consumidor: linhas gerais de um novo direito fundamental.** São Paulo: Saraiva, 2014. p. 22.

[24] Art. 5º, X - são invioláveis a intimidade, a vida privada, a honra e a imagem das pessoas, assegurado o direito a indenização pelo dano material ou moral decorrente de sua violação (BRASIL. **Constituição da República Federativa do Brasil, de 5 de outubro de 1988.** Disponível em: http://www.planalto.gov.br/ccivil_03/Constituicao/ConstituicaoCompilado.htm. Acesso em: 14 jul. 2021).

[25] A autodeterminação informativa pode ser conceituada, de acordo com Caitlin Mulholland, como o poder que o titular goza sobre seus dados pessoais, prevista no art. 2º, II, da LGPD. MULHOLLAND, Caitlin Sampaio. Dados pessoais sensíveis e a tutela de direitos fundamentais: uma análise à luz da Lei Geral de Proteção de Dados. **Revista Direitos e Garantias. Fundamentais**, Vitória: FDV, v. 19, n. 3, p. 175, set.-dez. 2018. Disponível em: http://sisbib.emnuvens.com.br/direitosegarantias/article/view/1603. Acesso em: 14 jul. 2021.

[26] Nos nossos dias, o entusiasmo pelas marcas alimenta-se do desejo narcisista de gozar o sentimento íntimo de ser uma 'pessoa de qualidade', de nos compararmos aos outros achando-nos em vantagem, de sermos melhores que as massas, sem nos importarmos com a aprovação dos outros ou com o desejo de lhes provocar inveja. O culto contemporâneo das marcas traduz uma nova relação com o luxo e a qualidade de vida. LIPOVETSKY, Gilles. **A Felicidade Paradoxal: Ensaio sobre a sociedade de hiperconsumo**. Lisboa: Edições 70, 2007, p. 41.

do contínuo e incessante monitoramento[27] realizado por grandes sociedades empresárias, na tentativa de perceber os interesses majoritários da coletividade e buscar o resultado lucrativo. Ao unir esses dois conceitos, visualiza-se, a título exemplificativo, a perturbação do sossego na criação de perfis de consumo indesejados - *profiling;* publicidades infindáveis alimentadas por algoritmos que satisfazem os interesses do usuário; ligações desmedidas, realizadas por meio de acesso a dados pessoais; ofertas de produtos e serviços não solicitados, entre outras práticas danosas e abusivas. O fato é que, motivadas pelo lucro a qualquer custo, tais sociedades empresárias agem, ainda que seja preciso violar direitos inerentes às pessoas.

Em síntese, o direito de não ter seu sossego perturbado é um direito que clama por ser tutelado, haja vista a sociedade digitalizada do hiperconsumo, aliada à presença de diversas práticas ocultas e abusivas, a fim de potencializar os lucros concernentes a essas grandes sociedades empresárias.

Quando se trata acerca da prática de *stalking* e sua responsabilização civil, tal conjunto de atos não se localiza no âmbito consumerista, mas na esfera cível de cada indivíduo (direcionada a uma pessoa específica), com as características citadas anteriormente: insistência, impertinência e habitualidade. O cerne da questão, e o ponto distinto entre as ações que têm por objetivo a perturbação do sossego e o *stalking*, são as formas que este último se exterioriza. Lambèr Royakkers defende a tese de que a perseguição ocorre através dos atos de assédio - *harassing acts*. Ademais, o professor estipula um critério objetivo da perpetuação dos atos de assédio para que seja caracterizado o *stalking*: os atos devem estar ocorrendo por um período de, no mínimo, seis meses, com a frequência de, no mínimo, duas vezes por semana.[28]

---

[27] A obra Capitalismo de Vigilância de Shoshana Zuboff trabalha bem a temática acerca do contínuo monitoramento em face dos dados pessoais dos indivíduos. ZUBOFF, Shoshana. **The Age of Surveillance Capitalism**. New York, PublicAffairs, 2019.

[28] *This behavior consists of the same or a variety of acts over time, including repeated following, nonconsensual communication, harassing, and trespassing, or certain other forms of physical contact (...). I would suggest that the definition of stalking should require that a person be exposed to harassing acts carried out*

Nesse sentido, argumenta-se que, mais do que um critério objetivo para aferir se houve ou não a perseguição, necessário faz-se a utilização de uma avaliação proporcional à luz da situação fática.

As modalidades de *harassing acts,* conforme os estudos de tal professor, são:

> 1) Threat (e.g. threatening letters, threats to the victim and/or family members and friends).
> 2) Violence (e.g. assault, deliberate collisions, or breaking windows).
> 3) Telephone terrorization (e.g. checking on the victim by phone, phoning at night).
> 4) Orders/mail (e.g. love letters, delivery of goods not ordered by the victim).
> 5) Pursuit/checking (e.g. pursuit of the victim outside, hanging around outside the house at night, searching through garbage).
> 6) Slander (e.g. false reports, gossip).
> 7) Breaking into house/car
> 8) Stealing victim's property.[29]

Assim, posiciona-se em consonância com o autor, mas salienta-se que não há um rol taxativo de condutas contínuas que caracterizam o *stalking,* na medida em que a efemeridade da sociedade contemporânea se mostra passível de engendrar novas condutas que sejam subsumidas a essa modalidade.

Por fim, no tocante às similitudes entre os dois institutos, cita-se a natureza jurídica da responsabilidade civil. Em relação à perturbação do sossego, evidente é o abuso do direito (art. 187, do Código Civil),[30] além das abusividades das práticas (art. 39, CDC), pois há um excesso

---

by another person for a period of at least six months with a frequency of at least two times a week. ROYAKKERS, Lambèr. The dutch approach to stalking laws. **California Criminal Law Review**, v. 3, p. 4. Out. 2000. Disponível em: https://lawcat.berkeley.edu/record/1117144. Acesso em: 15 jul. 2021.

[29] ROYAKKERS, Lambèr. The dutch approach to stalking laws. **California Criminal Law Review**, v. 3, p. 4. Out. 2000. Disponível em: https://lawcat.berkeley.edu/record/1117144. Acesso em: 15 jul. 2021.

[30] Art. 187 - Também comete ato ilícito o titular de um direito que, ao exercê-lo, excede manifestamente os limites impostos pelo seu fim econômico ou social, pela boa-fé ou pelos bons costumes (BRASIL. **Lei nº 10.406, de 10 de janeiro de 2002**. Código Civil. Disponível em: http://www.planalto.gov.br/ccivil_03/LEIS/2002/L10406.htm. Acesso em: 15 jul. 2021).

manifesto dos limites impostos pelos fins econômicos e pela boa-fé nas condutas que importunam o indivíduo com publicidades indesejadas e contínuas, por exemplo. Embora tais condutas sejam lícitas na origem,[31] a ilicitude no resultado enseja o abuso do direito, uma vez que o agente exerce seu direito subjetivo de maneira desproporcional, sujeitando-se ao art. 927, CC,[32] que dispõe acerca da obrigação de reparação a outrem se causado dano decorrente de ato ilícito.

Ainda, invoca-se o Enunciado nº 37, do Conselho da Justiça Federal,[33] que dispõe que "a responsabilidade civil decorrente do abuso do direito independe de culpa e fundamenta-se somente no critério objetivo-finalístico". Dessa forma, a responsabilização por perturbação do sossego é fundada em critérios de conformidade com a boa-fé objetiva e aos fins sociais, independentemente da culpa do agente, restando, necessariamente, o dano, o nexo causal e o ato ilícito.

A reparação civil originada por prática do *stalking* surge a partir do inadimplemento da obrigação de não fazer de transgredir a paz e os direitos da personalidade de uma pessoa.[34] Portanto, amparada pela responsabilidade subjetiva, pois é notório o dolo do agente *stalker*, ou pela responsabilidade decorrente de abuso do direito, o fato é que o ponto principal capaz de determinar a responsabilidade é o nexo de causalidade entre os atos ilícitos e os danos acarretados à personalidade da vítima. O

---

[31] FARIAS, Cristiano Chaves de; ROSENVALD, Nelson; NETTO, Felipe Peixoto Braga. **Curso de Direito Civil: Responsabilidade Civil (volume 3)**. Salvador: JusPodivm, 2016, p. 218.
[32] Art. 927 - Aquele que, por ato ilícito (arts. 186 e 187), causar dano a outrem, fica obrigado a repará-lo (BRASIL. **Lei nº 10.406, de 10 de janeiro de 2002**. Código Civil. Disponível em: http://www.planalto.gov.br/cc ivil_03/LEIS/2002/L10406.htm. Acesso em: 15 jul. 2021).
[33] CONSELHO DA JUSTIÇA FEDERAL. **Jornada de Direito Civil I**, enunciado aprovado. AGUIAR, Ministro Ruy Rosado de. (Org.). Brasília: Conselho da Justiça Federal - Centro de Estudos Judiciário - 2002.
[34] FALEIROS JÚNIOR, José. Luiz de Moura; OLHIARA, Rodrigo. A responsabilidade civil dos perseguidores virtuais (*cybertalkers*). **Revista do CEJUR/TJSC: prestação jurisdicional**. Florianópolis: Prestação Jurisdicional, v.7, p. 87, jan-dez. 2019. Disponível em: https://revistadocejur.tjsc.jus.br/cejur/article/view/325. Acesso em: 15 jul. 2021.

que justifica a proteção do indivíduo são os arts. 186[35] c/c 927, CC; art. 5°, X, CF; art. 2°, LGPD[36] e art. 2° e 3°, do Marco Civil da Internet (fundamentos e princípios norteadores).

3.2 Fundamentos da reparação civil por *stalking*

Ao tratar da responsabilidade civil por *stalking*, nos moldes adotados pelo ordenamento jurídico brasileiro, é fundamental para a sua caracterização a presença de três elementos: conduta eivada de culpa *lato sensu*, dano e nexo de causalidade. Nesse sentido, a modalidade de responsabilidade civil que mais visualiza-se, em tratando-se de *stalking*, seria a responsabilidade subjetiva, fundada no ato ilícito descrito pelo artigo 186, do Código Civil.[37] Nesse contexto, o agente estaria violando os direitos de privacidade e de intimidade da vítima, conduta que acarreta danos a ela e caracteriza, portanto, o ato ilícito. Com isso, surge uma obrigação de reparar o dano causado pela conduta lesiva, conforme preceitua o art. 927 do Código Civil.[38]

Em primeiro plano, deve ser analisada a conduta do agente. A sistemática adotada pelo Código Civil de 2002, de modo acertado, não estabelece um rol de condutas lesivas passíveis de reparação. Assim, não é possível listar todos os atos que poderiam ser classificados como *stalking*, havendo apenas uma cláusula geral no art. 186, CC,

---

[35] Art. 186 - Aquele que, por ação ou omissão voluntária, negligência ou imprudência, violar direito e causar dano a outrem, ainda que exclusivamente moral, comete ato ilícito (BRASIL. **Lei nº 10.406, de 10 de janeiro de 2002.** Código Civil. Disponível em: http://www.planalto.gov.br/cc ivil_03/LEIS/2002/L10406.htm. Acesso em: 15 jul. 2021).

[36] Art. 2° A disciplina da proteção de dados pessoais tem como fundamentos: (...) II - II - a autodeterminação informativa (BRASIL. **Lei 13.709, de 14 de agosto de 2018.** Lei Geral de Proteção de Dados (LGPD). Disponível em: http://www.planalto.gov.br/ccivil_03/_ato2015-2018/2018/lei/L13709.htm. Acesso em: 15 jul. 2021.

[37] BRASIL. **Lei nº 10.406, de 10 de janeiro de 2002.** Código Civil. Disponível em: http://www.planalto.gov.br/cc ivil_03/LEIS/2002/L10406.htm. Acesso em: 15 jul. 2021.

[38] Art. 927 - Aquele que, por ato ilícito (arts. 186 e 187), causar dano a outrem, fica obrigado a repará-lo. (BRASIL. **Lei nº 10.406, de 10 de janeiro de 2002.** Código Civil. Disponível em: http://www.planalto.gov.br/cc ivil_03/LEIS/2002/L10406.htm. Acesso em: 15 jul. 2021.

sendo necessário analisar no caso concreto se a conduta está maculada com culpa *lato sensu* e se gerou dano. Além disso, em um contexto de Sociedade da Informação, em que o mundo encontra-se, a Internet mostra-se como um meio de se realizar a perseguição de várias formas, com o agente muitas vezes se beneficiando do anonimato e sendo dificultosa a eventual responsabilização.

Outrossim, é importante constatar que a modalidade de responsabilidade civil pode ser tanto a objetiva - quando o agente extrapola os limites de seu direito - ou a responsabilidade subjetiva. Dessa forma, ao considerar a segunda modalidade de responsabilização, é imprescindível a análise do elemento volitivo, a culpa *lato sensu*. Com relação à perseguição, é evidente que o agente age com dolo, possuindo plena consciência e vontade de praticar as condutas lesivas. Essa constatação é corroborada pela própria natureza do *stalking*, que envolve ser "repetidamente perseguido de uma maneira que leve uma pessoa razoável a temer por sua segurança".[39]

Por outro lado, o dano provocado pela perseguição pode assumir diversas naturezas a depender do caso concreto. A princípio, todo agente que pratica *stalking* provoca, também, dano moral. Conforme ensinam Rosenvald, Netto e Farias,[40] o dano moral deriva de uma afronta à dignidade da pessoa humana, um dos fundamentos da República Federativa do Brasil, art. 1º, III, CF.[41] Assim sendo, não se limita à violação de direitos da personalidade. Ademais, independe de comprovação de dor ou sofrimento, sendo estes apenas reflexos da própria existência do dano, conforme entendimento do Enunciado nº

---

[39] FISHER, Bonnie S.; STEWART, Matthew. Vulnerabilities and opportunities 101: The extent, nature, and impact of stalking among college students and implications for campus policy and programs, p. 211. In: FISHER, Bonnie S.; SLOAN III, John J. (Eds.). **Campus crime: legal, social and policy issues.** 2. ed. Springfield: Charles C. Thomas Publisher, 2007.
[40] FARIAS, Cristiano Chaves de; NETTO; Felipe Peixoto Braga; ROSENVALD, Nelson. **Curso de Direito Civil: Responsabilidade Civil.** Salvador, Bahia: Juspodivm, 2017. 4 ed. rev. ampl. e atual. v. 3, p. 305.
[41] BRASIL. **Constituição da República Federativa do Brasil de 1988.** Disponível em: http://www.planalto.gov.br/ccivil_03/constituicao/constituicao.htm. Acesso em: 16 jul. 2021.

445, do CJF[42]. Portanto, dispensam prova de sua existência, sendo considerados *in re ipsa*. Todavia, o dano moral ainda deve ser provado, sendo analisado se, no caso concreto, ponderando-se o interesse que fundamenta o dano moral é merecedor de tutela.[43]

Nesse contexto, quando o agente pratica a conduta de perseguição provoca um sentimento de insegurança na vítima ou uma quebra de sua tranquilidade, prejudicando sua integridade psico-física. Assim, quem sofre o ato ilícito tem um interesse legítimo que deve ser resguardado pelo ordenamento jurídico e que, violado, gera uma obrigação de reparar. Para a caracterização do dano, deve haver, no caso concreto uma ponderação entre os interesses, especialmente no caso do *cyberstalking*. Sendo assim, assim como defendem acertadamente Faleiros e Olhiara, para existir o dano deve a conduta do agente ultrapassar a linha que separa o curioso do *stalker*.[44]

Para além do dano extrapatrimonial moral, podem ser provocados danos patrimoniais, sejam como danos emergentes ou como lucros cessantes, que também geram obrigação de reparar, desde que comprovados pela vítima. Nesse âmbito, aquele que sofre o *stalking* pode, a título exemplificativo, ter que despender quantias para adquirir novamente o sentimento de segurança, instalando câmeras, ou mesmo deixar de frequentar determinados locais temendo pela integridade física. Portanto, a prática de *stalking* possui um grande potencial danoso, especialmente se realizado em meios digitais, o que facilita a ação dos perseguidores.

Por fim, deve haver um liame, um nexo de causalidade entre a

---

[42] O dano moral indenizável não pressupõe necessariamente a verificação de sentimentos humanos desagradáveis como dor ou sofrimento. CONSELHO DA JUSTIÇA FEDERAL. **V Jornada de Direito Civil**, enunciado aprovado. AGUIAR, Ministro Ruy Rosado de. (Org.). Brasília: Conselho da Justiça Federal - Centro de Estudos Judiciário - 2002.

[43] FARIAS, Cristiano Chaves de; NETTO; Felipe Peixoto Braga; ROSENVALD, Nelson. **Curso de Direito Civil: Responsabilidade Civil.** Salvador, Bahia: Juspodivm, 2017. 4 ed. rev. ampl. e atual. v. 3, 311.

[44] FALEIROS JÚNIOR, José. Luiz de Moura; OLHIARA, Rodrigo. A responsabilidade civil dos perseguidores virtuais (cyberstalkers). **Revista do CEJUR/TJSC: prestação jurisdicional.** Florianópolis: Prestação Jurisdicional, v.7, p. 87, jan-dez. 2019. Disponível em: https://revistadocejur.tjsc.jus.br/cejur/article/view/325. Acesso em: 15 jul. 2021.

conduta perpetrada e o dano resultante. Adotando a teoria da causalidade adequada, deve o dano ser uma consequência previsível da ação praticada, sendo a questão analisada de modo abstrato e de acordo com a experiência comum. Segundo Rosenvald, Netto e Farias:

> De acordo com os seus adeptos, a condição se converte em causa somente quando, pela análise do caso, percebe o magistrado que aquele resultado lesivo abstratamente corresponde ao curso normal das coisas. Quer dizer, aquele dano que a vítima experimentou é uma consequência normalmente previsível do fato à luz da experiência. Esta teoria, portanto, baseia-se na probabilidade do evento danoso.[45]

Deve o magistrado analisar o processo causal e se, ao considerar a prática de *stalking* que está sendo julgada, as ações reiteradamente praticadas pelo perseguidor são passíveis de produzir o resultado danoso enfrentado pela vítima.

4 ANÁLISE JURISPRUDENCIAL DE CASO ENVOLVENDO *STALKING*

No caso em análise, a ré (Adriana) foi condenada a indenizar a autora da ação (Josiane) por danos morais, em razão da conduta de *stalking*, ou perseguição. No caso em questão, que foi submetido ao 3º Juizado Especial Cível, localizado em Porto Alegre, a autora relatou que, em 2016 passou a ser importunada por e-mails, mensagens e ligações contendo ameaças, insultos e perturbando a sua tranquilidade.
Além disso, Josiane também estava sendo comunicada pelo *stalker* que estaria sendo vigiada e tendo sua rotina acompanhada. A preocupação da demandante com a própria segurança foi ampliada com a descoberta de rastreadores GPS escondidos no veículo do casal, o que posteriormente a levou a se dirigir a uma delegacia de polícia e redigir um boletim de ocorrência.
Nesse contexto, as mensagens alertavam sobre um caso

---

[45] FARIAS, Cristiano Chaves de; NETTO; Felipe Peixoto Braga; ROSENVALD, Nelson. **Curso de Direito Civil: Responsabilidade Civil.** Salvador, Bahia: Juspodivm, 2017. 4 ed. rev. ampl. e atual. v. 3, p. 412.

extraconjugal do marido da autora (Jefferson), além de afirmarem que a demandante estava sendo vigiada. Tendo em vista que o marido havia revelado o caso extraconjugal, ocorrido na época em que estavam separados, em 2015, o casal passou a acreditar que a demandada era a responsável pela perseguição. Além disso, aré na época já era casada com seu atual marido.

Outrossim, a operadora Vivo confirmou que o número do IMEI do iPhone, adquirido na loja da operadora, seria correspondente ao número de IMEI do celular em que os *chips* foram ativados. Além disso, os *chips* pré-pagos teriam sido adquiridos pela ré utilizando o número do CPF de Adriana. Nesse contexto, a utilização de *chips* cadastrados no nome da autora revela o *modus operandi* do *stalker*, que de modo ardiloso busca ocultar sua autoria e evitar sua eventual responsabilização.

Todavia, não foi possível verificar se de fato foram enviadas mensagens do celular da ré para o celular da autora por meio do aplicativo de mensagens *Whatsapp*. Tal impossibilidade estaria atrelada ao fato de a autora somente ter juntado aos autos fotocópias das conversas, não sendo possível confirmar sua veracidade. Porém, a operadora Vivo confirmou o envio de mensagens ao celular da autora, partindo de um dos números habilitados no celular da ré.

Por outro lado, a ré alegou em defesa que não era responsável pela perseguição e que não havia se relacionado com o marido da demandante em 2015, apesar de não negar relacionamento prévio com Jefferson. Por fim, a sentença concluiu pela improcedência dos pedidos da autora, alegando a não demonstração da veracidade dos fatos, além da não comprovação do nexo de causalidade entre o dano moral sofrido e a culpa da demandada. Entretanto, a autora recorreu à Terceira Turma Recursal Cível de Porto Alegre, que reformou a sentença, decidindo pela procedência dos pedidos da autora, baseado na valoração da prova indiciária no processo civil.

4.1 Prova indiciária no processo civil

O Novo Código de Processo Civil suprimiu a discricionariedade judicial na apreciação de provas, sendo o juiz vinculado pelas provas constantes nos autos, indicando "na decisão as razões da formação de seu convencimento".⁴⁶ Hodiernamente, o processo civil brasileiro adota o sistema da persuasão racional do juiz, em que o aplicador do direito não é completamente livre para decidir inclusive com base em elementos probatórios fora dos autos, mas vinculado a uma lógica conforme todo o conjunto probatório presente nos autos, de forma racional e analítica.⁴⁷

Portanto, o juiz, quando analisando os elementos probatórios, não se encontra engessado assim como no sistema da prova legal. Assim, de acordo com os ensinamentos de Amaral Santos, o convencimento do juiz fica subordinado "aos fatos nos quais se funda a relação jurídica controvertida; às provas desses fatos, colhidas no processo; às regras legais e máximas de experiência; e o julgamento deverá sempre ser motivado".⁴⁸

Esse entendimento se mostra fundamental para o caso apresentado, tendo em vista que o Código de Processo Civil assegura às partes o direito de utilizar de qualquer meio de prova que possa auxiliar no convencimento do juiz, comprovando o alegado conforme as disposições legais.⁴⁹ Logo, ainda que o diploma processual não disponha expressamente sobre a prova indiciária, ela pode e deve ser utilizada para confirmar as alegações apresentadas pelas partes, desde que decorram de uma análise lógica dos elementos probatórios atrelados ao processo.

Tal modalidade de prova é utilizada em larga escala no processo penal, tendo em vista que o Código de Processo Penal também adotou o sistema da persuasão racional do juiz, que deve formar sua convicção a

---

⁴⁶ Art. 371 - O juiz apreciará a prova constante dos autos, independentemente do sujeito que a tiver promovido, e indicará na decisão as razões da formação de seu convencimento (BRASIL. **Lei nº 13.105, de 16 de março de 2015**. Código de Processo Civil. Disponível em: http://www.planalto.gov.br/ccivil_03/_ato20 15-2018/2015/lei/l13105.htm. Acesso em: 17 jul. 2021).
⁴⁷ THEODORO JÚNIOR, Humberto. **Curso de Direito Processual Civil**. v. 1. Rio de Janeiro: Forense, 2019, p 1429.
⁴⁸ AMARAL SANTOS, Moacyr. **Prova judiciária no cível e comercial**. 4. ed. São Paulo: Max Limonad, 1971, v. I, n. 244, p. 347.
⁴⁹ Art. 369 - As partes têm o direito de empregar todos os meios legais, bem como os moralmente legítimos, ainda que não especificados neste Código, para provar a verdade dos fatos em que se funda o pedido ou a defesa e influir eficazmente na convicção do juiz (BRASIL. **Lei nº 13.105, de 16 de março de 2015**. Código de Processo Civil. Disponível em: http://www.planalto.gov.br/cci vil_03/_ato2015-2018/2015/lei/l13105.htm. Acesso em: 17 jul.2021).

partir da análise dos elementos de prova produzidos no curso do processo ou na produção de provas cautelares.[50] Segundo Renato Brasileiro,[51] a prova indiciária seria indireta, ou seja, funciona como uma informação que assegura ou não alguma das alegações fáticas sob análise no curso do processo judicial. Nesse sentido, o diploma processual penal define indício como uma "circunstância conhecida e provada, que, tendo relação com o fato, autorize, por indução, concluir-se a existência de outra ou outras circunstâncias".[52]

Dessa forma, defende-se a aplicabilidade desse instituto no processo civil. Todavia, para que haja a utilização da prova indiciária para confirmar as alegações apresentadas pelas partes, devem ser atendidos alguns requisitos. De acordo com Renato Brasileiro, os indícios não podem ser considerados individualmente, sendo analisados de forma plural e devem haver conexão entre eles.

Além disso, deve o juiz utilizar de raciocínio dedutivo, ou seja, a partir dos fatos já provados no curso do processo, formulam-se outros fatos de modo lógico, coerente e racional.[53]

Apesar de a sentença proferida no caso em análise ter sido de improcedência, o acórdão proferido pela Turma Recursal reformou a decisão, fundamentado na apreciação da prova indiciária. O relator do caso utilizou uma série de argumentos advindos de raciocínio lógico, tendo como base os fatos comprovados nos autos. Assim, entendeu que a preocupação do casal pela sua segurança devido ao *stalking* seria material e verdadeira, tendo em vista que o casal procurou uma delegacia de

---

[50] Art. 155. O juiz formará sua convicção pela livre apreciação da prova produzida em contraditório judicial, não podendo fundamentar sua decisão exclusivamente nos elementos informativos colhidos na investigação, ressalvadas as provas cautelares, não repetíveis e antecipadas (BRASIL. **Decreto-lei nº 2689, de 3 de outubro de 1941.** Código de Processo Penal. Disponível em: http://www.planalto.gov.br/ccivil_03/decreto-lei/Del3689Comp ilado.htm. Acesso em: 17 jul. 2021).
[51] LIMA, Renato Brasileiro de. **Manual de Processo Penal: Volume Único.** Salvador: Juspodivm, 2020, p. 666-667.
[52] BRASIL. **Decreto-lei nº 2689, de 3 de outubro de 1941.** Código de Processo Penal. Disponível em: http://www.planalto.gov.br/ccivil_03/decreto-lei/Del368 9Compilado.htm. Acesso em: 17 jul. 2021.
[53] LIMA, Renato Brasileiro de. **Manual de Processo Penal: Volume Único.** Salvador: Juspodivm, 2020, p. 668-669.

polícia, contratou advogado criminalista e se dirigiu ao Juizado Especial Cível para buscar compensação pelos danos sofridos. Caso de má-fé buscassem prejudicar a ré e receber vantagem econômica indevida, teriam se dirigido à Justiça Comum, onde o valor das causas é mais alto.[54]

Por outro lado, o relator concluiu que seria de interesse da ré negar o relacionamento extraconjugal com Jefferson, dado que também é casada, além de que também seria responsabilizada pelo *stalking*. Além disso, a ré não apresentou razão para os números de telefone, registrados no nome da autora, que foram habilitados em seu celular.

Ainda que não seja possível averiguar a veracidade das mensagens enviadas por ausência de prova material válida, pela própria natureza do *stalking* o perseguidor busca ocultar seus passos de modo ardiloso. Assim, ao analisar um caso como esse, mostra-se necessário ter em mente a dificuldade de se rastrear a origem das mensagens de natureza ameaçadora e perturbadora. Em um contexto caracterizado pelo uso constante de meios digitais para a propagação de condutas ofensivas aos direitos individuais, a velocidade de transmissão de informações e o anonimato são verdadeiros obstáculos para garantir a efetiva reparação integral dos lesados por atos ilícitos, uma das funções da responsabilidade civil.

Com isso, tendo em mente que não foram apresentados argumentos lógicos que invalidam os indícios, é necessário que o julgador os utilize para fundamentar a decisão. O Código de Processo Civil Brasileiro adota a Teoria da Persuasão Racional do Juiz, que admite a utilização da prova indiciária. Portanto, não é aceitável deixar de

---

[54] BRASIL. Comarca de Porto Alegre (Terceira Turma Recursal Cível). **Recurso Cível nº 71009850959**. Direito Civil. Ação de Reparação de Danos. Envio de mensagens ofensivas e perturbadoras por celular e email de forma anônima durante longo período de tempo. Vítima obrigada a procurar o auxílio da autoridade policial para descoberta da autora. Prova indiciária suficiente para a condenação cível. Responsabilidade Civil independente da Criminal. Contratação voluntária de advogado criminalista para representar a vítima não se enquadra como dano material. Dano moral configurado. Acentuado dolo do agente e consequências da conduta que repercutem no quantum da compensação financeira devida à vítima. Recurso provido em parte. Rel. Cleber Augusto Tonial, 25 fev. 2021. Porto Alegre: Juizado Especial Cível, 2021. Disponível em: https://www.tjrs.jus.br/buscas/jurisprudencia/exibe_html.php. Acesso em: 17 jul. 2021.

utilizar essa modalidade de prova e garantir a efetiva compensação pelos danos sofridos pela autora.

Sendo assim, entendeu o relator que, apesar de restarem dúvidas no processo, a autora, amparada em indícios obtidos de modo lógico-dedutivo e seguindo as regras da experiência comum, deve ser a privilegiada na demanda. Por isso, no caso em análise, ao serem analisados os indícios em conjunto com os depoimentos pessoais, concluiu a Turma pelo nexo causal entre a conduta praticada pela ré e o dano moral sofrido pela autora.

5 CONSIDERAÇÕES FINAIS

Ante as devidas reflexões, é possível perceber que na Sociedade da Informação, em que a expansão da incidência das novas tecnologias já é realidade, há um constante dilema no tocante à proteção dos direitos individuais, sobretudo dos direitos da personalidade. Nesse diapasão, a alteração do Código Penal, pelo Congresso Nacional, ao inserir a infração de perseguição, além da decisão do 3º Juizado Especial Cível, de Porto Alegre, são corolários da tutela exigida pela modernidade em um contexto de sociedade multiconectada. Assim, mostra-se necessária a proteção, a nível criminal e cível, do Direito em face da conduta de *stalking*, perseguição que é passível de abalar a integridade psico-física dos indivíduos.

Além disso, com a velocidade e o anonimato propiciados pela Internet, a prática de condutas ilícitas foi facilitada, o que provocou aumentos nos casos de prática de *stalking* e de perturbação de sossego em ambiente virtual, o que justifica a tutela dos diplomas normativos citados alhures.

Com efeito, ao considerar o ilícito do *stalking*, a tríplice proteção conferida pela Lei Geral de Proteção de Dados, pelo Marco Civil da Internet e pela Constituição Federal, é extremamente significativa no que tange a estabelecer e consolidar os direitos da privacidade e da intimidade no meio ambiente digital, a fim de adaptá-los às novas demandas sociais. Ademais, esses dispositivos, somados, ainda, ao Código Civil, trabalham noções de liberdade, de igualdade e de democracia, sobretudo no princípio da autodeterminação informativa, exteriorizado pela LGPD, exercendo uma função primordial, na medida em que concentra no indivíduo a autonomia em face do controle de seus dados e tenta atenuar atividade ilícitas de tratamento de dados, como o *stalking*.

No caso apresentado, em 1º grau, decidiu o juiz do Juizado Especial Cível pela improcedência da ação pleiteando danos morais e danos materiais. Entendeu o juiz que a autora não estaria amparada com provas o suficiente para ter reconhecida sua pretensão. Todavia, a Turma Recursal reformou a decisão, valorando a chamada prova indiciária, tendo em vista a dificuldade em se comprovar os elementos necessários para haver a responsabilidade civil por *stalking*.

Com isso, mostra-se de suma importância a discussão acerca da utilização da prova indiciária no processo civil. Como o Brasil adota a Teoria da Persuasão Racional do Juiz, deve ser aceita a utilização dessa modalidade de prova, desde que extraídos dos elementos presentes nos autos de modo coerente, lógico e racional. A exemplo do Processo Penal, para que os indícios sejam utilizados de modo válido para fundamentar uma decisão judicial, devem ser atendidos alguns requisitos.

Com base no desenvolvido ao longo da pesquisa, verifica-se que a atual sistemática da Responsabilidade Civil, em sua seara plástica, adotada pelo Ordenamento Jurídico Brasileiro é suficiente para solucionar as novas demandas provenientes da prática do *stalking*. Adotando a modalidade subjetiva, é necessário demonstrar a conduta eivada de culpa que gerou o ato ilícito, o dano sofrido pelo demandante e o nexo de causalidade entre os elementos. Tendo em vista a Função da Reparação Integral da Responsabilidade Civil, devem as vítimas serem compensadas pelos danos sofridos, especialmente em um contexto em que as pessoas se encontram hiperconectadas, o que facilita a prática de condutas que ameacem a segurança e a integridade psicofísica das pessoas.

REFERÊNCIAS

AMARAL SANTOS, Moacyr. **Prova judiciária no cível e comercial.** 4. ed. São Paulo: Max Limonad, 1971.

BITTAR, Eduardo Carlos Bianca; ALMEIDA, Guilherme Assis de. **Curso de Filosofia do Direito.** 14. ed. São Paulo: Editora Atlas, 2019.

BRASIL. Comarca de Porto Alegre (Terceira Turma Recursal Cível). **Recurso Cível nº 71009850959.** Direito Civil. Ação de Reparação de Danos. Envio de mensagens ofensivas e perturbadoras por celular e email de forma anônima durante longo período de tempo. Vítima obrigada a procurar o auxílio da autoridade policial para descoberta da autora. Prova indiciária suficiente para a condenação cível. Responsabilidade Civil independente da Criminal. Contratação voluntária de advogado criminalista para representar a vítima não se enquadra como dano material. Dano moral configurado. Acentuado dolo do agente e consequências da conduta que repercutem no quantum da compensação financeira devida à vítima. Recurso provido em parte. Rel. Cleber Augusto Tonial, 25 fev. 2021. Porto Alegre: Juizado Especial Cível, 2021. Disponível em: https://www.tjrs.jus.br/buscas/jurisprudencia/exibe_html.php. Acesso em: 17 jul. 2021.

BRASIL. **Constituição da República Federativa do Brasil, de 5 de outubro de 1988.** Disponível em: http://www.planalto.gov.br/ccivil_03/Constituicao/ConstituicaoCompilado.htm. Acesso em: 28 jun. 2021.

BRASIL. **Decreto-lei nº 2689, de 3 de outubro de 1941.** Código de Processo Penal. Disponível em: http://www.planalto.gov.br/ccivil_03/decreto-lei/Del3689Compilado.htm. Acesso em: 17 jul. 2021.

BRASIL. **Decreto-lei nº 2.848, de 7 de dezembro de 1940.** Código Penal. Disponível em: http://www.planalto.gov.br/ccivil_03/decreto-lei/del2848compilado.htm. Acesso em: 28 jun. 2021.

BRASIL. **Lei nº 8.078, de 11 de setembro de 1990.** Dispõe sobre a proteção do consumidor e dá outras providências. Disponível em: http://www.planalto.gov.br/ccivil_03/leis/l8078compilado.htm. Acesso em: 28 jun. 2021.

BRASIL. **Lei nº 10.406, de 10 de janeiro de 2002.** Código Civil. Disponível em: http://www.planalto.gov.br/ccivil_03/LEIS/2002/L10406.htm. Acesso em: 28 jun. 2021.

BRASIL. **Lei nº 12.965, de 23 de abril de 2014.** Estabelece princípios, garantias, direitos e deveres para o uso da Internet no Brasil. Disponível em: http://www.planalto.gov.br/ccivil_03/_ato2011-2014/2014/lei/l12965.htm. Acesso em: 28 jun. 2021.

BRASIL. **Lei nº 13.105, de 16 de março de 2015.** Código de Processo Civil. Disponível em: http://www.planalto.gov.br/ccivil_03/_ato2015-2018/2015/lei/l13105.htm. Acesso em: 17 jul. 2021.

BRASIL. **Lei nº 13.709, de 14 de agosto de 2018.** Lei Geral de Proteção de Dados (LGPD). Disponível em: http://www.planalto.gov.br/ccivil_03/_ato2015-2018/2018/lei/L13709.htm. Acesso em: 28 jun. 2021.

CASTELLS, Manuel. **A sociedade em rede. A era da informação: economia, sociedade e cultura.** São Paulo: Paz e Terra, 2013.

CASTRO, Ana Lara Camargo De; SYDOW, Spencer Toth. **Stalking e cyberstalking: obsessão, Internet e amedrontamento.** Belo Horizonte: D'Plácido, 2017.

CONSELHO DA JUSTIÇA FEDERAL. **Jornada de Direito Civil I**, enunciado aprovado. AGUIAR, Ministro Ruy Rosado de. (Org.). Brasília: Conselho da Justiça Federal - Centro de Estudos Judiciário - 2002.

CONSELHO DA JUSTIÇA FEDERAL. **Jornada de Direito Civil V**, enunciado aprovado. AGUIAR, Ministro Ruy Rosado de. (Org.). Brasília: Conselho da Justiça Federal - Centro de Estudos Judiciário - 2002.

DONCEL, Luis. A Era do algoritmo chegou e seus dados são um tesouro. **EL PAÍS BRASIL.** 06 mar. 2018. Disponível em: https://brasil.elpais.com/brasil/2018/03/01/economia/1519921981_137226.html. Acesso em: 10 jul. 2021.

FALEIROS JÚNIOR, José. Luiz de Moura; MARTINS, Guilherme Magalhães; BASAN, Arthur Pinheiro. A responsabilidade civil pela perturbação do sossego na internet. **Revista de Direito do Consumidor.** São Paulo: Editora RT, v. 128, p. 239-265, mar-abr. Disponível em: https://revistadedireitodoconsumidor.emnuvens.com.br/rdc/issue/view/58. Acesso em: 14 jul. 2021.

FALEIROS JÚNIOR, José. Luiz de Moura; OLHIARA, Rodrigo. A responsabilidade civil dos perseguidores virtuais (cyberstalkers). **Revista do CEJUR/TJSC: prestação jurisdicional.** Florianópolis: Prestação Jurisdicional, v.7, p. 80-95, jan-dez. 2019.. Disponível em: https://revistadocejur.tjsc.jus.br/cejur/article/view/325.

Acesso em: 15 jul. 2021.

FARIAS, Cristiano Chaves de; ROSENVALD, Nelson; NETTO, Felipe Peixoto Braga. **Curso de Direito Civil: Responsabilidade Civil (volume 3)**. Salvador: JusPodivm, 2016.

FIORILLO, Celso Antonio Pacheco. **Curso de direito ambiental brasileiro**. São Paulo: Saraiva, 2013.

GUSTIN, Miracy Barbosa de Sousa; DIAS, Maria Tereza Fonseca. **(Re)pensando a pesquisa jurídica: teoria e prática**. 3. ed. Belo Horizonte: Del Rey, 2010.

LIMA, Renato Brasileiro de. **Manual de Processo Penal: Volume Único**. Salvador: Juspodivm, 2020.

LIPOVETSKY, Gilles. **A Felicidade Paradoxal: Ensaio sobre a sociedade de hiperconsumo**. Lisboa: Edições 70, 2007.

MENDES, Laura Schertel. **Privacidade, proteção de dados e defesa do consumidor: linhas gerais de um novo direito fundamental**. São Paulo: Saraiva, 2014.

MULHOLLAND, Caitlin Sampaio. Dados pessoais sensíveis e a tutela de direitos fundamentais: uma análise à luz da Lei Geral de Proteção de Dados. **Revista Direitos e Garantias Fundamentais**, Vitória, v. 19, n. 3, p. 159-180, set.-dez. 2018. Disponível em: http://sisbib.emnuvens.com.br/direitosegarantias/article/view/1603. Acesso em: 14 jul. 2021.

REIS, Émilien Vilas.Boas; NAVES, Bruno Torquato Oliveira. O meio ambiente digital e o direito à privacidade diante do Big Data. **Veredas do Direito**, Belo Horizonte, v. 17, n. 37, p. 145-167, jan.-abr. 2020. Disponível em: http://revista.domhelder.edu.br/index.php/veredas/article/view/1795. Acesso em: 14 jul. 2021.

ROYAKKERS, Lambèr. The dutch approach to stalking laws. **California Criminal Law Review**, 3, p. 1-14. Out. 2000. Disponível em: https://lawcat.berkeley.edu/record/1117144. Acesso em: 14 jul. 2021.

STALKING RESOURCE CENTER. Criminal stalking laws. **The National Center for Victims of Crime**. 20 jul. 2015. Disponível em: https://www.victimsofcrime.org/our-programs/stalking-resource-center/

stalking-laws/criminal-stalki ng. Acesso em: 14 jul. 2021.

THEODORO JÚNIOR, Humberto. **Curso de Direito Processual Civil.** v. 1. Rio de Janeiro: Forense, 2019.

WARREN, Samuel Dennis; BRANDEIS, Louis Dembitz. The right to privacy. **Harvard Law Review**, Cambridge, v. 4, n. 5, p. 193-220, dez. 1890. Disponível em: http://bit.ly/2VSsbCE. Acesso em: 14 jul. 2021.

WITKER, Jorge. **Como elaborar una tesis en derecho: pautas metodológicas y técnicas para el estudiante o investigador del derecho**. Madrid: Civitas, 1985

ZUBOFF, Shoshana. **The Age of Surveillance Capitalism**. New York, PublicAffairs, 2019.

APLICAÇÃO DE INSTRUMENTOS DEMOCRÁTICOS QUE GARANTEM O ACESSO À JUSTIÇA

8

Ana Luiza Baptista Pereira
Larissa Lauane Rodrigues Vieira
Lorena Diniz Morais

1 CONSIDERAÇÕES INICIAIS

O acesso à justiça no Brasil possui uma história longa e associada ao passado colonialista e escravocrata e, em conformidade com as realidades de cada época, o entendimento do que seria justiça e de que forma a mesma seria alcançada foi importante para a elaboração do conceito que é considerado atualmente. Tratando-se do âmbito cível, a complexidade do tema é grande já que diferentes constituições e outras legislações brasileiras buscaram a regulação do que seria o acesso à justiça.

Por meio de uma análise dos documentos constitucionais que compõem a evolução da justiça no Brasil, a pesquisa busca compreender o papel de diferentes contribuições históricas para com a formação do pensamento atual contido no Código de Processo Civil do ano de 2015. De acordo com isso, no estudo também foram trabalhados os conceitos de civil law e common law com a finalidade de promover um melhor entendimento geral da temática.

Assim sendo, o trabalho apresentado possui como objetivo central iniciar um estudo mais recente acerca da evolução e entendimento sobre os aspectos principais que envolvem o acesso à justiça, conjuntamente com um entendimento sobre como se daria a aplicação de tal conceito no que tange a situações não somente cíveis, mas que também possuem algum grau de dependência ou ligação com algo relacionado a um tramitando na esfera penal.

Conjuntamente a isso, a pesquisa pretende, depois de realizada uma análise sob um aspecto mais geral, adentrara na temática específica a respeito do acesso à justiça no direito de família, mais especificamente no que tange à questão de crianças que estejam passando por uma situação de alienação parental.

A presente pesquisa pertence à vertente metodológica jurídico-sociológica. No tocante ao tipo de investigação, foi escolhido, na classificação de Witker[1] e Gustin,[2] o tipo jurídico-projetivo. O raciocínio desenvolvido na pesquisa será, de maneira predominante, dialético. Levando em consideração a relevância do tema pesquisado trabalho pretende analisar o acesso à justiça, seus instrumentos normativos e seu desenvolvimento, assim como destacar situações em que é necessária a aplicação do direito já mencionado.

2 HISTÓRIA E EVOLUÇÃO DO ACESSO À JUSTIÇA NO BRASIL

A trajetória relacionada com a justiça, assim como outros aspectos, possui como ponto de origem o colonialismo instalado no Brasil pelos portugueses. Dessa forma, o direito português influenciou o ordenamento jurídico brasileiro por vários séculos e, consequentemente, também fez parte da história do acesso à justiça no país.

Após uma série de adaptações, as leis brasileiras foram se alterando e, a partir da independência do Brasil e da perda do status de Colônia, algumas mudanças que ocasionaram no acesso à justiça, como é conhecida hoje, ocorreram, assim como Michel Souza[3] destaca em seu artigo "A história do acesso à justiça no Brasil":

---

[1] WITKER, Jorge. **Como elaborar una tesis en derecho: pautas metodológicas y técnicas para el estudiante o investigador del derecho.** Madrid: Civitas, 1985.

[2] GUSTIN, Miracy Barbosa de Sousa; DIAS, Maria Tereza Fonseca. **(Re)pensando a pesquisa jurídica: teoria e prática.** Belo Horizonte: Del Rey, 2010.

[3] SOUZA, Michel. **A História do Acesso à justiça no Brasil.** Revista do Curso de Direito da FACHA. Direito & Diversidade Ano 03, n° 05. Disponível em: https://aluno.facha.edu.br/pdf/revista-direito-5/artigo2.pdf. Acesso em: 01 ago. 2021.

Com a independência do Brasil em 1822 e a promulgação de sua primeira constituição em 1824, podemos encontrar alguma legislação com cunho social, mas ainda era muito cedo para se falar em acesso à justiça em um país alicerçado em um regime escravocrata e recém saído das amarras do sistema colonial. Entretanto, alguns acenos foram dados pela Constituição de 1824, que se propunha a dar o arcabouço jurídico do novo Estado que ora emergia no cenário internacional.

Diante de um panorama pós-escravagista, o Brasil possuiu um avanço lento quando falado sobre instrumentos mais democráticos. Entretanto, cabe ressaltar alguns marcos no que diz respeito ao acesso à justiça em algumas Cartas brasileiras. O primeiro ponto importante é a assistência jurídica gratuita prevista na Constituição de 1936, pois em seu artigo 113 afirmava: "A União e os Estados concederão aos necessitados assistência judiciária, criando, para esse efeito, órgãos especiais assegurando, a isenção de emolumentos, custas, taxas e selos.".[4]

Sobre isso, é importante destacar que o pioneirismo da assistência jurídica gratuita no início do Século XX marcou não só a época, mas também futuras constituições e, para além disso, tal assistência possibilitou que pessoas mais pobres, que não podiam acessar à justiça por falta de dinheiro, passassem a poder. Ou seja, aquelas pessoas consideradas como financeiramente necessitadas conseguiram uma chance para que litígios que nem iriam para o Poder Judiciário por falta de representação adequada, tivessem uma assistência ao menos mínima.

Outrossim, Michel Souza também destaca que "a Constituição de 1934 trouxe inovações, como a presença feminina no pleito eleitoral".[5]

Tal inclusão antes nunca prevista em uma Constituição brasileira é um importante fator para com a maior inserção das mulheres na política e, de forma consequente, no acesso à justiça, mesmo que ainda exista uma estrada longa a ser percorrida. Mencionada disposição pode ser

---

[4] BRASIL. Constituição (1934). Constituição da República dos Estados Unidos do Brasil. Disponível em: http://www.planalto.gov.br/ccivil_03/constituicao/constituicao34.htm. Acesso em: 01 ago. 2021.
[5] SOUZA, Michel. **A História do Acesso à justiça no Brasil**. Revista do Curso de Direito da FACHA. Direito & Diversidade Ano 03, nº 05. Disponível em: https://aluno.facha.edu.br/pdf/revista-direito-5/artigo2.pdf. Acesso em: 01 ago. 2021.

considerada como um passo inicial até mesmo para uma maior ocupação de mulheres não só votando, mas participando efetivamente da política e concorrendo a cargos de representação pública.

Após o período ditatorial em que Getúlio Vargas se manteve no poder, a Constituição de 1946 conseguiu garantir a presença de alguns direitos sociais como o do voto secreto nas eleições e em outras situações previstas em seu artigo 43, e o retorno do direito à assistência jurídica gratuita no §35 de seu artigo 141, que já tinha sido estabelecido na constituição anterior.[6]

O voto secreto nas eleições foi uma inovação no sentido de acesso à justiça por possibilitar que as pessoas votassem em quem realmente queriam eleger, com uma menor pressão por parte de patrões, familiares e até mesmo políticos influentes das regiões em que moravam. O voto aberto tornava mais possível a manipulação de quem seria eleito podendo até mesmo ter garantias de que favoreciam ou não os eleitores a depender de qual voto dessem.

No entanto, para além da demora para que houvesse total implementação e adaptação de um novo documento constitucional, uma série de retrocessos, no que foi o segundo período ditatorial do século XX, ocorreu e a população brasileira conseguiu usufruir de uma constituição verdadeiramente igualitária somente no ano de 1988.[7]

É importante ressaltar, nesse ponto da pesquisa, que as barreiras ao acesso à justiça foram enormes no Século XX, já que o país passou por dois períodos autoritários, várias mudanças de Cartas Magnas e outras legislações e diferentes presidentes com características voltadas para o populismo e para discursos e atos antidemocráticos.

O Artigo 5° da atual Carta Magna, pertencente ao título nomeado "Dos Direitos e Garantias Fundamentais" é que possui o encargo de definir alguns dos direitos e deveres mais importantes no atual ordenamento jurídico e o acesso à justiça pode ser visto em diferentes dispositivos inseridos no artigo mencionado[6]. Em conformidade com

---

[6] BRASIL. Constituição (1946). Constituição da República dos Estados Unidos do Brasil. Disponível em: http://www.planalto.gov.br/ccivil_03/constituicao/constituicao46.htm. Acesso em: 01 ago. 2021.

[7] BRASIL. Constituição (1988). Constituição da República Federativa do Brasil. Disponível em: http://www.planalto.gov.br/ccivil_03/constituicao/constituicao.htm. Acesso em: 01 ago. 2021.

Marília Bitencourt Campos Calou e Francisco de Assis Aragão Neto,[8] o "pleno acesso ao judiciário que se traduz em assistência jurídica integral e gratuita constitui direito e garantia fundamental" pode ser encontrado nos incisos XXXV, LXXIV, LV, dentre outros incisos do Artigo 5°:

O inciso XXXV do dispositivo previamente indicado trata de lesão ou ameaça de direito, isto é, havendo a ocorrência de qualquer uma das duas situações dispostas, o Poder Judiciário tem que atuar para com a resolução de problemáticas provenientes delas. Enquanto isso, o inciso LXXIV soluciona problemas relacionados com a capacidade financeira daquela pessoa que eventualmente esteja envolvida em algum processo, afirmando que aqueles que não possuírem renda suficiente vão ser beneficiados pela assistência jurídica oferecida pelo Estado.

Por último, no inciso LV estão dispostas as garantias referentes ao contraditório, a ampla defesa e todos os meios associados a eles em processos administrativos e judiciais, corroborando para com um acesso à justiça mais efetivo. Portanto, a Constituição Federal instalou instrumentos reais que colaboram para com a justiça não somente nos incisos aqui trabalhados, mas também em outros dispositivos existentes no texto do documento.

Logo, o Novo Código de Processo Civil[9] surgiu em um contexto bem mais democrático que seu antecessor, sendo criado alguns anos após a consolidação de dispositivos mais igualitários. Tendo isso em vista, cabe ressaltar que a presente pesquisa considerou importante analisar, primeiramente, a história por trás da conceituação do termo acesso à justiça no Brasil, a fim de demonstrar a amplitude da temática para além da esfera cível.

---

[8] ARAGÃO NETO, Francisco de Assis; CALOU, Marília Bitencourt Campos. O acesso à justiça como direito e garantia fundamental na Constituição Federal de 1988 e a competência legislativa concorrente: conflitos jurídicos entre a união e estados da federação. XXIII Congresso Nacional do CONPEDI/UFPB. Acesso à justiça III, págs. 154-173. Disponível em: http://publicadireito.com.br/publicac ao/ufpb/livro.php?gt=225. Acesso em: 01 ago. 2021.
[9] BRASIL Lei n° 13.105, de 16 de março de 2015. Código de Processo Civil. Disponível em: http://www.planalto.gov.br/ccivil_03/_ato2015-2018/2015/lei/l 13105.htm. Acesso em: 01 ago. 2021.

3 O ACESSO À JUSTIÇA NO PROCESSO CIVIL BRASILEIRO

Para um melhor entendimento a respeito do sistema de direito que utilizamos processualmente no Brasil, é necessário destacar os dois que estão presentes na maior parte dos países pelo globo, diferenciá-los e determinar a influência que os dois possuem no Brasil. Isto posto, é preciso caracterizar o que é chamado de *civil law* e o que é entendido como *common law*.

Primeiramente, *civil law* e *common law* são sistemas jurídicos, isto é, são "formas de sistematização do ordenamento jurídico", de acordo com Pablo Stolze Gagliano e Rodolfo Pamplona Filho.[10] Ainda em conformidade com autores supracitados, *civil law* é aquele sistema que se baseia na legislação, ou seja, está intimamente relacionado com as normas legais. Neste direito legislado "a atuação do operador do direito deve ser eminentemente técnica, conhecendo as normas integrantes do sistema e a doutrina que as interpreta".

Ainda sobre o assunto, o sistema em que a legislação é o ponto principal vê a Constituição e as demais legislações como a base do direito, o que acontece no Brasil. O sistema jurídico brasileiro é pautado no sistema apresentado, sendo que a Constituição seria a norma primordial, conjuntamente com a doutrina, diferente da jurisprudência que, mesmo sendo importante nessa sistemática, não possui um papel primário.

Diferentemente do que foi abordado, no sistema conhecido como *common law* o mais importante são as decisões tomadas dentro dos tribunais, as chamadas jurisprudências. Sobre isso, os últimos autores citados dizem haver quatro características centrais que compõem a essência do *common law*, sendo elas: efeito vinculativo das decisões", pois as decisões tomadas em tribunais superiores devem ser acatadas por tribunais inferiores; "perpetuidade do precedente", já que uma decisão uma vez tomada não perde sua vigência e pode ser utilizada; "construção jurisprudencial da doutrina jurídica", porque as razões que fundamentaram a decisão é que são importantes para o uso de um

---

[10] GAGLIANO, Pablo Stolze; PAMPLONA FILHO, Rodolfo. **Novo Curso de Direito Civil**: Parte Geral. 2018.

precedente e; "importância da decisão judicial por si só", pelo fato de que quaisquer decisões tomadas em quaisquer tribunais podem ser levadas em consideração.[11]

A partir do que foi apresentado acerca dos sistemas jurídicos, é necessário afirmar que no Brasil o sistema aplicado é o civil law, no entanto, é importante ressaltar que algumas regras e funcionalidades do sistema de common law são sim aplicadas no Brasil pois o sistema que utilizamos de maneira oficial não abrange todas as problemáticas existentes no país, o que tornou essencial uma adequação para ser possível a utilização de algumas regras do segundo sistema mencionado, como visto a seguir:

> Quando se fala da Teoria Geral do Processo como uma teoria que assenta e estrutura os princípios básicos de uma ciência ou de um ramo de uma ciência, temos de ter consciência de que essa teoria, entre nós difundida, é a do sistema jurídico romano germânico, que está crescentemente em busca da efetividade do processo e, portanto, de soluções para os pontos de estrangulamento da máquina da justiça e para o déficit garantístico do processo, no sentido de insuficiência das suas técnicas para assegurar o respeito à dignidade humana de todos os seus atores e a qualidade e confiabilidade das suas decisões. Na busca dessas soluções, muitas vezes teremos de recorrer a institutos de outro modelo de justiça, de outro paradigma. Assim, por exemplo, no Brasil, a criação dos juizados de pequenas causas – hoje com o infeliz nome de juizados especiais, porque especial é o que não é comum, geral, e, portanto, melhor seria que tivessem continuado a chamar-se juizados de pequenas causas – é proveniente do direito norte-americano, em busca de uma justiça mais pacificadora do que sentenciadora, o que evidencia esse intercâmbio de paradigmas. Deficiências do sistema da civil law vão sendo resolvidas pela importação de mecanismos da common law.[12]

---

[11] GAGLIANO, Pablo Stolze; PAMPLONA FILHO, Rodolfo. **Novo Curso de Direito Civil**: Parte Geral. 2018.
[12] GRECO, Leonardo. **Justiça civil, acesso à justiça e garantias**. Estação Científica (Ed. Especial Direito) Juiz de Fora, V.01, n.04, 2009. Disponível em: https://portaladm.estacio.br/media/4303/artigo-04.pdf. Acesso em: 01 ago. 2021.

Como afirmado por Leonardo Greco[13] em seu artigo "Justiça Civil, Acesso à Justiça e Garantias", algumas faltas presentes no *civil law* são preenchidas por técnicas inerentes ao *common law*, tendo como exemplo a situação envolvendo os então juizados especiais, que não caberiam se não houvesse uma "importação" de entendimentos do sistema de direito vizinho ao aplicado no Estado brasileiro.

Diante do que foi comentado a respeito dos sistemas jurídicos e da adoção mestra do *civil law* no direito brasileiro, cabe ressaltar a importância que as definições de acordo com a lei possuem para a eficácia do acesso à justiça no âmbito cível. Levando em consideração o Código de Processo Civil mais recente, existem diferentes métodos de resolução de conflitos no âmbito cível, como pode-se inferir do artigo 3° da referida lei.

No dispositivo é afirmado que quaisquer situações que envolvam lesão ou ameaça de direito estão sujeitas a uma análise jurisdicional, entretanto, para mais, em seu primeiro parágrafo há previsão no que concerne a possibilidade de arbitragem como uma alternativa que poderia ser mais eficaz em diferentes situações envolvendo litígios e um acesso mais rápido à justiça.[14]

Além do que foi afirmado, no parágrafo seguinte afirma-se que o principal objetivo do Estado na resolução de eventuais controvérsias seria uma solução consensual entre as partes no que tange ao conflito[14]. Por fim, no terceiro parágrafo, ainda do mesmo dispositivo, existem previsões pertinentes a conciliação e mediação, que devem ser incentivas pelo Ministério Público, advogados, juízes e defensores públicos, "inclusive no curso do processo judicial".[15]

---

[13] GRECO, Leonardo. **Justiça civil, acesso à justiça e garantias**. Estação Científica (Ed. Especial Direito) Juiz de Fora, V.01, n.04, 2009. Disponível em: https://portaladm.estacio.br/media/4303/artigo-04.pdf. Acesso em: 01 ago. 2021.
[14] BRASIL Lei n° 13.105, de 16 de março de 2015. Código de Processo Civil. Disponível em: http://www.planalto.gov.br/ccivil_03/_ato2015-2018/2015/lei/l 13105.htm. Acesso em: 01 ago. 2021.
[15] BRASIL Lei n° 13.105, de 16 de março de 2015. Código de Processo Civil. Disponível em: http://www.planalto.gov.br/ccivil_03/_ato2015-2018/2015/lei/ l13105.htm. Acesso em: 01 ago. 2021.

As formas de resolução de conflitos previstas no Código de Processo Civil atual consolidam o acesso à justiça não apenas oferecendo diferentes meios e técnicas para resolver controvérsias, mas também garantindo uma participação mais efetiva das partes para a resolução das problemáticas. De acordo com Maria Maria Martins Silva Stancati e Humberto Dalla Bernardina de Pinho[16] no estudo "A Ressignificação do princípio do Acesso à Justiça à luz do Art. 3º do CPC/2015", o acesso à justiça inclui:

> (a) o direito à informação e perfeito conhecimento do direito substancial e à organização de pesquisa permanente, a cargo de especialistas e orientada à aferição constante da adequação entre a ordem jurídica e a realidade socioeconômica do País; (b) direito de acesso à Justiça adequadamente organizada e formada por juízes inseridos na realidade social e comprometidos com o objetivo de realização da ordem jurídica justa; (c) direito à preordenação dos instrumentos processuais capazes de promover a efetiva tutela de direitos; (d) direito à remoção de todos os obstáculos que se anteponham ao acesso efetivo à Justiça com tais características.

Em conformidade com a pesquisa dos autores, é primordial destacar a classificação criada no trabalho compartilhado e como ela afeta a compreensão do que seria o acesso à justiça no processo civil brasileiro. Assim sendo, o direito à informação é uma garantia básica em qualquer procedimento, sendo que as partes envolvidas em um litígio devem ter a possibilidade de encarar um processo com todas as informações das quais tenha direito.

O direito ao acesso às justiças, também mencionado na pesquisa, busca garantir que todos possam de fato alcançar a chance de solucionar conflitos por meio do sistema jurisdicional ou outros meios previstos em lei. Enquanto isso, o direito à preordenação destacado na citação acima se trata dos instrumentos que podem ser utilizados com a finalidade de que haja a satisfação do direito em questão em um julgamento.

---

[16] PINHO, Humberto Dalla Bernardina; STANCATI, Maria Maria Martins Silva. **A ressignificação do princípio do acesso à justiça à luz do art. 3.º do CPC/2015.** Revista dos Tribunais Online. 2018. Disponível em: https://sistemas.rj.def.br/publico/sarova.ashx/Portal/sarova/imagem-dpge/public/arquivos/Acesso_ressignificado_-_Dalla_e_Stancati_-_2018.pdf. Acesso em: 01 ago. 2021.

Por último, o chamado direito à remoção de obstáculos pode ser entendido como o acesso à justiça no sentido mais primordial do termo. Isto é, já que o acesso às justiças é o ponto central de tudo o que foi discutido até aqui, mas visto de forma mais teórica do que prática, a "incorporação" do conceito no plano real se dá por meio da remoção de obstáculos que possam prejudicar de qualquer forma o processo e, consequentemente, o acesso às justiças no Brasil.

4 ACESSO À JUSTIÇA NO DIREITO DE FAMÍLIA

É nessa linha de pensamento que avançamos para a reflexão do acesso à justiça dentro do direito de família, considerando sua peculiaridade, por se tratar de área em que o Estado intervém em uma relação particular e familiar, a fim de garantir que direitos não sejam usurpados nas relações travadas ou em eventuais situações de conflito que podem figurar nesse contexto. Quando se discute o acesso à justiça no direito no tocante ao direito de família, acabamos nos deparando com questão essencial para o alcance do acesso jurisdicional correto: o que é família? O presente trabalho não pretende se debruçar à fundo sobre as questões sociais ou religiosas que a pergunta traz, mas sim ressaltar a solução já dada pelo ordenamento jurídico brasileiro, isto é, destacar o princípio da afetividade. Jackelline Fraga Pessanha,[17] em seu artigo A afetividade como princípio fundamental para a estruturação familiar

> A família foi evoluindo e modificando seus paradigmas, transformando-se em medidas que acentuam as relações ligadas aos sentimentos de afeto, felicidade e amor familiar, valorizando as relações ancoradas no afeto. Afeto significa sentimento de afeição ou inclinação para alguém, amizade, paixão ou simpatia, portanto é o elemento essencial para a constituição de uma família nos tempos modernos, pois somente com laços de afeto consegue-se manter a estabilidade de uma família que é independente e igualitária com as pessoas, uma vez que não há mais a necessidade de dependência econômica de uma só pessoa.

---

[17] PESSANHA, Jackelline Fraga. **A afetividade como princípio fundamental para a estruturação familiar**. Instituto Brasileiro de Direito de Família. 2011.Disponível em: https://ibdfam.org.br/_img/artigos/Afetividade%2019_12_2011.pdf. Acesso em: 01 ago. 2021.

Assim, tem-se que as relações devem ser pautadas no afeto para que se configure uma família. Contudo, é primordial que os aplicadores do direito tenham o mesmo princípio como norte no momento da realização de seu ofício, vez que, seja para oficializar a formação de uma família ou para resolver conflitos advindos da relação, o afeto pode ser o caminho para a aplicação mais serena, satisfatória e justa, considerando que as demandas familiares exigem mais sensibilidade dos envolvidos.

Ressalta-se maior relevância de tal princípio quando se reflete sobre o acesso das crianças e adolescentes em juízo. Estas que hodiernamente não eram sequer diferenciadas dos adultos até o fim da idade média, sendo a infância considerada apenas aquele estágio da vida mais frágil de dependência física, cuja visão só foi alterada em decorrência da ascensão do cristianismo, trazendo para a visão social a noção de que as crianças são seres de almas frágeis, que devem ser protegidos. Assim, inicia-se o processo de educação de crianças, bem como o desenvolvimento de noções etárias para delimitar o que seria as fases da infância, adulto e idoso, possibilitando a cada ciência tratar cada fase com suas necessidades.[18]

Quando discute-se o acesso de crianças e adolescentes à tutela jurisdicional depara-se com um problema de difícil solução que demanda atenção especial da justiça, isto é, por não possuírem capacidade civil, não tem capacidade de postular em juízo em interesse próprio, e nem devem ter, visto que não possuem discernimento para tal, contudo a proteção dos interesses e direitos do menor ficam subjugados a um tutor ou guardião, que pode confundir os interesses próprios com os do menor, trazendo um empecilho para a criança que necessita da justiça. Como exemplo claro da dificuldade apresentada, temos as situações que se desenham no tocante a disputas de alienação parental, que frequentemente estão associadas a um processo de separação, guarda e/ou alimentos.

---

[18] SPOSATO, Karyna Batista; NASCIMENTO, Marcelo Oliveira de. **O neoconstitucionalismo e seus impactos frente ao trabalho Infantojuvenil brasileiro**. Revista Direitos Fundamentais & Democracia, V. 5, n. 1, 2020. Disponível em: https://revistaeletronicardfd.unibrasil.com.br/index.php/rdfd/article/view/1519/642. Acesso em: 01 ago. 2021.

Considerando a fragilidade do quadro que se delimita nesses casos, em que se depara com momento de ruptura e, muitas vezes, mágoas entre os pais, o que se forma é um terreno propício à beligerância entre os pais que acaba por envolver, também, a criança, que se torna objeto de disputa entre eles, e até objeto de vingança, que em certos níveis começa a delinear situações de alienação parental, isto é, um dos genitores usa o menor como objeto de vingança contra o outro genitor (há ainda o entendimento que essa pode se dar até por/contra avós, tios e outros familiares), afastando a criança do familiar alienado. Há, ainda, o quadro em que um genitor alega a alienação apenas para fim de conseguir a guarda, não com o princípio do afeto em mente, mas com o objetivo de evitar o pagamento de pensão alimentícia ou como forma de vingança.

Mostra-se, cada vez mais, que a intervenção precoce nesses tipos de situação é de extrema importância. Esses tipos de condutas, realizadas durante a infância, podem acarretar graves sequelas, as quais podem perdurar a vida inteira do indivíduo, como, também, gerar um ciclo repetitivo, ou seja, essas crianças podem repetir as mesmas condutas, quando tiverem outra criança em seu ciclo geracional.

Assim vemos que o direito infantil acaba por se tornar mecanismo de manobra para os tutores e genitores que querem de alguma forma prejudicar o outro através deste, por isso a temática necessita de maior atenção na prática jurídica, tendo como princípio norteador o princípio do afeto e sempre de modo a atender o melhor interesse da criança, vez que essa se trata de parte mais vulnerável da relação jurídica, especialmente nas espécies de procedimentos citados.

5 ACESSO À JUSTIÇA DAS CRIANÇAS E A QUESTÃO DA ALIENAÇÃO PARENTAL

É diante dessa vulnerabilidade que as crianças se encontram dentro do processo de família, que se deve questionar o acesso à justiça das crianças, especialmente daquelas vítimas de violência e a influência que o processo civil tem tido na segurança dessas crianças através das discussões que rondam a Lei de Alienação Parental.[19]

A questão que recentemente emergiu no cenário do direito de família se refere ao procedimento da Alienação parental e como este tem sido instrumentalizado desviando a finalidade protetiva dos menores para fins de vingança entre pais e até por abusadores que o usam para ter a guarda do menor. A Alienação Parental, de acordo com Antônio de Pádua Serafim é:[20]

> uma forma de maltrato ou abuso; é um transtorno psicológico que se caracteriza por um conjunto de sintomas pelos quais um genitor, denominado cônjuge alienador, transforma a consciência de seus filhos, mediante diferentes formas e estratégias de atuação, com o objetivo de impedir, obstaculizar ou destruir seus vínculos com o outro genitor, denominado cônjuge alienado, sem que existam motivos reais que justifiquem essa condição.

O pedido de revogação feito por movimentos de proteção da mulher e da família tem como base argumentativa a instrumentalização da lei e do procedimento para que pedófilos sigam com a guarda de crianças, além disso discute a base teórica psicológica da referida lei e denuncia a parcialidade da lei e da aplicação desta, havendo diferenciação de gênero, posicionando a mulher sempre como alienadora, ainda que os fatos discutidos já tenham sido sentenciados em outro processo.

O objetivo central da Lei de Alienação Parental é garantir que crianças não se tornem objeto de disputa entre os pais com finalidades vingativas ou diversa ao princípio da afetividade. Para tal, inicialmente, o diploma legal define o que é alienação parental em seu artigo 2°:

> Art. 2o Considera-se ato de alienação parental a interferência na formação psicológica da criança ou do adolescente promovida ou induzida por um dos genitores, pelos avós ou pelos que tenham a criança ou adolescente sob a sua

---

[19] BRASIL. Lei nº 12.318, de 26 de agosto de 2010. Dispõe sobre a alienação parental e altera o art. 236 da Lei no 8.069, de 13 de julho de 1990. Disponível em: http://www.planalto.gov.br/ccivil_03/_ato2007-2010/2010/lei/l12318.htm. Acesso em: 01 ago. 2021.

[20] SERAFIM, Antônio Pádua. Ministério Público do Paraná. Disponível em: https://mppr.mp.br/pagina-6665.html. Acesso em: 01 ago. 2021.

autoridade, guarda ou vigilância para que repudie genitor ou que cause prejuízo ao estabelecimento ou à manutenção de vínculos com este.[21]

Definida a prática de Alienação, o mesmo dispositivo traz em seu parágrafo único um rol de exemplos de condutas que se amoldam à definição dada. Já no dispositivo seguinte a referida lei traz as consequências dessa prática e o motivo da necessidade de proteção dos menores frente a essa prática:

> Art. 3o A prática de ato de alienação parental fere direito fundamental da criança ou do adolescente de convivência familiar saudável, prejudica a realização de afeto nas relações com genitor e com o grupo familiar, constitui abuso moral contra a criança ou o adolescente e descumprimento dos deveres inerentes à autoridade parental ou decorrentes de tutela ou guarda.[22]

Assim, dentro do próprio texto legal encontramos razões pelas quais a revogação total da lei traria malefícios ao menor protegido, objeto deste visto que sofre com as consequências que uma disputa entre os genitores pode trazer. Nos dispositivos que seguem a lei regula o procedimento em que se dará o processo de alienação parental, determinando, inclusive, em seu artigo 4º, que o processo poderá se dar de forma incidental ou autônoma.[23]

Ainda, o art. 6º, da Lei de Alienação Parental, permite que juiz:

> I – declarar a ocorrência de alienação parental e advertir o alienador;

---

[21] BRASIL. Lei nº 12.318, de 26 de agosto de 2010. Dispõe sobre a alienação parental e altera o art. 236 da Lei no 8.069, de 13 de julho de 1990. Disponível em: http://www.planalto.gov.br/ccivil_03/_ato2007-2010/2010/lei/l12318.htm. Acesso em: 01 ago. 2021.

[22] BRASIL. Lei nº 12.318, de 26 de agosto de 2010. Dispõe sobre a alienação parental e altera o art. 236 da Lei no 8.069, de 13 de julho de 1990. Disponível em: http://www.planalto.gov.br/ccivil_03/_ato2007-2010/2010/lei/l12318.htm. Acesso em: 01 ago. 2021.

[23] BRASIL. Lei nº 12.318, de 26 de agosto de 2010. Dispõe sobre a alienação parental e altera o art. 236 da Lei no 8.069, de 13 de julho de 1990. Disponível em: http://www.planalto.gov.br/ccivil_03/_ato2007-2010/2010/lei/l12318.htm. Acesso em: 01 ago. 2021.

II – ampliar o regime de convivência familiar em favor do genitor alienado;
III – estipular multa ao alienador;
IV – determinar acompanhamento psicológico e/ou biopsicossocial;
V – determinar a alteração da guarda para guarda compartilhada ou sua inversão;
VI – determinar a fixação cautelar do domicílio da criança ou adolescente;
VII – declarar a suspensão da autoridade parental.

Tal determinação colaborou para que uma série de problemática surgissem em razão da possibilidade do procedimento ocorrer de forma incidental, podemos pontuar como uma delas e talvez a mais grave, as situações em que um dos genitores abusa de um menor e enquanto o processo penal não se finda, o genitor que abusou do menor entra com demanda de alienação parental dentro da área cível, a fim de conseguir a guarda do menor, que pode ser deferida em razão do mesmo dispositivo que preconiza que o juiz determinará com urgência medidas provisórias para evitar uma alienação que não foi comprovada e que os fatos ensejadores da disputa sejam reais, isto é, a criança de fato foi abusada por um dos genitores e é necessária a distância deste.

Ainda nesse contexto, as ações jurídicas se provam, muitas vezes, intensificadoras da alienação parental, eis que os envolvidos começam a regulamentar, acusar ou, até mesmo, disputar guardas. A jurisdição brasileira não deve se omitir e deve, cada vez mais, qualificar seus magistrados e os profissionais pertinentes ao procedimento para o melhor interesse do menor. Dessa forma, ideias e alternativas, as quais podem melhorar o convívio no ambiente familiar, monitorando e observando os comportamentos dos familiares e das crianças, poderá fazer diferença em um procedimento extremamente delicado e necessário.

Nessa lógica, temos que para a garantia do direito infantil de manter sua integridade física e mental bem como o desenvolvimento de laços com os familiares é necessário que o aplicador do direito tenha em mente sempre o princípio da afetividade, especialmente quando for sopesar direitos, tendo em vista que o direito à integridade física, moral e sexual da criança não pode ser prejudicada por uma possível ameaça ao seu direito psíquico e social ao seio familiar. Ambos devem ser garantidos sem que um atrapalhe o outro, de modo que o juiz deverá ter a sensibilidade necessária para tomar as devidas decisões com cautela e sempre atendendo ao melhor interesse da criança.

Além dos profissionais aplicadores do direito, é essencial a atuação dos profissionais da psicologia, e que ambos trabalhem de modo a garantir o bem estar social, físico e psíquico da criança. Com o trabalho articulado entre essas duas esferas, é possível garantir o acesso à justiça, vez que subtraídos os profissionais de psicologia dessa equação, resultaria na usurpação de direito da criança, seja no tocante a definir se há situação de alienação parental ou de trabalhar na recuperação de laços entre os familiares ou, em caso de violência, constata-la e trabalhar para a recuperação da saúde psíquica da criança violentada. Assim, somente com trabalho interdisciplinar os menores poderão ter efetivamente seu direito ao acesso à justiça.

A Lei de Alienação Parental nasce na necessidade social de proteger as crianças que se encontram como objeto na litigância de seus genitores, e revogar tal instrumento seria negar à esta parte vulnerável o acesso à justiça. Contudo, evitar que um diploma legal protetivo se torne instrumento de manipulação nas mãos de pessoas que pretendem desviar o fim da norma é dever dos aplicadores do direito, através dos princípios do direito e da sopesamento de direitos no caso concreto.

6   CONSIDERAÇÕES FINAIS

Diante do exposto infere-se que tiveram muitos avanços quando se trata do acesso à justiça, especialmente no Brasil. Apesar das dificuldades históricas que aconteceram, tal como governos ditatoriais no caminho, o ordenamento jurídico foi capaz de se estruturar de forma democrática, mesmo que ainda se encontre em desenvolvimento. O acesso à justiça como temos hoje não surgiu da noite para o dia, ele foi uma construção histórica de lutas, discussões e questionamentos, e em razão disso a presente pesquisa se faz tão importante.

Após diversas Constituições e novas Leis, implementadas para que, cada vez mais, atendam o melhor interesse da criança, pode-se inferir que muito mudou. Porém, através de um recorte histórico e disciplinar demonstrou-se que, apesar da evolução e mecanismos que o acesso à justiça possui no direito brasileiro, de família e infanto-juvenil, ainda encontramos dificuldades em garantir o acesso e o direito dos menores.

Mostrou-se, também, a importância do acesso à justiça para a garantia dos direitos e da integridade física e mental. O acesso à justiça é de extrema importância e, na maior parte dos casos, é uma das proteções possíveis à criança. Nesse sentido, após o exposto, percebe-se que, por mais que o sistema jurídico brasileiro tenha evoluído e desenvolvido para a proteção dos menores, ainda há algumas falhas, as quais podem acarretar graves consequências para os menores, como o agravamento da alienação parental.

A partir do exposto, demonstrou-se que é de extrema importância e urgência uma maior atenção na situação da alienação parental, eis que, ações realizadas no âmbito familiar, degradantes para a criança, podem deixar profundas sequelas e, até gerar padrões de condutas e, possivelmente, gerar ciclos transgeracionais. Dessa forma, os menores, que sequer conseguem ter seus direitos assegurados em juízo sem que estes sejam confundidos e conflitem com o de seus genitores, devem ter seus direitos assegurados, sendo este dever dos juízes da infância e juventude se atentar aos interesses dos menores, parte mais frágil da relação processual e jurídica.

REFERÊNCIAS

ARAGÃO NETO, Francisco de Assis; CALOU, Marília Bitencourt Campos. **O acesso à justiça como direito e garantia fundamental na Constituição Federal de 1988 e a competência legislativa concorrente**: conflitos jurídicos entre a união e estados da federação. XXIII Congresso Nacional do CONPEDI/UFPB. Acesso à justiça III, págs. 154-173. Disponível em: http://publicadireito.com.br/publicacao/ufpb/livro.php?gt=225. Acesso em: 01 ago. 2021.

BRASIL. Constituição (1934). Constituição da República dos Estados Unidos do Brasil. Disponível em: http://www.planalto.gov.br/ccivil_03/constituicao/constituicao34.htm. Acesso em: 01 ago. 2021.

BRASIL. Constituição (1946). Constituição da República dos Estados Unidos do Brasil. Disponível em: http://www.planalto.gov.br/ccivil_03/

constituicao/constituicao46.htm. Acesso em: 01 ago. 2021.

BRASIL. Constituição (1988). Constituição da República Federativa do Brasil. Disponível em: http://www.planalto.gov.br/ccivil_03/constituica o/constituicao.htm. Acesso em: 01 ago. 2021.

BRASIL. Lei nº 12.318, de 26 de agosto de 2010. Dispõe sobre a alienação parental e altera o art. 236 da Lei no 8.069, de 13 de julho de 1990. Disponível em: http://www.planalto.gov.br/ccivil_03/_ato2007-2 010/2010/lei/l12318.htm. Acesso em: 01 ago. 2021.

BRASIL Lei nº 13.105, de 16 de março de 2015. Código de Processo Civil. Disponível em: http://www.planalto.gov.br/ccivil_03/_ato2015-2 018/2015/lei/l13105.htm. Acesso em: 01 ago. 2021.

GAGLIANO, Pablo Stolze; FILHO, Rodolfo Pamplona. **Novo Curso de Direito Civil**: Parte Geral. 2018.

GUSTIN, Miracy Barbosa de Sousa; DIAS, Maria Tereza Fonseca. **(Re)pensando a pesquisa jurídica: teoria e prática**. Belo Horizonte: Del Rey, 2010.

PESSANHA, Jackelline Fraga. **A afetividade como princípio fundamental para a estruturação familiar**. Instituto Brasileiro de Direito de Família. 2011. Disponível em: https://ibdfam.org.br/_img/arti gos/Afetividade%2019_12_2011.pdf. Acesso em: 01 ago. 2021.

PINHO, Humberto Dalla Bernardina; STANCATI, Maria Maria Martins Silva. **A ressignificação do princípio do acesso à justiça à luz do art. 3.º do CPC/2015**. Revista dos Tribunais Online. 2018. Disponível em: https://sistemas.rj.def.br/publico/sarova.ashx/Portal/sarova/imagem-dpg e/public/arquivos/Acesso_ressignificado_-_Dalla_e_Stancati_-_2018.pd f. Acesso em: 01 ago. 2021.

SERAFIM, Antônio Pádua. Ministério Público do Paraná. Disponível em: https://mppr.mp.br/pagina-6665.html. Acesso em: 01 ago. 2021.

SOUZA, Michel. **A História do Acesso à justiça no Brasil**. Revista do Curso de Direito da FACHA. Direito & Diversidade Ano 03, nº 05. Disponível em: https://aluno.facha.edu.br/pdf/revista-direito-5/artigo2.p df. Acesso em: 01 ago. 2021.

SPOSATO, Karyna Batista; NASCIMENTO, Marcelo Oliveira de. **O neoconstitucionalismo e seus impactos frente ao trabalho Infantojuvenil brasileiro**. Revista Direitos Fundamentais & Democracia, V. 5, n. 1, 2020. Disponível em: https://revistaeletronicardfd.unibrasil.com.br/index.php/rdfd/article/view/1519/642. Acesso em: 01 ago. 2021.

WITKER, Jorge. **Como elaborar una tesis en derecho: pautas metodológicas y técnicas para el estudiante o investigador del derecho**. Madrid: Civitas, 1985.

ANÁLISE CRÍTICA EM VIRTUDE DA ANOMIA REGULATÓRIA DO DISPOSTO NO INCISO V DO ARTIGO 927 DO CÓDIGO DE PROCESSO CIVIL DE 2015

9

Ester Almeida e Andrade

1 CONSIDERAÇÕES INICIAIS

Há dois modelos jurídicos presentes no mundo ocidental que influenciaram a estrutura jurídica de diversos países. O primeiro modelo jurídico é a *Civil Law*, tradição romano-germânica, racionalista que utiliza uma norma abstrata e geral que irá abranger casos futuros com base no positivismo jurídico e na codificação das normas (códigos, leis e dogmática). Com isso, o juiz utiliza o método dedutivo diante da interpretação da lei para a solução do litígio no caso concreto.

O segundo modelo é o da *Common Law* aplicado em países de dominação britânica de cunho empirista, antidogmática, sua valorização é na vivência histórica que ocorre por meio da consolidação do costume reiterado de uma sociedade. Baseia-se no *stare decisis et non quieta movere* (mantenha a decisão e não ofenda o que foi decidido) partindo sempre de um caso concreto que irá criar uma norma jurídica que é a *ratio decidendi*.

O Brasil, devido a influência da colonização portuguesa, possui o modelo jurídico predominante *Civil Law*. Porém, com o passar do tempo vem adotando institutos do modelo jurídico *Common Law* que são: a Constituição Brasileira de 1946, por meio da Emenda Constitucional de nº 16/1965, trouxe ao ordenamento jurídico a figura do controle concentrado ou abstrato; a Emenda Constitucional nº 45/2004, que trouxe ao cenário brasileiro a figura das súmulas vinculantes do STF[1] (posicionamento dominante do STF referente a um determinado assunto

---

[1] Supremo Tribunal Federal

que vincula todos os outros tribunais e juízes); e em 2008 incluído pela Lei 11.672 incluiu no ordenamento os recursos repetitivos, logo, a criação desses institutos no ordenamento jurídico brasileiro gerou um modelo jurídico híbrido.

Diante disso, com o advento do CPC[2] em 2015 reforçou no cenário jurídico brasileiro a figura de precedentes vinculantes que já existia no ordenamento jurídico pátrio com as figuras: as decisões de controle concentrado de constitucionalidade, as súmulas vinculantes do STF e os recursos repetitivos o que gerou a crescente importância e utilização dos precedentes no modelo brasileiro reforçando o modelo jurídico híbrido.

Os artigos referentes aos precedentes inseridos no CPC/2015, estão, no Livro III, Título I, Capítulo I, que expressa um comando para a uniformização da jurisprudência dos tribunais que deverá ser estável, íntegra e coerente para garantia da segurança jurídica do ordenamento, que gera isonomia para o cidadão e consequentemente a realização da justiça no caso concreto.

Entretanto, é importante frisar a falta da regulamentação no Regimento Interno dos tribunais de segundo grau (TJMG[3], TJRJ[4], TJES[5], TJSP[6], TJDF[7]) sobre a utilização do precedente vinculante referente à orientação do plenário ou do órgão especial, destes tribunais, gera o problema jurídico da impossibilidade de tratar tais entendimentos como precedentes vinculantes, visto que esses tribunais são silentes sobre o procedimento da formação e aplicação desses entendimentos.

Com isso, para iniciar o presente trabalho, analisamos o surgimento e a peculiaridade de cada modelo jurídico presente no Ocidente que são a *Civil Law* e a *Common Law* conjuntamente com as suas influências no ordenamento jurídico brasileiro. Posteriormente, será apresentado os elementos necessários para formação e aplicação do precedente: a doutrina do *Stare Decisis* e os elementos componentes do precedente *ratio decidendi, obiter dictum, distinguishing* e *overruling*.

---

[2] Código de Processo Civil de 2015, Lei nº 13.105/2015.
[3] Tribunal de Justiça de Minas Gerais.
[4] Tribunal de Justiça do Rio de Janeiro.
[5] Tribunal de Justiça do Espírito Santo.
[6] Tribunal de Justiça de São Paulo.
[7] Tribunal de Justiça do Distrito Federal.

Portanto, esta pesquisa desenvolve uma análise hermenêutica-argumentativa sobre a falta da regulamentação do procedimento dos tribunais de 2º grau, em seus Regimentos Internos, sobre a orientação do plenário e do órgão especial expressa pelo art. 927, inciso V, CPC/2015, pois, a falta de procedimento de identificação e formalização da orientação do plenário e do órgão especial gera impossibilidade de tratar tais entendimentos como precedentes vinculantes.

2 DIFERENÇAS ENTRE A CIVIL LAW E COMMON LAW

2.1 A Tradição *Civil Law*

A tradição da *Civil Law,* para iniciar, possui sua origem romano-germânica inspirada no direito romano com os pilares da moral e da justiça, com isso, é uma tradição racionalista que utiliza uma norma abstrata e geral que irá abranger casos futuros por meio do positivismo jurídico e a codificação das leis (códigos, leis e dogmática) surgiu a partir do século XIX. Nesse contexto René David expressa:

> Esta família agrupa os países nos quais a ciência do direito se formou sobre a base do direito romano. As regras de direito são concebidas nestes países como sendo regras de conduta, estreitamente ligadas a preocupações de justiça e de moral. Determinar quais devem ser estas regras é a tarefa essencial da ciência do direito; absorvida por esta tarefa, a "doutrina" pouco se interessa pela aplicação do direito que é assunto para os práticos do direito e da administração. A partir do século XIX, um papel importante foi atribuído, na família romano-germânica, à lei; os diversos países pertencentes a esta família dotaram-se de "códigos".[8]

Cabe ressaltar, que a "[...] criação da família de direito romano-germânica está ligada ao renascimento que se produz nos séculos XII e XIII no Ocidente europeu. Este renascimento manifesta-se em todos os

---

[8] DAVID, René. **Os grandes sistemas do direito contemporâneo.** Tradução por Hermínio A. Carvalho. 4. ed. São Paulo: Martins Fontes, 2002, p. 35.

planos; um dos seus aspectos importantes é o jurídico."⁹ Dessa forma, com o renascimento do comércio e das cidades, surgiu à necessidade da criação de regras de condutas mais claras para garantir a segurança e a ordem na sociedade.

Exemplos desse modelo conhecido no mundo influenciados na sua formação jurídica pelo direito romano-germânico são: *Code Civil* (França), *Bürgerliches Gesetzbuch* (Alemanha), Código Civil Português (Portugal).

Por fim, tanto a tradição *Civil Law* quanto a tradição *Common Law* sofreram mudanças com o passar do tempo, visto que ambas tradições tiveram contato entre si para a formação do modelo jurídico ideal para o ordenamento de cada região, dessa forma, René David explana:

> Países de direito romano-germânico e países de *common law* tiveram uns com os outros, no decorrer dos séculos, numerosos contatos. Em ambos os casos, o direito sofreu a influência da moral cristã e as doutrinas filosóficas em voga puseram em primeiro plano, desde a época da Renascença, o individualismo, o liberalismo e a noção de direitos subjetivos. A *common law* conserva hoje a sua estrutura, muito diferente da dos direitos romano-germânicos, mas o papel desempenhado pela lei foi aí aumentado e os métodos usados nos dois sistemas tendem a aproximar-se; sobretudo a regra de direito tende, cada vez mais, a ser concebida nos países de *common law* como o é nos países da família romano-germânica. [10]

O próximo item a ser apresentado evidenciará as características presente no modelo jurídico da *Common Law*, outra família com importantes conceitos utilizados no ordenamento jurídico de diversos países no mundo.

2.2   A Tradição *Common Law*

---

[9] DAVID, René. **Os grandes sistemas do direito contemporâneo.** Tradução por Hermínio A. Carvalho. 4. ed. São Paulo: Martins Fontes, 2002, p.50.
[10] DAVID, René. **Os grandes sistemas do direito contemporâneo.** Tradução por Hermínio A. Carvalho. 4. ed. São Paulo: Martins Fontes, 2002, p. 38.

A tradição da *Common Law* teve o seu surgimento no direito inglês (Inglaterra) pela ação dos Tribunais Reais de Justiça e pela necessidade de centralização do poder nas mãos do monarca, dessa forma, "[...] todo o estudo da *Common Law* deve começar por um estudo do direito inglês. A *Common Law* é um sistema profundamente marcado pela sua história, e esta história é de forma exclusiva, até o século XVIII, a do direito inglês."[11]

Diante disso, a Inglaterra, nos primórdios do desenvolvimento do modelo jurídico *Common Law,* utilizava o mecanismo da *writs* (ações judiciais) derivadas de ordens do monarca regente. Dessa maneira, Gilissen expõe:

> O direito desenvolveu-se na Inglaterra desde o século XIII, com base nesta lista de writs, isto é, das ações judiciais sob a forma de ordens do rei. Em caso de litígio, era (e continua a ser) essencial encontrar o writ aplicável ao caso concreto; o processo é assim aqui mais importante que as regras do direito positivo: remedies precede rights. O Common Law elaborou-se com base num número limitado de formas processuais e não sobre regras relativas ao fundo do direito.[12]

Dessa maneira, a *Common Law,* diferentemente da *Civil Law,* é um modelo jurídico com origem em países anglo-saxônicos (exemplos: Inglaterra, Irlanda, Estados Unidos), sendo sua estrutura baseada em uma decisão judicial (caso concreto) amplamente debatida e que posteriormente se transforma em um precedente judicial, isto é, "a regra de direito da *Common Law,* menos abstrata que a regra de direito da família romano-germânica, é uma regra que visa dar solução a um processo, e não formular uma regra geral de conduta para o futuro."[13]

Dessa forma, para entender essa tradição jurídica é preciso entender também a doutrina *stare decisis* que surgiu a partir do hábito do reino inglês que sempre se reuniam para discursão de um julgamento

---

[11] DAVID, René. **Os grandes sistemas do direito contemporâneo.** Tradução por Hermínio A. Carvalho. 4. ed. São Paulo: Martins Fontes, 2002, p. 347.
[12] GILISSEN, John. **Introdução histórica ao direito.** 7. ed. São Paulo: Editora Fundação Calouste Gulbenkian, 2013, p. 211.
[13] DAVID, René. **Os grandes sistemas do direito contemporâneo.** Tradução por Hermínio A. Carvalho. 4. ed. São Paulo: Martins Fontes, 2002, p. 37.

complexo e essa decisão se tornava referência para os casos futuros. Sérgio Porto destaca que:

> Assim, foram lançadas as bases para o desenvolvimento da ideia do precedente vinculante (rectius: stare decisis) que representa, em linhas gerais, a possibilidade jurídica de que o juízo futuro declare-se vinculado a decisão anterior, em face da identidade de casos. De sorte que, 'Standing by a decision (firmar numa decisão)', representa a tarefa de decidir uma questão de direito de modo uniforme em casos materialmente idênticos. Na proposta clássica, encerra a ideia: stare decisis et non quieta movere, ou, deixe-se a decisão firmada e não altere-se as coisas que foram assim dispostas, ou, ainda, ficar com o que foi decidido e não mover o que está em repouso.[14]

Ainda sobre a teoria do *stare decisis,* Oliveira Junior expressa sobre os precedentes obrigatórios de observância do magistrado:

> (...) na tradição do *common law*, em decorrência da teoria do *stare decisis,* os precedentes judiciais são de observância obrigatória aos juízes, de modo a dar-se coerência e integridade à aplicação do direito, bem como importante aos jurisdicionados, na medida em que garante a segurança jurídica e a previsibilidade necessária para o exercício das atividades sociais.[15]

Além disso, a busca pela igualdade também era um objetivo presente no sistema da *Common Law* com o intuito de garantir o direito e a segurança jurídica nas relações. Dessa forma, Oliveira Junior destaca:

> (...) common law busca a equidade entre os cidadãos a partir da aplicação das decisões dos casos concretos já julgados aos casos futuros, cujos fatos sejam semelhantes. Diferentemente da França, na Inglaterra, não se tinha desconfiança do Poder

---

[14] PORTO, Sérgio Gilberto. Sobre a Common Law, Civil Law e o Precedente Judicial. *In*: MARINONI, Luiz Guilherme (Coord.). **Estudos de Direito Processual Civil – homenagem ao Professor Egas Dirceu Moniz de Aragão.** São Paulo: Revista dos Tribunais, 2006, p. 778.

[15] OLIVEIRA JUNIOR, Délio Mota de. Aspectos da tradição do *common law* necessários para o desenvolvimento da teoria brasileira dos precedentes judiciais. *In:* NUNES, Dierle; MENDES, Aluisio; JAYME, Fernando Gonzaga (Coords.). **A nova aplicação da jurisprudência e precedentes no CPC/2015.** São Paulo: Revista dos Tribunais, 2017, p. 284.

Judiciário, não havendo necessidade de instituir um dogma da aplicação estrita da lei. O common law é um sistema ancorado profundamente na tradição e nos costumes, constituído pela teoria do stare decisis, que prevê a eficácia vinculante (vertical, porque o entendimento dos órgãos superiores vinculam os hierarquicamente inferiores; e horizontal, porque, em regra, o precedente deve ser seguido também pelo Tribunal que o formou) da ratio decidedi dos precedentes judiciais.[16]

Cabe ressaltar, que essa tradição jurídica, a *Common Law*, assim como a *Civil Law,* teve sua expansão para outros países fora da Inglaterra, devido ao processo de colonização ou recepção. Alguns exemplos conhecidos são: na Europa, a Irlanda, e fora da Europa, em países mulçumanos, adotando parcialmente, bem como Estados Unidos e Canadá.[17]

Um país que foi colonizado pela Inglaterra e consequentemente recepcionou o modelo da *Common Law* é os Estados Unidos. Com isso, o país possui um direito predominantemente jurisprudencial, porém, essa tradição foi adotada com algumas diferenciações tais como:

> A existência de uma Constituição escrita, comportando uma Declaração dos Direitos, é um dos elementos que diferenciam profundamente o direito dos Estados Unidos do direito inglês. O direito constitucional americano difere tanto do direito constitucional inglês que um princípio não admitido na Inglaterra foi aceito nos Estados Unidos: o do controle judiciário da constitucionalidade das leis.[18]

Por fim, é importante frisar que o procedimento para formação de um precedente judicial é bastante demorado e

---

[16] OLIVEIRA JUNIOR, Délio Mota de. Aspectos da tradição do *common law* necessários para o desenvolvimento da teoria brasileira dos precedentes judiciais. *In:* NUNES, Dierle; MENDES, Aluisio; JAYME, Fernando Gonzaga (Coords.). **A nova aplicação da jurisprudência e precedentes no CPC/2015.** São Paulo: Revista dos Tribunais, 2017, p. 274.
[17] DAVID, René. **Os grandes sistemas do direito contemporâneo.** Tradução por Hermínio A. Carvalho. 4. ed. São Paulo: Martins Fontes, 2002, p. 38.
[18] DAVID, René. **Os grandes sistemas do direito contemporâneo.** Tradução por Hermínio A. Carvalho. 4. ed. São Paulo: Martins Fontes, 2002, p. 487.

debatido, visto que esse precedente irá nortear a decisão de casos futuros semelhantes.

3 ELEMENTOS NECESSÁRIOS PARA FORMAÇÃO E APLICAÇÃO DO PRECEDENTE

3.1 A doutrina do *Stare Decisis*

O presente capítulo tem por objetivo analisar os elementos essenciais para a formação da figura dos precedentes, visto que o procedimento para formação do precedente judicial é bastante demorado e debatido, pois irá vincular instâncias inferiores conforme art. 927, inciso V, CPC/2015.

Dessa forma, para iniciar será apresentado a doutrina do *Stare Decisis* que teve o surgimento no modelo jurídico *Common Law* criado pelo reino inglês que possuía o costume de reunir membros da Corte Superior para o julgamento de algum caso concreto.

Assim, será apresentado cada elemento de forma especificada (*ratio decidendi, obiter dictum, distinguishing* e *overruling*) ressaltando a importância de cada elemento do precedente judicial, visto que, a utilização do precedente de forma equivocada coloca em risco o ordenamento jurídico do país.

Com isso, o primeiro elemento a ser tratado é a *ratio decidendi* (razão de decidir), parte do caso concreto analisado que irá vincular todas as decisões de casos futuros, ou seja, "a *ratio decidendi* ou, para os norte-americanos, a *holding*. São os fundamentos jurídicos que sustentam a decisão; a opção hermenêutica adotada na sentença sem a qual a decisão não teria sido proferida como foi."[19] Portanto, é a norma jurídica extraída do julgamento de um caso concreto.

Diante disso, a *ratio decidendi* é o núcleo do precedente, isto é, as teses jurídicas indispensáveis para o julgamento que deverá ser observada

---

[19] DIDIER JR, Fredie; BRAGA, Paula Sarno; OLIVEIRA, Alexandria de. **Curso de direito processual civil:** teoria da prova, direito probatório, ações probatórias, decisão, precedente, coisa julgada e antecipação dos efeitos da tutela. v. 2, 10. ed. Salvador: Jus Podivm, 2015, p. 442.

e aplicada pelas instâncias inferiores em litígios similares, como Glezer expõe:

> A *ratio decidendi* de uma decisão judicial é a porção vinculante de um precedente. Contudo, não se trata de uma vinculação em termos de efeitos processuais, como a coisa julgada. Trata-se de uma vinculação argumentativa, do reconhecimento de que um juiz ou tribunal devem prestar contas ao fundamento de um precedente relevante quando for decidir sobre assunto correlato.[20]

Dessa maneira, Franzé e Porto expressam a *ratio decidendi* como fonte do direito a ser aplicado em casos similares:

> O precedente deve estar sempre ligado ao caso que lhe deu origem, não podendo se desligar, pois a ratio decidendi deve ser buscada nos argumentos fundamentais para o resultado do julgamento, portanto o que irá servir de fonte do direito, de poder vinculativo, são os argumentos, a construção de saber, a imposição de significado ao texto normativo que produz a norma, que sempre estará ligado às questões de fato e de direito. A partir da ratio decidendi é possível verificar a racionalidade utilizada para justificar a decisão judicial, para impor um saber como verdadeiro e construir um conhecimento acerca do significado do texto normativo, que deverá ser seguido nas futuras decisões, excluindo os conhecimentos contrários, hierarquizar a força de cada argumento, de cada ratio decidendi e, por fim, controlar a construção do direito, controlar a fonte do direito.[21]

Já o segundo elemento, *obiter dictum* do precedente, não constitui a tese jurídica principal do julgamento, isto é, são argumentos jurídicos secundários e acessórios que foram expostos de maneira rasa durante a formação do precedente. É importante frisar que a *obiter dictum* pode ser utilizada como um argumento persuasivo para o julgamento de um litígio

---

[20] GLEZER, Rubens. **Ratio decidendi.** Disponível em: https://enciclopediajuridica.pucsp.br/verbete/94/edicao-1/ratio-decidendi. Acesso em: 29 jun. 2020.
[21] FRANZÉ, Luís Henrique Barbante; PORTO, Giovane Moraes. **Elementos da Teoria do Precedente Judicial.** Disponível em: http://www.mpsp.mp.br/portal/page/portal/documentacao_e_divulgacao/doc_biblioteca/bibli_servicos_produtos/bibli_informativo/bibli_inf_2006/Em-Tempo_v.15.03.pdf. Acesso em: 29 jun. 2020.

similar, mas nunca poderá ser utilizada como tese jurídica principal, e, dessa forma, "tudo o que é dito numa decisão e que não integra a *ratio decidendi* é *obiter dicta*, e o que é dito *obiter dicta* tem um peso meramente persuasivo".[22]

Nesse entendimento da *obiter dictum*, Gustavo Nogueira expressa:

> Passagem da motivação do julgamento que contém argumentação marginal ou simples opinião, prescindível para o deslinde da controvérsia. O *obiter dicta*, assim considerado, não se presta para ser invocado como precedente vinculante em caso análogo, mas pode perfeitamente ser referido como argumento de persuasão. [23]

Cabe ressaltar, que tanto na *obiter dictum* quanto na *ratio decidendi* é necessário um cuidado do aplicador do direito na sua identificação no precedente judicial, visto que caso seja identificado de forma incorreta o precedente, é aplicado de forma equivocada, e dessa forma, a doutrina *stare decisis* é comprometida, tornando confusa a aplicação do precedente judicial. Nessa linha Rodrigo Lucca diz sobre a importância da distinção:

> A importância da distinção é evidente: controlar o poder judicial ao impedir que se tornem vinculantes razões jurídicas dissociadas do caso concreto que está sendo julgado. Isso porque a essência da aplicação de precedente está no julgamento idêntico de casos análogos. Quando se busca um precedente para o julgamento de um caso concreto, busca-se uma decisão judicial que tenha decidido um caso análogo, e não um mero pronunciamento de um tribunal sobre a interpretação que deve ser dada ao Direito. Se tudo aquilo que consta na motivação da decisão judicial tiver aptidão para vincular os julgamentos posteriores, então está aberta a possibilidade para que o juiz não só apresente razões pelas

---

WAMBIER, Teresa Arruda Alvim. **A uniformidade e a estabilidade da jurisprudência e o estado de direito:** Civil Law e Common Law. Revista Jurídica: Porto Alegre, v. 57, 2009, p. 131.
[23] NOGUEIRA, Gustavo Santana. **Stare Decisis et Non Quieta Movere**: a vinculação aos precedentes no direito comparada e brasileiro. Rio de Janeiro: Lúmen Júris, 2011, p. 108.

quais está julgando o caso em si, mas que também busque criar "precedentes" para casos completamente diversos.[24]

Além disso, Viana e Nunes em sua publicação conjunta do livro *"Precedentes – a mutação do ônus argumentativo"*, expõe de forma sintética, a *ratio decidendi e a obiter dictum:*

> [...] pode-se considerar a *ratio decidendi* (ou *holding*, nos Estados Unidos) os fundamentos jurídicos que foram imprescindíveis para a solução da demanda (fundamentos determinantes). Ao contrário, aquilo que não é essencial para que uma decisão se dê de determinada forma constitui meros *dictum* (ou *obter dictum*). Na tradição do *common law* as técnicas de extração e argumentação sobre a *ratio decidendi* são ínsitas ao próprio sistema jurídico e fazem parte da cultura jurídica há séculos.[25]

Além disso, o precedente judicial vinculante não é imutável, haja vista que a doutrina do *stare decisis* prevê elementos em que o tribunal afasta ou rejeita uma decisão já consagrada no sistema de precedentes, tais como: a *distinguishing* e a *overruling*.

O terceiro elemento é o da *distinguishing*, ou seja, a não aplicação do precedente judicial, pois este possui uma tese jurídica diversa do caso analisado, dessa forma, o precedente deve ser afastado do julgamento. Dessa forma, Ana Beatriz Presgrave expõe a forma de aplicação da *distinguishing*:

> Distinguishing: Análise da situação fática do caso concreto e do precedente utilizado como parâmetro para averiguar sua adequação e a consequente possibilidade de utilizá-lo naquele caso. Em sendo diversa a situação, o juiz não precisará aplicar o precedente, devendo realizar o julgamento de acordo com a situação que lhe foi apresentada. É certo, entretanto, que a

---

[24] LUCCA, Rodrigo Ramina de. O conceito de precedente judicial, ratio decidendi e a universalidade das razões jurídicas de uma decisão. In: NUNES, Dierle; MENDES, Aluisio; JAYME, Fernando Gonzaga (Coord). **A nova aplicação da jurisprudência e precedentes no CPC/2015**. São Paulo: Revista dos Tribunais, 2017, p. 957.

[25] NUNES, Dierle; VIANA, Antônio Aurélio de Souza. **Precedente:** a mutação do ônus argumentativo. Rio de Janeiro: Forense, 2018, p. 411.

fundamentação deverá ser robusta, no sentido de deixar clara a diferenciação do caso concreto e do precedente afastado. [26]

Cabe ressaltar, que o elemento *distinguishing* não questiona qualquer eficácia, validade, hierarquia ou legitimidade do precedente judicial, visto que essa técnica somente afasta a incidência do precedente no caso concreto, isto é, a *ratio decidendi* do precedente não se encaixa no caso concreto. Logo, a *distinguishing* evita o engessamento do sistema, pois "é a partir das distinções, das ampliações e das reduções que os precedentes são dinamicamente refinados pelo Judiciário, [...] à luz de novas situações e contextos, a fim de se delimitar a abrangência da norma extraída do precedente".[27]

Nesse sentido, Nunes e Viana desenvolvem argumentação sobre o elemento da *distinguishing:*

> É possível classificar a técnica da distinção (distinguishing) tomando por base um sentido amplo e outro estrito: a distinção em sentido amplo consiste no processo argumentativo ou decisional por meio do qual o raciocínio por contra-analogias se manifesta; a distinção em sentido estrito refere-se ao resultado do processo argumentativo, quando se chega a efetivamente diferenciar dois casos ou duas situações, afastando-se a aplicação de determinado de precedente.[28]

Por fim, o quarto elemento a ser analisado aqui é a *overruling* que conjuntamente com o *distinguishing* é a não aplicação do precedente judicial, porém, essa não aplicação é pela anulação/superação do precedente pela falta de consonância com a sistemática jurídica do país, assim, "[...] a especificidade do *overrruling* é que não se refere apenas a

---

[26] PRESGRAVE, Ana Beatriz Ferreira Rabello. A natureza jurídica da súmula. *In:* NUNES, Dierle; MENDES, Aluisio; JAYME, Fernando Gonzaga (Coords.). **A nova aplicação da jurisprudência e precedentes no CPC/2015.** São Paulo: Revista dos Tribunais, 2017, p. 163.
[27] NUNES, Dierle; HORTA, André Frederico. Aplicação de precedentes e distinguishing no CPC/2015: uma breve introdução. *In:* CUNHA, Leonardo Carneiro da; MACÊDO, Lucas Buril de; ATAÍDE JR., Jaldemiro Rodrigues de (orgs.). **Precedentes judiciais no CPC.** Coleção Novo CPC e novos temas. Salvador: Juspodivm, 2015, p. 9-10.
[28] NUNES, Dierle; VIANA, Antônio Aurélio de Souza. **Precedente:** a mutação do ônus argumentativo. Rio de Janeiro: Forense, 2018, p. 441.

questão de aplicação do precedente judicial, mas aborda a ab-rogação da própria norma adscrita aceita como precedente."[29] Nessa linha Rafael Barbosa expõe justificativas para ocorrer à superação do precedente *(overruling)*:

> [...] possíveis justificativas teriam aptidão para desencadear a superação de um precedente a ponto de retirar sua força vinculante, bem como afastá-lo do sistema jurídico. Existem vários motivos, dentre os quais podemos elencar os seguintes: as diferenças entre os valores defendidos no precedente e os perseguidos pelo atual Tribunal, então julgador do caso concreto; as mudanças políticas e sociais no ambiente jurídico que, por exemplo, podem fazer com que o caso anterior, usado como precedente, seja incongruente, ou por estar equivocado ou por ser considerado ultrapassado em comparação com o regramento atual. [30]

Diante disso, a mudança do precedente judicial por meio da *overruling* "[...] consiste no enfrentamento de um precedente bem estabelecido sob o argumento de que ele perdeu seu fundamento normativo. Nessa operação é preciso justificar por que determinado precedente perdeu a sua normatividade, ou seja, a sua capacidade de gerar obrigações."[31]

Cabe ressaltar, que para a aplicação do processo da *overruling* é necessária uma forte argumentação, pois "[...]exige um ônus argumentativo robusto para fundamentar que o valor da mudança é maior do que o de manutenção da estabilidade da compreensão antiga. É preciso que considerações sobre as expectativas legítimas da sociedade também sejam enfrentadas."[32]

---

[29] NUNES, Dierle; VIANA, Antônio Aurélio de Souza. **Precedente:** a mutação do ônus argumentativo. Rio de Janeiro: Forense, 2018, p. 385.
[30] BARBOSA, Rafael Vinheiro Monteiro. Precedentes no Novo CPC: conseguiremos construir essa cultura? *In:* NUNES, Dierle; MENDES, Aluisio; JAYME, Fernando Gonzaga (Coords.). **A nova aplicação da jurisprudência e precedentes no CPC/2015.** São Paulo: Revista dos Tribunais, 2017, p. 910.
[31] GLEZER, Rubens. **Ratio decidendi.** Disponível em: https://enciclopediajuridica.pucsp.br/verbete/94/edicao-1/ratio-decidendi. Acesso em: 29 jun. 2020
[32] GLEZER, Rubens. **Ratio decidendi.** Disponível em: https://enciclopediajuridica.pucsp.br/verbete/94/edicao-1/ratio-decidendi. Acesso em: 29 jun. 2020

Além disso, para a aplicação das técnicas de distinção e de superação dos precedentes é necessária uma robusta carga argumentativa em razão do Princípio de Presunção a favor do precedente, e nessa linha, Barbosa expressa:

> Para empregar as referidas técnicas, é imprescindível a averiguação da parte obrigatória do precedente (*ratio decidendi*), pois é através dela que será possível detectar a norma geral do caso concreto e aferir, com base no seu potencial de universalização, a sua capacidade para normar e dirigir a solução do caso a ser decidido. A adoção de terminado precedente ou a sua superação impõem ao juiz atenção centrada no caso-precedente e no caso a ser julgado, a fim de que sejam analisadas as circunstâncias fáticas e de direito de aproximação e afastamento. Sintetiza-se, então, que somente será factível o distanciamento de certo precedente se houver carga argumentativa apropriada por parte do julgador, em razão da existência do "princípio de presunção a favor do precedente".[33]

Portanto, o estudo de cada elemento do precedente judicial é de extrema importância para formação e aplicação do precedente, visto que o magistrado deve analisar o caso concreto conjuntamente com a *ratio decidendi* da decisão paradigmática. Logo, ao fazer essa análise, é necessário a consideração das peculiaridades de cada caso para a verificação se o caso paradigma possui semelhança para aplicação do precedente judicial.

4 ANOMIA DOS REGIMENTOS INTERNOS COM RELAÇÃO À IDENTIFICAÇÃO E FORMALIZAÇÃO DOS PRECEDENTES INDICADOS NO INCISO V DO ART. 927, CÓDIGO DE PROCESSO CIVIL/2015

O presente capítulo tem o objetivo de apresentar as mudanças advindas com o CPC/2015, visto que instaurou no ordenamento jurídico

---

[33] BARBOSA, Rafael Vinheiro Monteiro. Precedentes no Novo CPC: conseguiremos construir essa cultura? *In:* NUNES, Dierle; MENDES, Aluisio; JAYME, Fernando Gonzaga (Coords.). **A nova aplicação da jurisprudência e precedentes no CPC/2015**. São Paulo: Revista dos Tribunais, 2017, p. 906.

a figura dos precedentes vinculantes presentes no art. 927, inciso V, CPC/2015. Com isso, o ordenamento jurídico brasileiro que era predominantemente *Civil Law* vem adotando figuras presente na tradição *Common Law*, logo, o ordenamento jurídico brasileiro se tornou um sistema híbrido. Nesse sentido, Larissa Silva expressa:

> Com a entrada em vigor do Código de Processo Civil de 2015, restou consagrada maior ênfase aos temas relacionados ao direito jurisprudencial. Porém, a valorização do assunto não surgiu de uma hora para outra no direito brasileiro. Pelo contrário, a tradição de precedentes do novo diploma foi fruto da evolução paulatina do pensamento jurídico brasileiro e a eficácia vinculante de alguns julgamentos passou a ser objeto de intenso debate a partir do novo Código de Processo Civil, que previu a vinculação dos julgamentos no artigo 927, reproduzindo duas hipóteses já existentes no ordenamento jurídico pátrio mediante a previsão constitucional – a súmula vinculante e os julgamentos do STF produzidos em controle concentrado de constitucionalidade- (...)[34]

Antes de explanarmos sobre o art. 927, inciso V, CPC/2015, que será o foco deste capítulo, é apresentado a importância de uma jurisprudência estável, íntegra e coerente, seguindo os ditames do art. 926, CPC/2015, com o objetivo de garantir a segurança jurídica no ordenamento jurídico brasileiro. Posteriormente, por fim, é analisado alguns institutos utilizados pelo ordenamento jurídico brasileiro que são confundidos com a figura do precedente: a jurisprudência persuasiva e a súmula.

Dessa forma, o foco a ser analisado no capítulo será os precedentes obrigatórios formados em tribunais de 2º grau referente ao inciso V do art. 927, CPC/2015 (as orientações do plenário e do órgão especial), ressaltando ainda, a anomia regulatória do Regimento Interno dos Tribunais (TJMG, TJRJ, TJES, TJSP e o TJDF) sobre esse inciso V.

4.1 A ausência de norma pelos Regimentos Internos

---

[34] SILVA, Ovídio Baptista da. **Jurisdição e execução na tradição romano-canônica**. São Paulo: Revista dos Tribunais, 1996, p. 621.

O art. 927, CPC/2015, elenca um rol de precedentes a ser observado tanto pelos juízes quanto pelos tribunais, ou seja, a obrigatoriedade da aplicação das decisões vinculantes de tribunais superiores e as próprias decisões dos tribunais internos com o objetivo de garantir a segurança jurídica no ordenamento jurídico pátrio.

Cabe ressaltar, que a aplicação dos precedentes do art. 927, CPC/2015 não é feita de forma automática e sem fundamentação para o julgamento do caso concreto, com isso, deve-se observar o art. 489, §1°, CPC/2015, visto que o magistrado durante a aplicação do precedente deve fundamentar a decisão conforme os requisitos principalmente os previstos no art. 489, V, VI, CPC/2015 que são:

> art. 489, §1°, CPC/2015 Não se considera fundamentada qualquer decisão judicial, seja ela interlocutória, sentença ou acórdão, que:
> V - se limitar a invocar precedente ou enunciado de súmula, sem identificar seus fundamentos determinantes nem demonstrar que o caso sob julgamento se ajusta àqueles fundamentos;
> VI - deixar de seguir enunciado de súmula, jurisprudência ou precedente invocado pela parte, sem demonstrar a existência de distinção no caso em julgamento ou a superação do entendimento.[35]

Nessa mesma linha, Gustavo Nogueira expõe o objetivo do CPC/2015 referente à fundamentação das decisões judiciais:

> O NCPC vai além do mandamento constitucional e resolve especificar o que seria a fundamentação através da negativa, ou seja, taxando de não fundamentadas, portanto nulas, determinadas hipóteses, que quem milita no direito pode até identificar como useiras e vezeiras em determinados casos concretos, como a insistência em chamar de fundamentação a mera repetição de texto legal.[36]

---

[35] BRASIL. Código de Processo Civil (2015). Lei n. 13.105, de 16 de março de 2015. Código de Processo Civil. **Diário Oficial da União,** Brasília, 17 mar. 2015. Disponível em: http://www.planalto.gov.br/ccivil_03/_ato2015-2018/201 5/lei/l13105.htm. Acesso em: 28 jun. 2020.
[36] NOGUEIRA, Gustavo Santana. Notas sobre o dever de fundamentação e os precedentes no NCPC. *In:* NUNES, Dierle; MENDES, Aluisio; JAYME,

Diante disso, o presente trabalho busca analisar os precedentes obrigatórios formados em tribunais de 2º grau e concomitantemente a anomia regulatória do disposto do inciso V do art. 927, CPC/2015 sobre a observância dos tribunais e juízes perante a "[...] orientação do plenário ou do órgão especial aos quais estiverem vinculados".[37] A seguir, analisaremos os Regimentos Internos dos Tribunais: TJMG, TJRJ, TJES, TJSP, TJDF.

O primeiro regimento interno a ser analisado que possui essa anomia regulatória é o TJMG, que não expressa nenhum procedimento para formação das orientações do plenário ou do órgão especial. Cabe ressaltar, que sobre a jurisprudência firmada pelo tribunal o regimento interno criou somente uma comissão responsável para divulgação dessa jurisprudência presente no art. 9, inciso IX, alínea "c", conforme expresso:

> Art. 9º O Tribunal de Justiça organiza-se e funciona pelos seguintes órgãos, sob a direção do Presidente: IX - comissões permanentes, com as seguintes composições: c) Comissão de Divulgação da Jurisprudência, composta pelo Segundo Vice-Presidente do Tribunal, que a presidirá, e por oito desembargadores por ele escolhidos, sendo três representantes da Primeira a Oitava Câmaras Cíveis, três representantes da Nona à Décima Oitava Câmaras Cíveis e dois representantes das câmaras criminais; [...] [38]

O procedimento para a formação/edição de súmulas internas é tratado pelo Regimento do TJMG nos arts. 530, A ao 530, C. Além disso, o regimento trata quais matérias que são objeto da súmula presente art. 530, parágrafo único do Regimento Interno. Conforme exemplificado:

Fernando Gonzaga (Coords.). **A nova aplicação da jurisprudência e precedentes no CPC/2015**. São Paulo: Revista dos Tribunais, 2017, p. 516.
[37] BRASIL. Código de Processo Civil (2015). Lei n. 13.105, de 16 de março de 2015. Código de Processo Civil. **Diário Oficial da União**, Brasília, 17 mar. 2015. Disponível em: http://www.planalto.gov.br/ccivil_03/_ato2015-2018/2015/lei/l13105.htm. Acesso em: 28 jun. 2020.
[38] MINAS GERAIS, Tribunal de Justiça do Estado de Minas Gerais. **Regimento Interno do TJMG de 2012**. Belo Horizonte: TJMG, 2012. Disponível em: http://www8.tjmg.jus.br/institucional/regimento_interno/. Acesso em: 18 jul. 2020.

> art. 530, A jurisprudência firmada pelo Tribunal será compendiada em Súmula do Tribunal de Justiça de Minas Gerais e de cumprimento obrigatório por seus órgãos fracionários e desembargadores.
> Parágrafo único. Será objeto de súmula: (Renumerado pela Emenda Regimental n° 12, de 2018) I - o julgamento unânime ou de forma reiterada de uma mesma questão jurídica, pelo Órgão Especial nas causas de sua competência; (Redação dada pela Emenda Regimental n° 12, de 2018) II - o julgamento unânime ou por maioria de votos das seções cíveis em incidente de resolução de demandas repetitivas ou incidente de assunção de competência; (Redação dada pela Emenda Regimental n° 12, de 2018) III - o julgamento, de forma reiterada e uniforme, de questão jurídica relativa às causas da competência das câmaras cíveis, câmaras criminais, Grupo de Câmaras Criminais e Conselho da Magistratura, observada a competência do Órgão Especial e das sessões cíveis. (Incluído pela Emenda Regimental n° 12, de 2018.[39]

Dessa forma, o "silêncio" do Regimento Interno do TJMG referente às orientações do plenário e do órgão especial presente no art. 927, inciso V, CPC/2015 inviabiliza a sua aplicação.

O segundo regimento a ser analisado é o TJRJ, que expressa somente sobre a uniformização da jurisprudência no Título III, Capítulo VI do Regimento Interno, bem como as súmulas de jurisprudência predominantes no Título III, Capítulo VII, segundo os artigos abaixo:

> Capítulo VI – Da Uniformização da Jurisprudência
> Art.119- Compete ao Tribunal de Justiça uniformizar sua jurisprudência e mantê-la estável, íntegra e coerente, na forma dos artigos 926 e 927, §§2° e 4°, do Código de Processo Civil.
> Art.120- A jurisprudência será uniformizada através dos incidentes de resolução de demandas repetitivas e de assunção de competência e por intermédio do procedimento de inclusão, revisão ou cancelamento de enunciado sumular."
> Capítulo VII – Da Súmula da Jurisprudência Predominante
> Art.121- Será objeto de inclusão, revisão ou cancelamento de enunciado sumular a tese uniformemente adotada, na

---

[39] MINAS GERAIS, Tribunal de Justiça do Estado de Minas Gerais. **Regimento Interno do TJMG de 2012.** Belo Horizonte: TJMG, 2012. Disponível em: http://www8.tjmg.jus.br/institucional/regimento_interno/. Acesso em: 18 jul. 2020.

interpretação de norma jurídica, por decisões reiteradas dos Órgãos do Tribunal de Justiça no mesmo sentido.[40]

Dessa forma, o TJRJ também é silente sobre as orientações do plenário e do órgão especial gerando a inviabilização de tais entendimentos a serem aplicados.

O terceiro Regimento Interno analisado é do TJES, que também não expressa sobre as orientações do plenário ou do órgão especial, porém, especifica o procedimento para formação e modificação das súmulas diferentemente do TJRJ que não fala nada sobre o assunto e também criou uma comissão de caráter permanente de jurisprudência no art. 113 do Regimento Interno, com o objetivo "[...] à qual incumbirá zelar pela uniformização da jurisprudência do Tribunal e pela proposição de súmulas na forma do Título VII deste Regimento Interno."[41]

O procedimento para formação e alteração das súmulas do tribunal está presente no art. 210-A a 216 do Regimento Interno conforme expresso abaixo:

> Art. 212-A. As súmulas serão redigidas pela Comissão de Jurisprudência com a indicação dos respectivos precedentes, e submetidas ao Tribunal Pleno que poderá sugerir modificações na redação antes da aprovação (NR).
> Art. 213 - As súmulas serão registradas em livro próprio, para publicação na forma do artigo anterior.
> Art. 214 - Registrado o acórdão, os autos serão remetidos ao órgão suscitante, para prosseguir no julgamento aplicando ao caso o direito que fora determinado. Art. 215 - Enquanto não forem modificadas, as súmulas deverão ser observadas pelo Tribunal Pleno e por todos os demais órgãos do tribunal, inclusive os da administração, quando a matéria sumulada lhes for pertinente.
> Art. 216. A apreciação de modificações nas súmulas depende de proposta de um terço dos membros do tribunal ou da

---

[40] RIO DE JANEIRO, Tribunal de Justiça do Estado do Rio de Janeiro. **Regimento Interno do TJRJ de 2018.** Rio de Janeiro: TJRJ, 2020. Disponível em: http://www.tjrj.jus.br/documents/10136/18661/regi-interno-vigor.pdf. Acesso em: 20 jul. 2020.
[41] ESPÍRITO SANTO, Tribunal de Justiça do Estado Espírito Santo. **Regimento Interno do TJES de 2018.** Vitória: TJES, 2018. Disponível em: http://www.tjes.jus.br/wp-content/uploads/REGIMENTO-INTERNO-19062018_atualizado.pdf. Acesso em: 18 jul. 2020.

> Comissão de Jurisprudência e somente será levada à deliberação do tribunal pleno quando: a) ocorrer alteração na legislação ou na jurisprudência do Supremo Tribunal Federal ou do Superior Tribunal de justiça; b) algum órgão do tribunal apresentar novos argumentos relevantes a respeito do tema sumulado. [42]

Logo, é evidente a anomia regulatória do TJES referente ao comando do art. 927, inciso V, CPC/2015 sobre o procedimento para a criação e aplicação das orientações do plenário e do órgão especial, gerando a impossibilidade de aplicação de tais precedentes.

O quarto Regimento Interno a ser analisado é o do TJSP, que possui a anomia referente às orientações do plenário ou do órgão especial. Mas, esse tribunal também criou uma comissão permanente de jurisprudência (art. 49, do Regimento Interno), que possui a função de "[...] divulgação de acórdãos, súmulas e matéria de interesse do Judiciário"[43] É expresso, ainda, no art. 190 sobre a uniformização da jurisprudência interna que será por meio de edição de súmulas. Por fim, apresenta um procedimento para aprovação e edição de súmulas feito por meio do Órgão Especial, conforme expõe o art. 190 e seus parágrafos:

> Art. 190. A uniformização de jurisprudência será por súmulas, por enunciado de jurisprudência pacificada, por enunciado de tese jurídica fixada em incidente de resolução de demandas repetitivas e em incidente de assunção de competência. § 1º - As súmulas serão aprovadas e editadas com exclusividade pelo Órgão Especial. Os enunciados serão aprovados pelas Turmas Especiais, pelos Grupos de Câmaras, na hipótese do artigo 32, § 4º, e pelo Órgão Especial, quando se tratar de matéria constitucional, ou de matéria de sua competência, dos Juizados Especiais e da Câmara Especial, bem como de competência não exclusiva de uma das Turmas Especiais de suas Seções ou se houver divergência. § 2º - Caso se trate de matéria de

---

[42] ESPÍRITO SANTO, Tribunal de Justiça do Estado Espírito Santo. **Regimento Interno do TJES de 2018.** Vitória: TJES, 2018. Disponível em: http://www.tjes.jus.br/wp-content/uploads/REGIMENTO-INTERNO-19062018_atualizado.pdf. Acesso em: 18 jul. 2020.

[43] SÃO PAULO, Tribunal de Justiça do Estado São Paulo. **Regimento Interno do TJSP de 2018.** São Paulo: TJSP, 2020. Disponível em: https://www.tjsp.jus.br/Download/Portal/Biblioteca/Biblioteca/Legislacao/RegimentoInternoTJSP.pdf. Acesso em: 19 jul. 2020.

competência comum à Segunda e à Terceira Subseções de Direito Privado (art. 5º, §1º, da Resolução nº 623/2013), os enunciados serão aprovados pela reunião das respectivas Turmas Especiais. Caso se trate de matéria de competência residual e comum às três Subseções de Direito Privado, os enunciados serão aprovados pela reunião das três Turmas Especiais (art. 5º, §1º, da Resolução nº 623/2013). [...]⁴⁴

O quinto e último tribunal analisado é o TJDF, que em seu regimento interno regulamenta de maneira mais aprofundada a jurisprudência, mas não expressa nada sobre as orientações do plenário ou do órgão especial. Dessa forma, criou uma comissão de jurisprudência com o intuito de "art. 38. Compete à Comissão de Jurisprudência propor e se manifestar sobre propostas de edição, revisão e cancelamento de súmula, observado o disposto nos arts. 331, 334 e 335."⁴⁵ Além disso, é positivado um procedimento de como será a criação, aprovação, revisão da súmula presente nos art. 330 a 337 do Regimento Interno.

Cabe ressaltar, que o art. 927, inciso V, CPC/2015, trouxe uma vinculação dos juízes de primeira instância sobre orientação do plenário e do órgão especial dos tribunais de 2º grau e que esse procedimento para construção e aplicação da orientação não está regulamentado no Regimento Interno dos Tribunais de 2º grau citados (TJMG, TJRJ, TJES, TJSP, TJDF). Dessa forma, a ausência de normas sobre esse procedimento gera a impossibilidade de tratar tais entendimentos como precedentes. Logo, é necessária a regulamentação dessa orientação para possibilitar a aplicação desses entendimentos como precedentes nos tribunais de 2º grau.

Diante disso, será apresentado duas propostas para regulamentação do procedimento para formação das orientações do plenário e do órgão especial. A primeira proposta é a regulamentação por meio de lei

---

[44] SÃO PAULO, Tribunal de Justiça do Estado São Paulo. **Regimento Interno do TJSP de 2018.** São Paulo: TJSP, 2020. Disponível em: https://www.tjsp.jus.br/Download/Portal/Biblioteca/Biblioteca/Legislacao/RegimentoInternoTJSP.pdf. Acesso em: 19 jul. 2020.
[45] DISTRITO FEDERAL, Tribunal de Justiça do Distrito Federal. **Regimento Interno do TJDF de 2016.** Brasília: TJDF, 2016. Disponível em: https://www.tjdft.jus.br/publicacoes/regimentos/regimento-interno-do-tjdft. Acesso em: 17 jun. 2020.

seguindo o ditame do processo democrático brasileiro reforçado pela sistemática do art. 22, inciso I da Constituição Federal/1988 que expõe "art. 22. Compete privativamente à União legislar sobre: I - direito civil, comercial, penal, processual, eleitoral, agrário, marítimo, aeronáutico, espacial e do trabalho."[46] Logo, a regulamentação feita por meio de lei garante o Princípio do Contraditório durante a sua formação.

A segunda proposta é a regulamentação feita por meio do Regimento Interno de cada Tribunal, dessa forma, é a aplicação do procedimento presente no TJDF sobre a regulamentação da súmula do tribunal. Dessa forma, para edição de orientações do plenário ou do órgão especial nos tribunais de 2º grau é:

> Art. 331. A edição de enunciado de súmula pode ser proposta por qualquer desembargador. § 1º A proposta será encaminhada à Comissão de Jurisprudência com indicação dos precedentes e sugestão de enunciado. § 2º A Comissão de Jurisprudência se manifestará sobre a proposta no prazo de 10 (dez) dias, podendo sugerir outra redação para o enunciado. § 3º A Comissão de Jurisprudência poderá propor de ofício a edição de enunciado de súmula, observado o disposto no § 1º. § 4º Fixada a tese nos incidentes de assunção de competência e de resolução de demandas repetitivas, a Comissão de Jurisprudência deliberará sobre a conveniência de proposição de correspondente enunciado de súmula.[47]

Depois dessa proposta de súmula edição, ocorre o encaminhamento à comissão de jurisprudência que "[...] se manifestará sobre a proposta no prazo de 10 (dez) dias, podendo sugerir outra redação para o enunciado."[48] E posteriormente remetida, segundo o art. 332, ao "[...] Conselho Especial, à Câmara de Uniformização ou à Câmara

---

[46] BRASIL. Constituição da República Federativa do Brasil (1988). **Diário Oficial da União,** Brasília, 1988. Disponível em: http://www.planalto.gov.br/ccivil_03/constituicao/constituicao.htm. Acesso em: 28 jun. 2020

[47] DISTRITO FEDERAL, Tribunal de Justiça do Distrito Federal. **Regimento Interno do TJDF de 2016.** Brasília: TJDF, 2016. Disponível em: https://www.tjdft.jus.br/publicacoes/regimentos/regimento-interno-do-tjdft. Acesso em: 17 jun. 2020.

[48] DISTRITO FEDERAL, Tribunal de Justiça do Distrito Federal. **Regimento Interno do TJDF de 2016.** Brasília: TJDF, 2016. Disponível em: https://www.tjdft.jus.br/publicacoes/regimentos/regimento-interno-do-tjdft. Acesso em: 17 jun. 2020.

Criminal. Parágrafo único. Cópia da proposta e da manifestação da Comissão de Jurisprudência será encaminhada aos desembargadores com antecedência de 5 (cinco) dias da sessão de deliberação."[49]

Dessa forma, para aprovação do enunciado de súmula é necessário a maioria absoluta do Conselho Especial, Câmara de Uniformização ou Câmara Criminal conforme o art. 333, do Regimento Interno. Por fim, a revisão da súmula segue "art. 334. A revisão da súmula poderá ser proposta por qualquer desembargador ou pela Comissão de Jurisprudência e atenderá ao disposto nos artigos antecedentes."

Portanto, cabe ressaltar, que não existe norma nos Regimentos Internos dos tribunais de 2º grau, apresentados acima: TJMG, TJRJ, TJES, TJSP e o TJDF, sobre o procedimento de formação e aplicação das orientações do plenário e do órgão especial no art. 927, inciso V, CPC/2015. Dessa forma, não há como utilizar esse precedente, pois a ausência de norma gera a impossibilidade de aplicação de tais entendimentos como precedentes.

Isto posto, foi apresentado acima dois modelos de proposta para regulamentação das orientações do plenário ou do órgão especial: uma por meio da criação de uma lei específica e a outra por meio do Regimento Interno do Tribunal de 2º grau. Dessa forma, é necessário a regulamentação de tais entendimentos para que tais precedentes sejam aplicados e como forma de suprir a anomia regulatória referente ao comando do art. 927, inciso V, CPC/2015.

5   CONSIDERAÇÕES FINAIS

Neste trabalho, buscou-se, examinar, de forma crítica e construtiva a temática da anomia regulatória, dos Regimentos Internos presente nos tribunais de 2º grau TJMG, TJRJ, TJES, TJSP e o TJDF, do disposto no inciso V do artigo 927, CPC/2015 referente ao procedimento para a formação e aplicação das orientações do plenário e do órgão especial, tendo em vista que essa anomia regulatória gera a impossibilidade de

---

[49] DISTRITO FEDERAL, Tribunal de Justiça do Distrito Federal. **Regimento Interno do TJDF de 2016.** Brasília: TJDF, 2016. Disponível em: https://www.tj dft.jus.br/publicacoes/regimentos/regimento-interno-do-tjdft. Acesso em: 17 jun. 2020.

tratar tais entendimentos como precedentes e também a impossibilidade de aplicação dos entendimentos.

Assim, antes de apresentarmos propriamente o objeto da investigação foi apresentado o surgimento e a peculiaridade de cada tradição jurídica presente no mundo Ocidental, que são: *Civil Law* e a *Common Law*. Além de apresentar, como funciona a doutrina do *stare decisis* e os elementos necessários para a formação e aplicação do precedente vinculante: *ratio decidendi, obiter dictum, distinguishing* e *overruling*.

Verificou-se que o CPC/2015 trouxe ao ordenamento jurídico a Teoria dos Precedentes, porém, alguns institutos já utilizados pelo ordenamento brasileiro, tais como a súmula e a jurisprudência persuasiva, que são confundidas e tratadas como precedentes vinculantes. Dessa forma, constatou-se que o art. 927 e seus incisos são, na origem, jurisprudências persuasivas que se transformaram em precedentes vinculantes com o advento do CPC, em 2015.

Dessa forma, foi analisada a importância da exigência normativa presente no art. 926, CPC/2015, de uma jurisprudência dos tribunais serem estáveis, íntegras e coerentes para garantir a segurança jurídica e o acesso à justiça de maneira igualitária a todos os cidadãos.

Conclui-se que; os tribunais de 2º grau analisados -TJMG, TJRJ, TJES, TJSP, TJDF- não regulamentaram o procedimento de formação e aplicação das orientações do plenário e do órgão especial, e que, em seus Regimentos Internos, quase não é regulamentado sobre os precedentes a serem produzidos por esses Tribunais.

Dessa forma, com o objeto da investigação científica delimitado com a seguinte pergunta problema proposta a ser respondida: A ausência de regulamentação dos tribunais de segundo grau sobre o procedimento para a construção dos precedentes obrigatórios que consistem em orientação do plenário e do órgão especial gera impossibilidade de tratar tais entendimentos como precedente?

Portanto, a falta de regulamentação pelo Regimento Interno dos Tribunais de 2º grau obre as orientações do plenário e do órgão especial gera a impossibilidade de tratar esses entendimentos como precedente, visto que não existe procedimento de sua formação e aplicação nos regimentos internos. Por fim, foi apresentado duas propostas de regulamentação do procedimento para formação dessas orientações do plenário e do órgão especial. A primeira é a regulamentação por meio da edição de lei e a segunda é adotar o procedimento de formação de súmulas disposto no TJDF. Logo, constatou-se a necessidade de regulamentação desses entendimentos como forma de aplicação desses precedentes vinculantes positivados no art. 927, inciso V, CPC/2015.

REFERÊNCIAS

BARBOSA, Rafael Vinheiro Monteiro. Precedentes no Novo CPC: conseguiremos construir essa cultura? *In:* NUNES, Dierle; MENDES, Aluisio; JAYME, Fernando Gonzaga (Coords.). **A nova aplicação da jurisprudência e precedentes no CPC/2015**. São Paulo: Revista dos Tribunais, 2017, p. 895-914.

BRASIL. Constituição da República Federativa do Brasil (1988). **Diário Oficial da União,** Brasília, 1988. Disponível em: http://www.planalto.go v.br/ccivil_03/constituicao/constituicao.htm. Acesso em: 28 jun. 2020.

BRASIL. Código de Processo Civil (2015). Lei n. 13.105, de 16 de março de 2015. Código de Processo Civil. **Diário Oficial da União,** Brasília, 17 mar. 2015. Disponível em: http://www.planalto.gov.br/ccivil_03/_ato 2015-2018/2015/lei/l13105.htm. Acesso em: 28 jun. 2020.

DAVID, René. **Os grandes sistemas do direito contemporâneo.** Tradução por Hermínio A. Carvalho. 4. ed. São Paulo: Martins Fontes, 2002.

DIDIER JR, Fredie; BRAGA, Paula Sarno; OLIVEIRA, Alexandria de. **Curso de direito processual civil:** teoria da prova, direito probatório, ações probatórias, decisão, precedente, coisa julgada e antecipação dos efeitos da tutela. v. 2, 10. ed. Salvador: Jus Podivm, 2015.

DISTRITO FEDERAL, Tribunal de Justiça do Distrito Federal. **Regimento Interno do TJDF de 2016.** Brasília: TJDF, 2016. Disponível em: https://www.tjdft.jus.br/publicacoes/regimentos/regimento-interno-do-tjdft. Acesso em: 17 jun. 2020.

ESPÍRITO SANTO, Tribunal de Justiça do Estado Espírito Santo. **Regimento Interno do TJES de 2018.** Vitória: TJES, 2018. Disponível em: http://www.tjes.jus.br/wp-content/uploads/REGIMENTO-INTERNO-19062018_atualizado.pdf. Acesso em: 18 jul. 2020.

FRANZÉ, Luís Henrique Barbante; PORTO, Giovane Moraes. **Elementos da Teoria do Precedente Judicial.** Disponível em: http://www.mpsp.mp.br/portal/page/portal/documentacao_e_divulgacao/doc_biblioteca/bibli_servicos_produtos/bibli_informativo/bibli_inf_2006/Em-Tempo_v.15.03.pdf. Acesso em: 29 jun. 2020.

GILISSEN, John. **Introdução histórica ao direito.** 7. ed. São Paulo: Editora Fundação Calouste Gulbenkian, 2013.

GLEZER, Rubens. **Ratio decidendi.** Disponível em: https://enciclopedia juridica.pucsp.br/verbete/94/edicao-1/ratio-decidendi. Acesso em: 29 jun. 2020.

LUCCA, Rodrigo Ramina de. O conceito de precedente judicial, ratio decidendi e a universalidade das razões jurídicas de uma decisão. In: NUNES, Dierle; MENDES, Aluisio; JAYME, Fernando Gonzaga (Coord). **A nova aplicação da jurisprudência e precedentes no CPC/2015.** São Paulo: Revista dos Tribunais, 2017, p. 951-962.

MINAS GERAIS, Tribunal de Justiça do Estado de Minas Gerais. **Regimento Interno do TJMG de 2012.** Belo Horizonte: TJMG, 2012. Disponível em: http://www8.tjmg.jus.br/institucional/regimento_interno/. Acesso em: 18 jul. 2020.

NOGUEIRA, Gustavo Santana. **Stare Decisis et Non Quieta Movere**: a vinculação aos precedentes no direito comparada e brasileiro. Rio de Janeiro: Lúmen Júris, 2011.

NOGUEIRA, Gustavo Santana. Notas sobre o dever de fundamentação e os precedentes no NCPC. *In:* NUNES, Dierle; MENDES, Aluisio; JAYME, Fernando Gonzaga (Coords.). **A nova aplicação da jurisprudência e precedentes no CPC/2015.** São Paulo: Revista dos Tribunais, 2017, p. 511-523.

NUNES, Dierle; HORTA, André Frederico. Aplicação de precedentes e distinguishing no CPC/2015: uma breve introdução. *In:* CUNHA, Leonardo Carneiro da; MACÊDO, Lucas Buril de; ATAÍDE JR.,

Jaldemiro Rodrigues de (orgs.). **Precedentes judiciais no CPC**. Coleção Novo CPC e novos temas. Salvador: Juspodivm, 2015, p. 9-13.

NUNES, Dierle; VIANA, Antônio Aurélio de Souza. **Precedente: a mutação do ônus argumentativo**. Rio de Janeiro: Forense, 2018.

OLIVEIRA JUNIOR, Délio Mota de. Aspectos da tradição do *common law* necessários para o desenvolvimento da teoria brasileira dos precedentes judiciais. *In:* NUNES, Dierle; MENDES, Aluisio; JAYME, Fernando Gonzaga (Coords.). **A nova aplicação da jurisprudência e precedentes no CPC/2015**. São Paulo: Revista dos Tribunais, 2017, p. 271-303.

PORTO, Sérgio Gilberto. Sobre a Common Law, Civil Law e o Precedente Judicial. *In:* MARINONI, Luiz Guilherme (Coord.). **Estudos de Direito Processual Civil – homenagem ao Professor Egas Dirceu Moniz de Aragão**. São Paulo: Revista dos Tribunais, 2006.

PRESGRAVE, Ana Beatriz Ferreira Rabello. A natureza jurídica da súmula. *In:* NUNES, Dierle; MENDES, Aluisio; JAYME, Fernando Gonzaga (Coords.). **A nova aplicação da jurisprudência e precedentes no CPC/2015**. São Paulo: Revista dos Tribunais, 2017, p. 153-183.

RIO DE JANEIRO, Tribunal de Justiça do Estado do Rio de Janeiro. **Regimento Interno do TJRJ de 2018**. Rio de Janeiro: TJRJ, 2020. Disponível em: http://www.tjrj.jus.br/documents/10136/18661/regi-interno-vigor.pdf. Acesso em: 20 jul. 2020.

SÃO PAULO, Tribunal de Justiça do Estado São Paulo. **Regimento Interno do TJSP de 2018**. São Paulo: TJSP, 2020. Disponível em: https://www.tjsp.jus.br/Download/Portal/Biblioteca/Biblioteca/Legislacao/RegimentoInternoTJSP.pdf. Acesso em: 19 jul. 2020.

SILVA, Ovídio Baptista da. **Jurisdição e execução na tradição romano-canônica**. São Paulo: Revista dos Tribunais, 1996.

WAMBIER, Teresa Arruda Alvim. **A uniformidade e a estabilidade da jurisprudência e o estado de direito**: Civil Law e Common Law. Revista Jurídica: Porto Alegre, v. 57, 2009.

SESSÕES DE MEDIAÇÃO EM AMBIENTE VIRTUAL: ATUAÇÃO DO PODER JUDICIÁRIO PARA O FOMENTO REALIZAÇÃO DE MEDIAÇÕES JUDICIAIS ONLINE EM TEMPOS DE PANDEMIA

10

Maria Clara Dias de Araújo

1 CONSIDERAÇÕES INICIAIS

A pesquisa propõe analisar a conduta do poder judiciário frente ao cenário atual de pandemia do COVID-19, no qual resultou no isolamento social impactando a forma de resolução de conflitos, sobretudo as formas autocompositivas.

Os métodos autocompositivos ganharam grande relevância no novo Código de Processo Civil - Lei nº 13.105/2015, sobretudo a mediação e conciliação, por se apresentarem como técnicas adequadas de atuação de litígios, inserindo-se como alternativas processuais de acesso à Justiça.

Considerando que nesses métodos é imprescindível a presença e protagonismo das partes, bem como a condução das atividades por um por um mediador, a evolução brusca e inesperada do COVID-19 propiciou a reflexão sobre o uso dos meios digitais como alternativa para continuidade da utilização dos métodos, bem como, solução para não propagação do novo coronavírus.

Nesse sentido, dada a importância desses métodos como alternativa para a concretização do princípio da inafastabilidade da jurisdição prevista como garantia fundamental assentada no art. 5º,

XXXV, da CF/1988[1] e no art.3°, caput, do CPC[2], indaga-se sobre a atuação do poder judiciário para a realização de mediações judiciais online – pré-processual ou processual.

A metodologia utilizada para realização desse estudo, conforme classificação de Gustin e Dias,[3] trata-se de uma pesquisa teórica que utiliza o tipo jurídico-projetivo, baseada em uma revisão bibliográfica da doutrina, jurisprudência e legislação relativas à temática, a fim de analisar a atuação do poder judiciário no fomento dos métodos autocompositivas no ambiente virtual em um momento que não é plausível o encontro pessoal das partes em razão de saúde pública.

Para o desenvolvimento do presente estudo, inicialmente cuidou-se de definir os métodos autocompositivos e seus respectivos diplomas legais. Nesse sentido, Caumo Renata[4] em seu artigo publicado na plataforma Jus, abordou de forma pragmática os conceitos e a evolução das práticas autocompositivas no direito brasileiro, corroborando com a construção do pensamento no presente artigo.

Nessa perspectiva, utilizamos como referência a obra de Basso Vinícius[5] para entender de forma sucinta as etapas do processo de mediação, bem como as orientações de Nascimento Dulce, em suas aulas de Pós-Graduação "lato sensu" | L.L.m em Mediação, Gestão e Resolução de Conflitos, para compreender as características e peculiaridades destas etapas.

---

[1] BRASIL. **Constituição da República Federativa do Brasil**, de 5 de outubro de 1988. Disponível em: http://www.planalto.gov.br/ccivil_03/Constituicao/ConstituicaoCompilado.htm Acesso em: 10 out. 2021.

[2] BRASIL. **Lei n°13.105**, de 16 de março de 2016. Disponível em: http://www.planalto.gov.br/ccivil_03/_ato2015-2018/2015/lei/l13105.htm. Acesso em: 10 out. 2021.

[3] GUSTIN, Miracy Barbosa de Sousa; DIAS, Maria Tereza Fonseca. **(Re)pensando a pesquisa jurídica:** teoria e prática. 2. ed. Belo Horizonte: Del Rey, 2006.

[4] CAUMO, Renata. Mediação e conciliação do Código de Processo Civil. **JUS**. 2018. Disponível em: https://jus.com.br/artigos/73080/mediacao-e-conciliacao-do-codigo-de-processo-civil. Acesso em: 16 out. 2021.

[5] BASSO, Vinícius. Sessão de mediação: análise da estrutura e dos fundamentos. **JUS**. 2019. Disponível em: https://jus.com.br/artigos/76912/sessao-de-mediacao-analise-da-estrutura-e-dos-fundamentos. Acesso em: 10 out. 2021.

Doravante, foi analisado o viés da presença e protagonismo das partes em um cenário em que o encontro pessoal não é plausível em razão das medidas sanitárias de combate ao COVID-19, com a finalidade de analisar a atuação do poder judiciário no fomento dos métodos autocompositivas no ambiente virtual.

A partir disso, foram feitas pesquisas jurisprudenciais para nos auxiliar no estudo da abordagem dos tribunais brasileiros diante da evidente necessidade de fomentar a utilização dos meios digitais na resolução dos litígios, de forma que não ficasse prejudicada a concretização da inafastabilidade da jurisdição na vida das partes.

Por conseguinte, para essa abordagem utilizamos como fonte de pesquisa a publicação feita pelo Presidente da Comissão de Mediação e Conciliação da OAB-GO, Luís Cláudio, Duarte, na plataforma virtual da OAB-GO, na qual ele faz reflexões a respeito da resolução de conflitos em tempos de pandemia[6].

Pretende-se, portanto, através da pesquisa, analisar o posicionamento e atuação do poder judiciário no fomento dos métodos autocompositivas no ambiente virtual.

2 MÉTODOS AUTOCOMPOSITIVOS

2.1 Mediação e Conciliação no cenário jurídico brasileiro

No que tange a conceituação, tanto a mediação quanto a conciliação são método autocompositivos de resolução de conflitos. A mediação pode ser conceituada como um método que possibilita uma negociação assistida. Trata-se de uma forma autocompositiva e voluntária de solução de controvérsias, conduzida por um mediador, terceiro capacitado e imparcial que, por meio do uso de ferramentas e técnicas específicas, auxilia às partes a compreenderem melhor o conflito e os interesses envolvidos na demanda. Tal compreensão estabelece um terreno propício para a formação de um acordo que terá o seu conteúdo

---

[6] DUARTE, Luís Cláudio. A resolução dos conflitos durante a pandemia da COVID-19. **OAB-GO**. Disponível em: https://www.oabgo.org.br/oab/publicacoes/opiniao/a-resolucao-dos-conflitos-durante-a-pandemia-da-covid-19-luiz-claudio-duarte/. Acesso em: 25 out. 2021.

definido pelas próprias partes, o que torna essa decisão final mais provável de ser cumprida pelos envolvidos, vez que foram eles mesmos que determinaram seu teor.

A mediação pode seguir o processo de mediação judicial (préprocessual ou processual) ou de mediação extrajudicial (a decorrer em câmaras de mediação ou particularmente por meio de mediador autónomo).

Ao contrário, a Conciliação, pode ser conceituada como um método utilizado em conflitos mais simples, ou restritos, no qual o terceiro facilitador pode adotar uma posição mais ativa, porém neutra com relação ao conflito e imparcial. É um processo consensual breve, que busca uma efetiva harmonização social e a restauração, dentro dos limites possíveis, da relação social das partes.

No que tange ao surgimento destes métodos autocompositivos, incialmente foram mencionados no Código de Processo Civil de 1973, sobretudo no artigo 331 parágrafos primeiro e segundo, os quais versavam sobre a possibilidade de conciliação na audiência preliminar quando a lide fosse referente a direitos que admitissem transação[7].

No entanto, a mediação e a conciliação ganham maior repercussão no Código de Processo Civil - Lei 13.105/2015 quando foi imposta a realização de audiência prévia de mediação ou conciliação, como uma alternativa de resolução de conflitos. O regime legal consagra a regra de obrigatoriedade processual da audiência de mediação ou de conciliação. Prevista no artigo 319º e 334º do CPC, dispõe-se ali o seguinte:

> Art. 319. A petição inicial indicará:
> VII - a opção do autor pela realização ou não de audiência de conciliação ou de mediação.[8]
> Art. 334. Se a petição inicial preencher os requisitos essenciais e não for o caso de improcedência liminar do pedido, o juiz designará audiência de conciliação ou de mediação com

---

[7] BRASIL. **Lei nº 5.869**, de 11 de janeiro de 1973. Disponível em: http://www.pl analto.gov.br/ccivil_03/leis/l5869impressao.htm. Acesso em: 10 out. 2021.
[8] BRASIL. **Lei nº13.105**, de 16 de março de 2016. Disponível em: http://www.pl analto.gov.br/ccivil_03/_ato2015-2018/2015/lei/l13105.htm. Acesso em: 10 out. 2021.

antecedência mínima de 30 (trinta) dias, devendo ser citado o réu com pelo menos 20 (vinte) dias de antecedência.[9]

Apenas não se aplicará a regra da obrigatoriedade se todos os intervenientes expressamente manifestarem desinteresse na sua realização, conforme resulta do disposto no §4° do artigo Art. 334 do CPC.

Nesse sentido, arrematou Caumo Renata que:

> O novo Código de Processo Civil trouxe o incentivo e a obrigatoriedade da aplicação de métodos consensuais no processo brasileiro. Assim, os métodos de resolução alternativa ou adequada, foram introduzidos ao Novo Código de Processo Civil com o objetivo de se introduzir na cultura brasileira a justiça conciliativa que busca dar efetivo cumprimento a garantia do acesso à justiça (art. 5.°, XXXV, da CF).[10]

Atualmente no Brasil, os principais diplomas legais que regem o instituto são da mediação são: Lei 13.140/2015 de 26.06.2015, que entrou em vigor em 26.12.2015; Resolução 125/2010 de 29.11.2010, que recebeu a ementa n° 2 de 08.03.2016, que entrou em vigor na mesma data de 08.03.2016; e Código de Processo Civil de 16.03.2015, que entrou em vigor em 18.03.2016.

Nesse sentido, percebe-se a importância da criação da Resolução 125 de 29 de novembro de 2010, a qual dispõe sobre a Política Judiciária Nacional de tratamento adequado dos conflitos de interesses no âmbito do Poder Judiciário. Nela, foram instituídas novas políticas sociais, estipulando tratamento adequado dos conflitos de interesses existentes em toda a sociedade, bem como a criação do CEJUSC's - Centros Judiciários de Solução de Conflitos e Cidadania, conforme dispõe o artigo oitavo:

---

[9] BRASIL. **Lei n°13.105**, de 16 de março de 2016. Disponível em: http://www.pl analto.gov.br/ccivil_03/_ato2015-2018/2015/lei/l13105.htm. Acesso em: 10 out. 2021.
[10] CAUMO, Renata. Mediação e conciliação do Código de Processo Civil. **JUS**. 2018. Disponível em: https://jus.com.br/artigos/73080/mediacao-e-conciliacao-do-codigo-de-processo-civil. Acesso em: 16 out. 2021.

> Art. 8º Os tribunais deverão criar os Centros Judiciários de Solução de Conflitos e Cidadania (Centros ou Cejuscs), unidades do Poder Judiciário, preferencialmente, responsáveis pela realização ou gestão das sessões e audiências de conciliação e mediação que estejam a cargo de conciliadores e mediadores, bem como pelo atendimento e orientação ao cidadão. (Redação dada pela Emenda nº 2, de 09.03.16)[11]

A respeito desse avanço legislativo, assim "No ano de 2010, o Conselho Nacional de Justiça deu um grande passo na valorização dos métodos consensuais, estabelecendo a Política Judiciária Nacional de tratamento adequado dos conflitos de interesse" Caumo Renata.[12]

Também na Resolução nº 125/2010, ficou estabelecido que mediadores e conciliadores atuariam de acordo com princípios fundamentais, estabelecidos: confidencialidade, decisão informada, competência, imparcialidade, independência e autonomia, respeito à ordem pública e às leis vigentes, empoderamento e validação.

2.2 Peculiaridades das características do processo de Mediação Judicial

No que tange ao processo de mediação judicial, insta mencionar como se inicia o a instauração de uma mediação, como bem preleciona a professora Dulce Nascimento em suas aulas de Pós-Graduação "lato sensu" | L.L.m em Mediação, Gestão e Resolução de Conflitos.
Vejamos:

> Dando início a um processo judicial, ou durante o curso de um processo já instaurado, antes do novo CPC, ou simplesmente algum processo em curso, por requerimento das partes ou designação judicial realizar-se-á uma mediação, denominada de processual (capítulo V do livro I do CPC – da audiência de conciliação ou de mediação), nos temos do disposto no art. 334º e seg.

---

[11] BRASIL. **Resolução nº 125**, de 29 de setembro de 2010. Disponível em: https://atos.cnj.jus.br/atos/detalhar/156. Acesso em: 11 out. 2021.
[12] CAUMO, Renata. Mediação e conciliação do Código de Processo Civil. **JUS**. 2018. Disponível em: https://jus.com.br/artigos/73080/mediacao-e-conciliacao-do-codigo-de-processo-civil. Acesso em: 16 out. 2021.

O caso pode ser encaminhado à Mediação, por solicitação das partes ou de seus advogados, ao Juiz da causa, ou por este, de ofício, quando constatado que o tema subjacente ao conflito deve ser tratado pela equipe de Mediadores. Neste sentido devemos considerar que a mediação judicial pode decorrer no CEJUSC, em Câmaras de mediação ou através de Mediadores, estejam ou não cadastrados, ao contrário do que se estabelece no artigo 8º §1 e 3 da Resolução 125/2010 do CNJ.[13]

Verifica-se de plano que o procedimento da mediação (pode verificar-se por meio de reuniões ou encontros conjuntos, mas também podem acontecer encontros ou sessões em separado, individualmente com cada um dos intervenientes, respetivos representantes e mandatários.

Seja por meio do modelo préprocessual ou processual, a mediação judicial, alcançado consenso, prossegue no sentido de ser redigido um documento escrito com os termos acordados entre os intervenientes, que depois de homologado, tem valor de título executivo judicial.

Quando falamos em particularidades do processo de mediação, se torna crucial nos atentarmos que a presença e protagonismo das partes é essencial para a chegada de um consenso. Tanto é, que deve ser feita verificação se os envolvidos já tiveram condições de expressar seus sentimentos e pontos de vista, de identificar minimamente seus interesses e interesses da outra parte, bem como se já houve o estabelecimento de uma comunicação minimamente adequada e que permita uma negociação satisfatória. Apenas após essa verificação é que se percebe possível dar início à fase de negociação.

Nesse interim, Vinicius Basso, pontuou de forma assertiva sobre a importância da escuta ativa das narrativas das partes:

> A escuta das narrativas possibilita ao mediador: alinhar as percepções (conseguir que todos vejam os fatos da mesma maneira); treinar os mediandos para ouvir o outro, algo que deixa de acontecer após o conflito; conhecer detalhes da história do conflito, úteis para identificar os interesses e construir opções para o acordo.
> Dessa maneira as narrativas despertam emoções, indicando os pontos daquela história que estão mais afetados, pois nesse

---

[13] NASCIMENTO, Dulce. **Apostila das aulas de Pós-Graduação "lato sensu" L.L.m em Mediação, Gestão e Resolução de Conflitos.** Belo Horizonte, 2021.

momento as partes lembram muitas vezes apenas dos momentos ruins que viveram, esquecendo todos os bons momentos que compartilharam. As narrativas contribuem para a liberação e controle das emoções e a identificação, pelo mediador, daquilo que mais afeta os mediandos.[14]

Em um cenário em que o encontro pessoal não é plausível em razão das medidas sanitárias de combate ao COVID-19, se tornou necessário o fomento do uso dos meios digitais para que não fosse interrompido esse procedimento autocompositivo.

E para isso, a atuação do poder judiciário no fomento dos métodos autocompositivas no ambiente virtual se mostram necessários, sendo este o próximo passo a ser analisado.

3 MEDIAÇÃO ON-LINE EM TEMPOS DE PANDEMIA DE COVID-19 NO BRASIL

A mediação virtual foi consagrada no artigo 334 §7 º do CPC ao estabelecer que a audiência de mediação e conciliação pode realizar-se por meio eletrônico. Já o artigo 46º da Lei de Mediação esclarece de forma mais profunda que a mediação poderá ser realizada pela internet ou por outro meio de comunicação que permita transação à distância.

Desta forma fica absolutamente claro e evidente a preocupação do legislador de abranger, de forma ampla, a legalidade da utilização de qualquer meio de comunicação, para a realização do processo de mediação, bem como a preocupação efetiva em atender com disponibilidade e agilidade os intervenientes que pretenderem resolver, por si, as suas demandas de forma consensual.

Nesse sentido, podemos extrair que a mediação online tem como finalidade tornar o processo de mediação ainda mais ágil, mais amigável e mais informal, por meio de recurso e auxílio da tecnologia.

---

[14] BASSO, Vinícius. Sessão de mediação: análise da estrutura e dos fundamentos. **JUS**. 2019. Disponível em: https://jus.com.br/artigos/76912/sessao-de-mediacao-analise-da-estrutura-e-dos-fundamentos. Acesso em: 10 out. 2021.

Como bem preleciona a professora Dulce Nascimento em suas aulas de Pós-Graduação "lato sensu" | L.L.m em Mediação, Gestão e Resolução de Conflitos:

> A utilização dos meios digitais para essa finalidade, auxilia para aproximar pessoas e construir soluções de consenso. Este modelo contribui para uma efetiva redução de custos e crescimento do grau de satisfação dos intervenientes, sendo fundamental entender como essa ferramenta funciona e como ela se pode tornar numa rotina para um maior número de pessoas.[15]

Nessa perspectiva, podemos considerar que este modelo pode ser utilizado tanto em processos que envolvem pessoas jurídicas, na procura de aprimorar a experiência dos seus clientes em relação ao gerenciamento de conflitos, quanto pessoas físicas que procuram resolver problemas em diferentes áreas e com distintos objetivos, sendo indicada em praticamente todos os casos em que a mediação presencial é usada.

Levando em consideração o cenário atual de pandemia de COVID-19 em que o isolamento social foi imposto como medida de precaução para evitar novas contaminações, o recurso digital se fez extremamente necessário, já que as audiências e sessões autocompostivas foram sendo suspensas.

Corroborando com este entendimento, Luís Cláudio Duarte salienta que:

> É nesse cenário que os advogados deverão buscar os meios autocompositivos de resolução de conflitos, notadamente através de Plataformas online, permitindo o seu atendimento aos clientes de maneira virtual, sem colocar em risco a propagação do novo coronavírus. Através dessa nova ferramenta, um terceiro imparcial e sem poder decisório, atuará de maneira inteiramente virtual, facilitando o diálogo, aproximando as partes e seus advogados, sem a necessidade de encontros físicos, ajudando na construção do acordo,

---

[15] NASCIMENTO, Dulce. **Apostila das aulas de Pós-Graduação "lato sensu" L.L.m em Mediação, Gestão e Resolução de Conflitos.** Belo Horizonte, 2021.

pacificando a questão em ambiente seguro e totalmente sigiloso.[16]

Por conseguinte, vamos analisar algumas jurisprudências e portarias normativas para entender o posicionamento dos tribunais diante deste cenário.

Conforme o posicionamento do Presidente do Superior Tribunal de Justiça – STJ e do Conselho da Justiça Federal (CJF), o Ministro Humberto Martins propõe mediação e conciliação para atender a demandas no pós-pandemia. Segundo ele: "Se nada for feito, vamos assistir a um aumento na curva do gráfico de ações judiciais distribuídas em temas como cancelamento de voos, planos de saúde, direitos trabalhistas e insolvência de empresas"[17].

Em sua gestão à frente do STJ e do CJF, o ministro Humberto Martins vem defendendo os métodos alternativos como uma saída para viabilizar a prestação jurisdicional diante do volume de demandas judiciais em meio à crise mundial provocada pela Covid-19.

Diante desse posicionamento os tribunais do brasil por conseguinte foram redigindo portarias e exarando decisões do sentido de apoiar e fomentar o uso dos métodos virtuais para a ocorrência das audiências autocompositivas. Senão vejamos:

O Tribunal de Justiça de Minas Gerais editou a Portaria Conjunta Nº 1109/PR/2020, que disciplina a utilização de aparelhos telefônicos móveis do Tribunal de Justiça do Estado de Minas Gerais e respectivos aplicativos de mensagens instantâneas para a comunicação e prática de atos processuais pelas secretarias das unidades judiciárias de Primeira e Segunda Instâncias, inclusive das unidades jurisdicionais dos Juizados

---

[16] DUARTE, Luís Cláudio. A resolução dos conflitos durante a pandemia da COVID-19. **OAB-GO**. Disponível em: https://www.oabgo.org.br/oab/publicac oes/opiniao/a-resolucao-dos-conflitos-durante-a-pandemia-da-covid-19-luiz-cl audio-duarte/. Acesso em: 25 out. 2021.

[17] PRESIDENTE DO STJ propõe mediação e conciliação para atender a demandas no pós-pandemia. **STJ JUS**. 2020. Disponível em: https://www.stj.jus .br/sites/portalp/Paginas/Comunicacao/Noticias/08122020-Presidente-do-STJ-p ropoe-mediacao-e-conciliacao-para-atender-a-demandas-no-pos-pandemia.asp x. Acesso em: 25 out. 2021.

Especiais do Estado de Minas Gerais, bem como pelos Centros Judiciários de Solução de Conflitos e Cidadania[18].

Através desta portaria, foram estabelecidas diretrizes para a realização de sessões de conciliação e mediação por videoconferência nos CEJUSC'S do estado de Minas Gerais durante a situação extraordinária de pandemia. Senão vejamos:

> Art. 16. As sessões de conciliação e mediação no setor pré-processual do CEJUSC poderão ser feitas por videoconferência, através do aplicativo de mensagens "WhatsApp", conforme as diretrizes estabelecidas no Anexo II da Portaria Conjunta da Presidência nº 963, de 2020.[19]

Diante do permissivo previsto no artigo supracitado em que a ferramenta "WhatsApp" poderá ser veículo de condução de audiências autocompositivas, acresce relembrarmos que o próprio artigo 46 da Lei de Mediação esclarece de forma mais profunda que a mediação poderá ser realizada pela internet ou por outro meio de comunicação que permita transação à distância.

Acresce, portanto, que legislação brasileira refere expressamente a possibilidade de utilizar a internet ou outro meio de comunicação que permita transação à distância abre uma variedade de possibilidades infinita de meios eletrônicos, inclusive áudio, vídeo, chat, entre outros, ficando à consideração dos utilizadores e dos mediadores que atuem nestes processos continuarem a respeitar os princípios que regem e norteiam o processo de mediação.

A título de exemplo, o Tribunal de Justiça do Distrito Federal – TJDF, em decisão recente designou audiência de mediação através de videoconferência em virtude do contexto da pandemia de COVID-19, no entanto, deixou claro que em havendo dificuldades matérias das partes terem acesso a esses meios, a audiência restaria suspensa. É o que se pode deduzir:

---

[18] ESTADO DE MINAS GERAIS. Tribunal de Justiça de Minas Gerais. **Portaria Conjunta Nº 1109/PR/2020.** Disponível em: http://www8.tjmg.jus.br/institucional/at/pdf/pc11092020.pdf. Acesso em: 25 out. 2021.
[19] ESTADO DE MINAS GERAIS. Tribunal de Justiça de Minas Gerais. **Portaria Conjunta Nº 1109/PR/2020.** Disponível em: http://www8.tjmg.jus.br/institucional/at/pdf/pc11092020.pdf. Acesso em: 25 out. 2021.

AGRAVO DE INSTRUMENTO. AÇÃO DE ALIMENTOS. AUDIÊNCIA DE MEDIAÇÃO. VIDEOCONFERÊNCIA. CONTEXTO DA PANDEMIA DE COVID-19. EXCEPCIONALIDADE. PARTICIPAÇÃO DAS PARTES. NÃO OBRIGATORIEDADE. 1. Em observância à autonomia da vontade dos envolvidos na mediação, tanto no que concerne ao método em si quanto no que se refere às regras procedimentais, não se pode compelir nenhuma das partes a participar da audiência. 2. Verificando-se que a audiência de mediação somente foi designada por videoconferência em virtude do contexto da pandemia de COVID-19, tratando-se, pois, de procedimento excepcional e emergencial para o qual nem todas as pessoas estão preparadas tecnologicamente, não se pode obrigar as partes de um processo a terem conhecimento da plataforma em que será realizada a audiência, e muito menos a terem disponibilidade financeira para custear um plano de dados de internet que assegure a estabilidade de conexão. 3. Conforme artigo 6º, parágrafos 1º e 3º, da Resolução do CNJ nº 314, de 20/04/2020, constatando-se dificuldade ou impossibilidade técnica na realização de determinados atos processuais na forma remota, admite-se sua suspensão, sendo vedado, outrossim, carrear aos advogados a responsabilidade pela participação das partes em atos virtuais. 4. Agravo conhecido e parcialmente provido. (TJ-DF 07373207620208070000 - Segredo de Justiça 0737320-76.2020.8.07.0000, Relator: ANA CANTARINO, Data de Julgamento: 02/12/2020, 5ª Turma Cível, Data de Publicação: Publicado no PJe : 16/12/2020 . Pág.: Sem Página Cadastrada.[20]

O que se poder aferir deste julgado é a lúcida percepção da realidade na qual vivem muitos brasileiros, sobretudo em razão da flagrante necessidade material que estes foram submetidos em razão das consequências da pandemia.

Em face a isso, podemos concluir que o posicionamento e atuação do poder judiciário foi na direção de fomentar as partes na utilização dos métodos autocompositivas no ambiente virtual na medida em que tivessem recursos para tal (computador, celular), visto que nem todos os

---

[20] DISTRITO FEDERAL. Tribunal de Justiça do Distrito Federal. **Agravo de Instrumento nº 0737320-76.2020.8.07.0000.** Relator: Ana Cantarino. 2020

brasileiros estão preparados tecnologicamente para isso, nem possui disponibilidade financeira para custear um plano de dados de internet.

4 CONSIDERAÇÕES FINAIS

A pesquisa propõe analisar a conduta do poder judiciário frente ao cenário atual de pandemia do COVID-19, no qual resultou no isolamento social impactando a forma de resolução de conflitos, sobretudo as formas autocompositivas.

Tecidas essas considerações, inferiu-se que o avanço do uso das novas tecnologias da informação, ainda mais no contexto em que se encontra a população com a pandemia do COVID-19, mostra-se imprescindível, concluindo-se pela necessidade de transformações basilares na forma como o Sistema de Justiça se desenvolve.

No entanto, ainda que existam avanços tecnológicos para remediar a utilização destes recursos para a ocorrência das audiências autocompositivas, esses recursos se tornam inviáveis quando da ausência dos mesmos por parte da população – quando não possui acesso a computadores e celulares, bem como a pacote de dados de internet.

Nesse diapasão, mesmo que o judiciário tenha se mostrado empenhando no incentivo da utilização dos meios digitais para a concretização das audiências de mediação em ambientes virtuais, há ainda a necessidade de concretização de meios matérias para que as partes hipossuficientes tenham direito a esse acesso

REFERÊNCIAS

BASSO, Vinícius. Sessão de mediação: análise da estrutura e dos fundamentos. **JUS.** 2019. Disponível em: https://jus.com.br/artigos/76912/sessao-de-mediacao-analise-da-estrutura-e-dos-fundamentos. Acesso em: 10 out. 2021.

BRASIL. **Constituição da República Federativa do Brasil**, de 5 de outubro de 1988. Disponível em: http://www.planalto.gov.br/ccivil_03/Constituicao/ConstituicaoCompilado.htm Acesso em: 10 out. 2021.

BRASIL. **Lei nº 5.869**, de 11 de janeiro de 1973. Disponível em: http://www.planalto.gov.br/ccivil_03/leis/l5869impressao.htm. Acesso em: 10 out. 2021.

BRASIL. **Lei nº13.105**, de 16 de março de 2016. Disponível em: http://www.planalto.gov.br/ccivil_03/_ato2015-2018/2015/lei/l13105.htm. Acesso em: 10 out. 2021.

BRASIL. **Lei nº13.140**, de 26 de junho de 2015. Disponível em: http://www.planalto.gov.br/ccivil_03/_ato2015-2018/2015/lei/l13140.htm. Acesso em: 11 out. 2021.

BRASIL. **Resolução nº 125**, de 29 de setembro de 2010. Disponível em: https://atos.cnj.jus.br/atos/detalhar/156. Acesso em: 11 out. 2021.

CAUMO, Renata. Mediação e conciliação do Código de Processo Civil. **JUS**. 2018. Disponível em: https://jus.com.br/artigos/73080/mediacao-e-conciliacao-do-codigo-de-processo-civil. Acesso em: 16 out. 2021.

DISTRITO FEDERAL. Tribunal de Justiça do Distrito Federal. **Agravo de Instrumento nº 0737320-76.2020.8.07.0000**. Relator: Ana Cantarino. 2020

DUARTE, Luís Cláudio. A resolução dos conflitos durante a pandemia da COVID-19. **OAB-GO**. Disponível em: https://www.oabgo.org.br/oab/publicacoes/opiniao/a-resolucao-dos-conflitos-durante-a-pandemia-da-covid-19-luiz-claudio-duarte/. Acesso em: 25 out. 2021.

ESTADO DE MINAS GERAIS. Tribunal de Justiça de Minas Gerais. **Portaria Conjunta Nº 1109/PR/2020**. Disponível em: http://www8.tjmg.jus.br/institucional/at/pdf/pc11092020.pdf. Acesso em: 25 out. 2021.

GUSTIN, Miracy Barbosa de Sousa; DIAS, Maria Tereza Fonseca. **(Re)pensando a pesquisa jurídica:** teoria e prática. 2. ed. Belo Horizonte: Del Rey, 2006.

PRESIDENTE DO STJ propõe mediação e conciliação para atender a demandas no pós-pandemia. **STJ JUS**. 2020. Disponível em: https://www.stj.jus.br/sites/portalp/Paginas/Comunicacao/Noticias/08122020-Presidente-do-STJ-propoe-mediacao-e-conciliacao-para-atender-a-demandas-no-pos-pandemia.aspx. Acesso em: 25 out. 2021.

NASCIMENTO, Dulce. **Apostila das aulas de Pós-Graduação "lato sensu" L.L.m em Mediação, Gestão e Resolução de Conflitos.** Belo Horizonte, 2021.

O CABIMENTO DE AGRAVO DE INSTRUMENTO QUANDO JUIZ LIMITA LITISCONSÓRCIO EM DECISÃO DE OFÍCIO

11

Paulo Henrique Clemente de Souza Ferreira

1 CONSIDERAÇÕES INICIAIS

O novo Código de Processo Civil teve sua vigência iniciada em 16 de março de 2016, um ano após sua promulgação. Como todo código que regula um microssistema normativo, após o início de sua vigência surgem inúmeras questões e controvérsias acerca de seus institutos e de suas inovações. Buscam-se soluções de problemas e questões que não eram bem resolvidas no sistema normativo anterior, visando uma evolução entre os diplomas que se sucedem. Outrossim, nesse momento de início de vigência e aplicação do novo diploma normativo, objetiva-se entender os institutos e seus âmbitos de aplicação e a solução e integração de suas lacunas. O presente artigo se situa nesse âmbito. Um dos mais importantes livros do CPC/2015 é o de número III: Dos processos nos tribunais e dos meios de impugnação das decisões judiciais. Neste mencionado livro está contido o tratamento sobre os principais meios de impugnação das decisões judiciais, nos quais se destacam as diversas modalidades recursais.

O presente artigo irá tratar sobre o agravo de instrumento, recurso idôneo para atacar decisões interlocutórias proferidas pelo juízo durante o curso do feito. Tal recurso, contudo, não poderá ser utilizado para impugnar todas as decisões interlocutórias proferidas pelo juízo, mas somente nas hipóteses previstas no art. 1015 do CPC. Assim, neste estudo busca se responder o seguinte problema: é possível o uso do recurso de agravo de instrumento para decisões que promovem a limitação de litisconsórcio em decisão de ofício do magistrado? E, se cabível, em qual inciso do artigo 1015 do Código de Processo Civil essa decisão se enquadra? O tema é de suma importância na medida que o artigo 1015 do Código de Processo Civil traz um rol taxativo de hipóteses nas quais é cabível a impugnação por agravo de instrumento. E dentre essas não está presente a situação objeto do presente estudo, embora tenha a previsão de duas hipóteses bastante semelhantes. O presente trabalho procura analisar a presente questão do cabimento de recurso de agravo de instrumento para essa situação hipotética relatada acima e tem como marco temporal o novo CPC de 2015.

Nos capítulos de fundamentação teórica do artigo serão analisados aspectos gerais sobre os recursos em geral e mais especificamente sobre o recurso agravo de instrumento, objeto do artigo e suas hipóteses de cabimento.

A pesquisa utilizou o método analítico, pois trata se de uma coleta e análise de obras doutrinárias e da legislação processual civil sobre o tema. Assim houve uma análise da lei processual que é de federal, conforme a competência constitucional. Ademais, haverá uma análise de um julgado da jurisprudência do STJ sobre o recurso em análise e sobre natureza da lista do artigo 1015 do CPC e sobre a natureza do rol do mencionado artigo.

2 TEORIA GERAL DOS RECURSOS E PRESSUPOSTOS RECURSAIS

No Código de Processo Civil existem diferentes meios de se demonstrar o seu inconformismo com uma decisão judicial, seja dentro do mesmo processo ou através de um meio autônomo de impugnação. Nas palavras de Daniel Amorim Assumpção Neves:[1]

> Afirma-se corretamente que dentro do gênero meios de impugnação das decisões judiciais" existem duas espécies de instrumentos processuais: os recursos e os sucedâneos recursais, sendo a análise comparativa entre eles realizada de forma residual, ou seja, tudo o que não for recurso será considerado um sucedâneo recursal

---

[1] NEVES, Daniel Amorim Assumpção. **Manual de Direito Processual Civil**. 10 ed. Salvador: Juspodivm, 2018, p. 1541.

Uma das formas de impugnação das decisões judiciais, conforme mencionado no trecho acima transcrito, é através dos recursos. Cassio Scarpinella[2] Bueno traz em sua obra, o conceito de José Carlos Barbosa Moreira sobre esse instituto "o remédio necessário idôneo a ensejar, dentro do mesmo processo, a reforma, a invalidação, o esclarecimento ou integração de decisão judicial que se impugna". Marco Antonio Rodrigues[3] traz conceito complementar: "Os recursos podem ser definidos como os remédios voluntários, criados por lei, por meio dos quais se pretende a anulação, a reforma ou a integração de decisão judicial, no âmbito do próprio processo em que foi proferida." Outrossim, o recurso está inserido no exercício do direito de ação e irá prorrogar o estado de litispendência. Essa é a lição de Didier: "O recurso é o meio de impugnação da decisão judicial utilizado dentro do mesmo processo em que é proferida. Pelo recurso, prolonga-se o curso (a litispendência) do processo."[4]

Desta forma pode se extrair do pensamento dos autores as características distintivas dos recursos. Tais elementos são: a previsão legal; a voluntariedade, ou seja, é um direito e uma faculdade das partes interpô-los; e a interposição dentro do mesmo processo pelas partes ou interessados e a finalidade de anular, reformar ou integrar decisão judicial.

Assim percebe-se que os recursos são de relevante importância para o regular desenvolvimento do processo civil e fundamentais para a implementação e concretização dos princípios do ramo, como o contraditório, a ampla defesa, a isonomia, o duplo grau de jurisdição, dentre outros. Isso, pois são instrumentos aptos a tentar a reversão de decisões desfavoráveis, injustas ou para a busca de o pronunciamento de dois juízos sobre um fato controverso. Assim, os recursos são a instrumentalização do princípio do duplo grau de jurisdição. Os recursos,

---

[2] BUENO, Cássio Scarpinella. **Manual de Processo Civil**. 2 ed. São Paulo: Saraiva, 2020, s. p.
[3] RODRIGUES, Marco Antônio. **Manual dos recursos**: Recursos e Ação rescisória. 1. ed. São Paulo: Atlas, 2020, s. p.
[4] DIDIER JÚNIOR, Fredie. **Curso de direito processual civil**: o processo civil nos tribunais, recursos, ações de competência originária de tribunal e querela nullitatis, incidentes de competência originária de tribunal. 13. ed. Salvador: JusPodivm, 2016, p. 89.

por isso, são instrumentos para possibilitar mais justiça e correição na atuação jurisdicional do Estado, na medida em que mais de um órgão do judiciário irá analisar aquele caso. Portanto, em síntese, pode se afirmar que os recursos são importantes para a promoção do direito processual civil constitucional, na medida em que irá possibilitar as garantias constitucionais do contraditório, ampla defesa, devido processo legal, dentre outras.

Sobre os objetivos dos recursos, importante colacionar as lições de Rodolfo Kronemberg Hartmann[5]:

> O mesmo conceito abordado no item anterior menciona que o recurso pode ser utilizado para obter a reforma, invalidação, esclarecimento ou integração, que são objetivos bem distintos. O termo reforma é empregado quando o objetivo do recorrente é o reconhecimento de que o conteúdo da decisão impugnada não é o mais adequado à luz das provas constantes nos autos. Já a invalidação ocorre quando o ato jurisdicional se encontrar inquinado com algum vício. O esclarecimento, por sua vez, pode ser entendido como a eliminação de um erro material, uma contradição ou mesmo uma obscuridade no ato decisório. E, por fim, a integração nada mais é do que a eliminação de uma omissão no julgado.

Existem várias espécies de recursos previstos no ordenamento jurídico brasileiro e em especial no CPC. Como todo instituto jurídico, os recursos apresentam princípios e regras próprios. O princípio basilar dos recursos é o duplo grau de jurisdição. Conforme já abordado anteriormente no presente artigo, trata-se de um instrumento apto a garantir a justiça na atuação do Poder Judiciário, pois permite a análise da demanda por mais de um órgão judicial, o que reduz a possibilidade de erros na prestação da importante função de dizer o direito. Humberto Dalla Bernardina de Pinho[6] aborda o objetivo do mencionado princípio e ainda leciona sobre sua derivação do princípio constitucional do devido processo legal:

---

[5] HARTMANN, Rodolfo Kronemberg. **Curso completo do novo processo civil**. 5. ed. Niterói: Impetus, 2019, p. 631.
[6] PINHO, Humberto Dalla Bernardina de. **Manual de direito processual civil contemporâneo**. 2. ed. São Paulo: Saraiva Educação, 2020, s. p.

Os recursos asseguram exames sucessivos da decisão, permitindo que juízes mais experientes, em regime colegiado, analisem argumentos a que, no primeiro momento, não se tenha atribuído o justo peso. Dessa forma, garante-se maior probabilidade de acerto no pronunciamento jurisdicional, sendo consectário do devido processo legal.

Outro dentre esses princípios é o da unicidade ou unirrecorribilidade que significa que para cada decisão que se visa impugnar, há apenas um recurso cabível. Nas palavras de Scarpinella Bueno[7]:

> (...) unirrecorribilidade, por vezes também chamado de singularidade ou de unicidade. Seu significado é o de que cada decisão jurisdicional desafia o seu contraste por um e só por um recurso. Cada recurso, por assim dizer, tem aptidão de viabilizar o controle de determinadas decisões jurisdicionais com exclusão dos demais, sendo vedada – é este o ponto nodal do princípio – a interposição concomitante de mais de um recurso para o atingimento de uma mesma finalidade.

Portanto é de suma importância saber qual é o recurso correto, adequado para cada caso. Tal princípio possui uma intrínseca relação com o tema do presente artigo, na medida este estudo visa discorrer sobre a possibilidade de cabimento do agravo de instrumento (um dos muitos recursos aceitos no ramo do processo civilista) para a decisão de ofício do juiz que limita o litisconsórcio em uma ação. Também é possível perceber a importância para o mundo jurídico e para pratica civilista, na medida em que caso não fosse possível a interpelação de agravo nessa hipótese, esses recursos interpostos deveriam ter o seu seguimento negado por falta de pressuposto recursal.

Outro importante princípio dos recursos é a taxatividade: "Recursos são remédios expressamente previstos na lei como tais."[8] Desta feita, para que seja possível a interposição de um recurso, é imprescindível que haja previsão deste em lei federal. Em igual sentido,

---

[7] BUENO, Cássio Scarpinella. **Manual de Processo Civil**. 2 ed. São Paulo: Saraiva, 2020, s. p.
[8] RODRIGUES, Marco Antônio. **Manual dos recursos**: Recursos e Ação rescisória. 1. ed. São Paulo: Atlas, 2020, s. p.

em decorrência desse princípio não é possível que as partes criem modalidades recursais através de acordo de vontades, nos chamados negócios jurídicos processuais.

A impugnação por meio de recurso é um direito que todo aquele que foi sucumbente em sua pretensão possui. Entretanto é necessário que se cumpra requisitos para isso. Todo recurso possui pressupostos para sua interposição e seu seguimento.

De acordo com a teoria geral dos recursos, existem alguns requisitos para a aceitabilidade desses. Scarpinella[9] elenca esses requisitos em cabimento, legitimidade, tempestividade, interesse, regularidade formal, preparo e inexistência de fato impeditivo ou extintivo.

Assim, para o referido autor o cabimento é a percepção de que aquele recurso, realmente é o cabível para a hipótese concreta que se verifica. No Código de Processo Civil há artigos que tratam sobre esse requisito para as diversas espécies recursais. No artigo 994 do código há a indicação de quais recursos são cabíveis no processo civil brasileiro. A apelação tem sua hipótese de incidência regulamentada pelo 1009. O agravo de instrumento tem o seu cabimento delineado pelo artigo 1015 do NCPC ao passo que o agravo interno tem o seu cabimento disciplinado no artigo 1021.É de grande relevância a noção do cabimento para se respeitar os princípios recursais da taxatividade e da unicidade ou unirrecorribilidade. Isso, pois os recursos aceitos no processo civil são apenas os previstos na lei federal (taxatividade) e também por ser cabível apenas um recurso para cada situação, decisão (unicidade/unirrecorribilidade).

Já a legitimidade trata de quais pessoas possuem a prerrogativa de recorrer. De acordo com a previsão do 996 do CPC, os legitimados são as partes vencidas, os terceiros prejudicados e o Ministério Público. Scarpinella Bueno[10] leciona sobre o ônus que o código impõe ao terceiro para poder recorrer, na medida em que deve demonstrar que a decisão proferida possa atingir direito de que é titular ou que podia discutir em

---

[9] BUENO, Cássio Scarpinella. **Manual de Processo Civil.** 2 ed. São Paulo: Saraiva, 2020, s. p.
[10] BUENO, Cássio Scarpinella. **Manual de Processo Civil.** 2 ed. São Paulo: Saraiva, 2020, s. p.

juízo na qualidade de substituto processual. Humberto Theodoro Junior[11] resume bem o requisito da legitimidade:

> A legitimidade para recorrer decorre ordinariamente da posição que o inconformado já ocupava como sujeito da relação processual em que se proferiu o julgamento a impugnar. A lei, no entanto, prevê, em determinadas circunstâncias, legitimação recursal extraordinária para quem não seja parte, como o Ministério Público e o terceiro prejudicado

O interesse recursal se relaciona à utilidade e à necessidade da interposição do recurso para a melhoria e o resguardo de seus interesses discutidos na demanda. Logo, o interesse para a pretensão recursal está relacionado à própria legitimidade em si, pois esta exigência impõe que deve recorrer aquela parte que visa recuperar o prejuízo causado pela decisão. Dessa maneira, o interesse recursal também pode ser retirado do artigo 996 do Código de Processo Civil.

O requisito da tempestividade que é disposto no artigo 1003 do CPC, diz respeito ao dever da parte de interpor os recursos dentro do prazo previstos para eles. Assim, em regra, os prazos para recursos são de 15 dias úteis, contados a partir da intimação dos representantes das partes da decisão a que se busca impugnar. Tem se como exceção a essa regra os embargos de declaração que devem ser opostos no prazo de 5 dias contados da intimação da decisão.

A regularidade formal como leciona Scarpinella Bueno[12] "há regras formais, não formalismos, a serem observadas para garantir, inclusive a compreensão da postulação recursal". Assim trata-se de algumas exigências formais, peculiaridades inerentes a cada espécie recursal em si, para facilitar a identificação, processamento, compreensão e julgamento de dado recurso. Para Luís Guilherme Marinoni, a regularidade formal é a condição de que haverá a admissão recursal caso o procedimento utilizado seguir os ditames previstos em lei.

---

[11] THEODORO JÚNIOR, Humberto. **Curso de Direito Processual Civil.** v. 3, 52. ed. Rio de Janeiro: Forense, 2019, s. p.
[12] BUENO, Cássio Scarpinella. **Manual de Processo Civil.** 2 ed. São Paulo: Saraiva, 2020, s. p.

Um outro requisito para recorrer é o preparo que é disposto no artigo 1007 e diz respeito a exigência de se recolher certos valores para poder recorrer. Na literalidade do referido artigo percebe se que a pena para a não recolhimento dos valores exigidos é a deserção do recurso. Como explica Marinoni[13] em sua obra, o preparo está relacionado a gastos que o Estado terá com o processamento do recurso e que devem ser arcados pelo interessado neste. Os gastos com esse processamento são as custas e o porte de remessa e retorno. Scarpinella Bueno[14] esclarece o que são esses gastos. Assim, para o referido autor as custas são taxas tributarias para o processamento do recurso e o porte de remessa e retorno são os valores necessários para o envio e devolução dos autos físicos entre os órgãos ad quo e ad quem. O CPC estabelece como funciona a comprovação de recolhimento do preparo e os atos a serem realizados quando há insuficiência ou não realização deste, nos parágrafos do artigo 1007.Também está disposto no parágrafo 1º do referido artigo, pessoas que estão dispensadas da realização do preparo. São essas o Ministério Público, a União, o Distrito Federal, os Estados, os Municípios, e suas respectivas autarquias, e aqueles que gozam de isenção legal, como os beneficiários da justiça gratuita.

O último requisito dentre os listados nesse trabalho é a ausência de fato impeditivo ou extintivo do direito de recorrer. Para Scarpinella Bueno[15] isso está relacionado à ausência de interferência ou colisão de fato futuro que venha a interferir ou esvaziar o exercício da faculdade de recorrer. Luís Guilherme Marinoni[16] trata como fato extintivo certas circunstâncias que irão influir nos direitos processuais das partes. Isso pode ser aplicado ao direito de recorrer quando este vira objeto de disposição de vontade pela parte e tem como principal caso a renúncia à

---

[13] MARINONI, Luiz Guilherme, ARENHART, Sérgio Cruz, DANIEL, Mitidiero. **O Novo Processo Civil**. 2 ed. São Paulo: Editora Revista dos Tribunais: São Paulo, 2016, p. 509.

[14] BUENO, Cássio Scarpinella. **Manual de Processo Civil**. 2 ed. São Paulo: Saraiva, 2020, s. p.

[15] BUENO, Cássio Scarpinella. **Manual de Processo Civil**. 2 ed. São Paulo: Saraiva, 2020, s. p.

[16] MARINONI, Luiz Guilherme, ARENHART, Sérgio Cruz, DANIEL, Mitidiero. **O Novo Processo Civil**. 2 ed. São Paulo: Editora Revista dos Tribunais: São Paulo, 2016, p. 510.

faculdade recursal. Já os fatos impeditivos são, para o esse referido autor, são causas externas que irão inibir o direito ao recurso que existe. Ele cita como duas principais hipóteses de fatos impeditivos a desistência do recurso e o não adimplemento das multas previstas em lei como encargo para recorrer.

Cumpre destacar que Marinoni[17] divide os requisitos acima explanados em intrínsecos e extrínsecos: "É possível dividir esses pressupostos em intrínsecos e extrínsecos, os primeiros atinentes à existência do direito de recorrer e os últimos ao seu exercício." Para essa classificação, o referido autor explica que seriam intrínsecos: o cabimento, o interesse recursal, legitimidade recursal, inexistência de fato extintivo do direito de recorrer. E seriam considerados extrínsecos: a regularidade formal, a tempestividade, o preparo e a inexistência de fato impeditivo de recorrer.

Cabe destacar que o CPC de 2015 possui como um de seus princípios a primazia pela decisão de mérito e como uma de suas normas fundamentais o direito das partes de obter a solução integral do mérito, incluindo sua efetivação, em prazo razoável. Dessa forma, os recursos não serão inadmitidos por meras irregularidades formais, antes de concedido prazo para as partes sanarem. Exemplo dessa situação é a ideia de fungibilidade, hipóteses admitidas pela lei em que se permite que um recurso interposto possa ser conhecido como outro, se não houver erro grave. Daniel Amorim Assumpção Neves[18] explica o fundamento da fungibilidade: "A fungibilidade se funda no princípio da instrumentalidade das formas, amparando-se na ideia de que o desvio da forma legal sem a geração do prejuízo não deve gerar a nulidade do ato processual."

Os requisitos e condições dispostas a cima estão relacionados a teoria geral dos recursos e são aplicados a todas espécies recursais, exceto quando a lei dispensa, como na hipótese de ausência de preparo nos embargos de declaração, prevista pelo artigo 1023 do CPC. Também

---

[17] MARINONI, Luiz Guilherme, ARENHART, Sérgio Cruz, DANIEL, Mitidiero. **O Novo Processo Civil**. 2 ed. São Paulo: Editora Revista dos Tribunais: São Paulo, 2016, p. 506.
[18] NEVES, Daniel Amorim Assumpção. **Manual de Direito Processual Civil**. 10 ed. Salvador: Juspodivm, 2018, p. 1591.

existem outros requisitos específicos para cada espécie recursal. Um exemplo disso é a necessidade de se demonstrar a repercussão geral em recurso especial ou no extraordinário.

3 AGRAVO DE INSTRUMENTO: DEFINIÇÃO E PRESSUPOSTOS

Agora é importante adentrar ao tema do presente resumo, o agravo de instrumento. Essa espécie recursal é prevista nos artigos 1015 a 1020 do Código de Processo Civil de 2015. O agravo de instrumento é o recurso utilizado para atacar determinadas decisões interlocutórias, previstas no artigo 1015 do CPC.

Para início de análise, portanto, é necessário a definição de decisão interlocutória. O conceito desse pronunciamento do juiz vem no NCPC[19] através do artigo 203 § 2º, para o qual, trata-se de todo pronunciamento judicial de natureza decisória que não se enquadre no conceito de sentença, trazido pelo § 1º do artigo 203. Dessa maneira, com base nos conceitos de despacho e ato ordinatório trazidos pelos demais parágrafos do artigo 203, que afastam a natureza decisória destes e com a definição do § 1º artigo de que a sentença é " pronunciamento por meio do qual o juiz, com fundamento nos arts. 485 e 487, põe fim à fase cognitiva do procedimento comum, bem como extingue a execução", é possível delimitar o conceito de decisão interlocutória, como aquela decisão que resolve questão do processo e que não irar colocar fim a fase cognitiva ou extinguir a execução, sendo assim, não haverá o esgotamento da tutela jurisdicional daquela instância.

Dessa forma, uma decisão interlocutória é todo pronunciamento judicial que apresente conteúdo decisório e não seja sentença. Assim, por exclusão, não serão decisões interlocutórias e por isso, impossíveis de serem atacadas por agravo de instrumento, os despachos, que são pronunciamentos judiciais sem conteúdo decisório com o intuito de dar andamento à marcha processual, e as sentenças, que são atos judiciais

---

[19] BRASIL. **Código de Processo Civil.** Lei nº 13.105, 2015. Disponível em: http://www.planalto.gov.br/ccivil_03/_ato2015-2018/2015/lei/l1131 05.htm. Acesso em: 30 nov. 2021.

com conteúdo de mérito e que encerram o processo ou uma fase processual. Fredie Didier[20] explicita esse conceito de decisão interlocutória, demonstrando a evolução no conceito no NCPC, em detrimento de sua conceituação no antigo CPC de 1973:

> O agravo de instrumento é o recurso cabível contra decisão interlocutória. No CPC-1973, a decisão interlocutória era o pronunciamento do juiz que resolvia uma questão incidente. No CPC-2015, a definição de decisão interlocutória passou a ser residual: o que não for sentença é decisão interlocutória. Se o pronunciamento judicial tem conteúdo decisório e não se encaixa na definição do § 1º do art. 203, é, então, uma decisão interlocutória.

O agravo de instrumento é um recurso que possui o efeito devolutivo, ou seja, haverá o reexame por um outro órgão judicial da questão controvertida impugnada no recurso e caso superada a barreira da admissibilidade será essa matéria analisada pelo tribunal. Marco Antônio Rodrigues[21] elucida ser o efeito devolutivo imediato uma grande vantagem dessa modalidade recursal:

> A grande vantagem do agravo de instrumento em face das decisões que tenham expressa previsão de uso de tal recurso é o seu efeito devolutivo imediato, uma vez que é objeto de interposição diretamente ao tribunal. O agravo de instrumento transfere imediatamente ao tribunal a análise da matéria impugnada, não sendo necessária a prática de diversos atos processuais em primeiro grau, até que a questão chegue ao tribunal competente.

Ademais, conforme bem delineado por Rodolfo Kronemberg Hartmann[22], o agravo de instrumento é um recurso de fundamentação

---

[20] DIDIER JÚNIOR, Fredie. **Curso de direito processual civil:** o processo civil nos tribunais, recursos, ações de competência originária de tribunal e querela nullitatis, incidentes de competência originária de tribunal. 13. ed. Salvador: JusPodivm, 2016, p. 206.
[21] RODRIGUES, Marco Antônio. **Manual dos recursos:** Recursos e Ação rescisória. 1. ed. São Paulo: Atlas, 2020, s. p.
[22] HARTMANN, Rodolfo Kronemberg. **Curso completo do novo processo civil.** 5. ed. Niterói: Impetus, 2019, p. 683.

livre, de forma que a parte pode questionar qualquer tipo de fundamento, seja *error in procedendo*, seja *error in judicando*, nas hipóteses em que o recurso for cabível.

Essa modalidade recursal, como demonstrado no trecho acima, é interposta diretamente no órgão de segundo grau, sendo necessária somente, a comunicação ao juízo de primeiro grau sobre a interposição do agravo de instrumento. Ademais, deve se fazer a juntada de cópias de algumas peças importantes do decorrer do processo para a formação do "instrumento". Tais peças estão previstas no artigo 1017 do NCPC e incluem, dentre outras: a cópia da petição inicial, da contestação, da decisão impugnada. Em caso de processo físico, o não cumprimento dessa exigência, desde que arguido pela outra parte, leva a inadmissibilidade do recurso.

Também é aceita no agravo de instrumento, a possibilidade de juízo de retratação conforme previsão do 1018, §1º do CPC. O agravo segue a regra geral de que não há efeito suspensivo ope legis para os recursos no processo civil (exceção: apelação, que em regra por previsão do artigo 1012, CPC, possui efeito suspensivo). Entretanto é possível, que seguindo as regras do artigo 996, § único e 1019, I, seja concedido efeito suspensivo ao agravo, caso preenchidas as exigências de probabilidade de provimento do recurso e do perigo de dano grave de difícil ou impossível reparação. Assim, nesse caso, os efeitos da decisão interlocutória impugnada ficarão suspensos até a decisão do recurso pelo tribunal.

Da mesma maneira, também há a possibilidade de concessão do efeito ativo para o recurso em analise, haja vista que para a concessão desse efeito chamado de tutela provisória recursal deve se preencher os requisitos do 1019, I e do 300 do CPC, e, sendo assim é cabível deferir, em sede de antecipação de tutela, a pretensão recursal. O presente recurso é uma faculdade que as partes sucumbentes (total ou parcialmente) em atacar as decisões interlocutórias do artigo 1015 do novo Código de Processo Civil.

4 CABIMENTO DE INTERPOSIÇÃO DE AGRAVO DE INSTRUMENTO CONTRA DECISÃO INTERLOCUTÓRIA QUE LIMITE O LITISCONSÓRCIO DE OFÍCIO

Passada a análise sobre o que seria uma decisão interlocutória, é necessário saber que nem todo pronunciamento do juiz classificado como tal será passível de ataque por agravo de instrumento. O recurso de agravo de instrumento somente será cabível para atacar algumas decisões interlocutórias., que são aquelas constantes no rol do artigo 1015 do NCPC e em legislações especiais.

Nesse sentido, Daniel Amorim Assumpção neves[23]:

> No novo sistema recursai criado pelo Novo Código de Processo Civil é excluído o agravo retido e o cabimento do agravo de instrumento está limitado às situações previstas em lei. O art. 1.015, caput, do Novo CPC admite o cabimento do recurso contra determinadas decisões interlocutórias, além das hipóteses previstas em lei, significando que o rol legal de decisões interlocutórias recorríveis por agravo de instrumento é restritivo, mas não o rol previsto no art. 1.015 do Novo CPC, considerando a possibilidade de o próprio Código de Processo Civil, bem como leis extravagantes, preverem outras decisões interlocutórias impugnáveis pelo agravo de instrumento que não estejam estabelecidas pelo disposto legal. O Novo Código de Processo Civil prevê o cabimento do agravo de instrumento em hipóteses não consagradas no art. 1.015 do Novo CPC, o que é plenamente admissível nos termos do inciso XIII do dispositivo, que prevê o cabimento de tal recurso em outros casos expressamente referidos em lei além daqueles consagrados de forma específica no dispositivo legal.

Houve tal redução das possibilidades de impugnação via agravo de instrumento das decisões interlocutórias a somente as hipóteses elencadas em lei, devido a situação de congestionamento dos tribunais com o alto número de recursos a se decidir. Desta forma, entendeu-se na elaboração do novo CPC que deixar que todas as decisões interlocutórias pudessem ser atacadas via agravo imediatamente, levaria a um enorme número de processos nos tribunais. Por isso, apenas as decisões interlocutórias especificadas pela lei poderão ser impugnadas imediatamente via agravo.

---

[23] NEVES, Daniel Amorim Assumpção. **Manual de Direito Processual Civil**. 10 ed. Salvador: Juspodivm, 2018, p. 1658.

Scarpinella Bueno[24] resume bem o objetivo do NCPC de reduzir as possibilidades de interposição do recurso de agravo de instrumento:

> Importante e substancial alteração proposta desde o Anteprojeto elaborado pela Comissão de Juristas é a indicação dos casos em que é cabível o recurso de agravo de instrumento, assim entendido o recurso que submete a contraste imediato pelo Tribunal decisão interlocutória proferida na primeira instância ao longo do processo. O objetivo expresso, desde a Exposição de Motivos do Anteprojeto, é o de reduzir os casos em que aquele recurso pode ser interposto, quando comparado com o CPC de 1973.

Daniel Amorim Assumpção Neves[25] faz uma fundada crítica na correlação entre essa limitação promovida pelo CPC e a melhoria do rendimento dos tribunais:

> Num primeiro momento, duvido seriamente do acerto dessa limitação e das supostas vantagens geradas ao sistema processual. A decantada desculpa de que o agravo de instrumento é o recurso responsável pelo caos vivido na maioria de nossos tribunais de segundo grau não deve ser levada a sério. Há tribunais que funcionam e outros não, e em todos eles se julgam agravos de instrumento. Como não se pode seriamente considerar que em determinados Estados da Federação as partes interponham agravos de instrumento em número significativamente maior do que em outros, fica claro que referido recurso não é culpado pela morosidade dos tribunais de segundo grau.

Realmente, conforme bem exposto no trecho acima transcrito, não se pode culpar a grande amplitude de possibilidades de interposição do recurso de agravo de instrumento e a morosidade e o alto número de demandas presentes em um tribunal. Isso, pois, existem tribunais que funcionavam perfeitamente antes do CPC e outros que não. Ademais, trata-se de um gravame que pode ser bastante pesado para o jurisdicionado, na medida em que pode se ver limitado na possibilidade

---

[24] BUENO, Cássio Scarpinella. **Manual de Processo Civil**. 2 ed. São Paulo: Saraiva, 2020, s. p.
[25] NEVES, Daniel Amorim Assumpção. **Manual de Direito Processual Civil**. 10 ed. Salvador: Juspodivm, 2018, p. 1659-1660.

de recorrer de uma decisão que lhe causou prejuízos e que já produz efeitos, tendo que esperar até o término da fase cognitiva para impugnar tal questão como preliminar de apelação.

Em adição, essa redução de processos pode não ocorrer, na medida em que só se postergará o problema para o futuro com um possível incremento no número de apelações interpostas para atacar em sede preliminar questões decididas em decisões interlocutórias. Desta forma, haveria apenas a mudança em relação ao momento de impugnação da decisão. Outrossim, ainda pode alargar o uso de outros instrumentos para o ataque dessas decisões insusceptíveis de agravo, como o uso de Mandados de Segurança contra decisão judicial.

Marinoni[26] faz uma análise sobre a mudança realizada pelo novo código em relação ao CPC de 1973, quando às possibilidades de impugnação via agravo de instrumento:

> No Código Buzaid, o agravo era gênero no qual integravam duas espécies: o agravo retido e o agravo de instrumento. Toda e qualquer decisão interlocutória era passível de agravo suscetível de interposição imediata por alguma dessas duas formas. O novo Código alterou esses dois dados ligados à conformação do agravo: o agravo retido desaparece do sistema (as questões resolvidas por decisões interlocutórias não susceptíveis de agravo de instrumento só poderão ser atacadas nas razões de apelação, art. 1009, §1º) e agravo de instrumento passa a ter cabimento apenas contra as decisões interlocutórias expressamente arroladas pelo legislador (art. 1015).

Diante de todo o exposto, mostra se imprescindível o conhecimento e análise do rol do art. 1015 do CPC para entender se determinada decisão interlocutória será passível de impugnação via agravo de instrumento, já que o CPC define que para o uso deste recurso, essa decisão deverá se enquadrar em um dos incisos do artigo 1015 [27] do CPC. O referido artigo possui a seguinte dicção:

---

[26] MARINONI, Luiz Guilherme, ARENHART, Sérgio Cruz, DANIEL, Mitidiero. **O Novo Processo Civil**. 2 ed. São Paulo: Editora Revista dos Tribunais: São Paulo, 2016, p. 521.
[27] BRASIL. **Código de Processo Civil**. Lei nº 13.105, 2015. Disponível em: http://www.planalto.gov.br/ccivil_03/_ato2015-2018/2015/lei/l13105.htm. Acesso em: 30 nov. 2021.

> Art. 1.015. Cabe agravo de instrumento contra as decisões interlocutórias que versarem sobre:
> I - tutelas provisórias;
> II - mérito do processo;
> III - rejeição da alegação de convenção de arbitragem;
> IV - incidente de desconsideração da personalidade jurídica;
> V - rejeição do pedido de gratuidade da justiça ou acolhimento do pedido de sua revogação;
> VI - exibição ou posse de documento ou coisa;
> VII - exclusão de litisconsorte;
> VIII - rejeição do pedido de limitação do litisconsórcio;
> IX - admissão ou inadmissão de intervenção de terceiros;
> X - concessão, modificação ou revogação do efeito suspensivo aos embargos à execução;
> XI - redistribuição do ônus da prova nos termos do art. 373, § 1o;
> XII - (VETADO);
> XIII - outros casos expressamente referidos em lei.
> Parágrafo único. Também caberá agravo de instrumento contra decisões interlocutórias proferidas na fase de liquidação de sentença ou de cumprimento de sentença, no processo de execução e no processo de inventário.

Nesse momento se encontra o problema objeto do presente artigo. É possível a interposição do recurso de agravo de instrumento para atacar uma decisão interlocutória que limite litisconsórcio de ofício? Tal hipótese não se encontra expressamente prevista no rol do artigo 1015 do CPC. Nesse mencionado rol, estão presentes dois incisos que se relacionam ao instituto do litisconsórcio: os incisos VII e VIII, que respectivamente tratam sobre exclusão de litisconsorte e rejeição do pedido de limitação do litisconsórcio.

Inicialmente, cumpre se tecer uma breve análise sobre o instituto do litisconsórcio e suas hipóteses de limitação ou exclusão. O litisconsórcio ocorre quando há pluralidade de sujeitos litigando em um dos polos da relação jurídica processual, ou até mesmo em ambos. Marcos Vinícius Gonçalves[28] define o litisconsórcio: "O litisconsórcio é a pluralidade de partes no polo ativo, no passivo, ou em ambos, do mesmo processo. Daí falar-se, respectivamente, em litisconsórcio ativo, passivo

---
[28] GONÇALVES, Marcus Vinicius Rios. **Direito processual civil esquematizado**. 9. ed. São Paulo: Saraiva Educação, 2018, s. p.

e misto (ou bilateral). Haverá um único processo, com mais de um autor ou de um réu."

O Código de Processo Civil trata do instituto do litisconsórcio nos artigos 113 a 118. Mais relevante para o presente estudo é a questão da limitação de litisconsórcio que é tratada nos §§ 1º e 2º do artigo 113 do NCPC. Sobre essa situação interessante colacionar as ideias de Scarpinella Bueno[29] sobre essa possibilidade de limitação:

> O § 1º do art. 113 – que se refere exclusivamente aos casos de litisconsórcio facultativo – impõe a limitação do litisconsórcio quando não se confirmar, no caso concreto, a pressuposição de que o litígio conjunto tornará mais eficiente a atuação do Estado-juiz sem prejuízo das garantias inerentes aos litigantes, inclusive a "ampla defesa". É feliz nesse sentido o texto do referido dispositivo ao estabelecer que a limitação deve se dar sempre que o litisconsórcio "... comprometer a rápida solução do litígio ou dificultar a defesa ou o cumprimento da sentença". A limitação dos litisconsortes facultativos pode se dar na fase de conhecimento (e, nesse sentido ser liminarmente imposta quando do juízo de admissibilidade da petição inicial) ou deixada para ser decidida ao longo do processo, na fase de liquidação ou na fase de cumprimento de sentença do processo. É irrecusável que a limitação justifica-se também quando se tratar de título executivo extrajudicial no âmbito do "processo de execução". Ela pode ser imposta de ofício ou mediante o acolhimento de requerimento a ser formulado pelo réu, sempre observado o contraditório prévio. Cumpre notar que o requerimento para os fins do § 1º do art. 113 interrompe o prazo para manifestação ou resposta do réu, que voltará a fluir da intimação da decisão que o acolher ou a rejeitar. A decisão que rejeitar o pedido é contrastável imediatamente pelo recurso de agravo de instrumento (art. 1.015, VIII). Mas também o é a decisão que o acolher, diante da hipótese de incidência daquele dispositivo: em ambas as situações, a decisão (interlocutória) versou sobre o pedido de limitação do litisconsórcio (v. n. 5 do Capítulo 17). De resto, é também correto sustentar o cabimento do agravo de instrumento diante do inciso VII do art. 1.015: acolhido o pedido de limitação, haverá exclusão de litisconsorte, a atrair a regência daquela outra hipótese codificada.

---

[29] BUENO, Cássio Scarpinella. **Manual de Processo Civil.** 2 ed. São Paulo: Saraiva, 2020, s. p.

Interessante mencionar que o trecho colacionado destaca tanto a possibilidade de limitação do litisconsórcio a requerimento das partes quanto em uma decisão de ofício do magistrado. Ademais, há a lição de que contra a decisão que exclua litisconsorte ou que rejeita a limitação do litisconsórcio requerida por qualquer das partes, é possível a impugnação via agravo de instrumento, com fundamento nos incisos VII e VIII do art. 1015 do NCPC.

Todavia, fica a dúvida em relação ao problema da presente pesquisa. Isso, pois, quando o juiz limita de ofício um litisconsórcio ele está fragmentando aquele processo em diversos processos quantos entender necessários para que não se comprometa a rápida solução do litígio ou se dificulte a defesa ou o cumprimento da sentença. Ora, embora exista uma certa semelhança, nesse caso não há propriamente uma exclusão de litisconsorte, já que há apenas a divisão ou fragmentação de uma única demanda em várias outras. Outrossim, também não há que se falar em rejeição da limitação do pedido de litisconsórcio, pois foi exatamente o contrário que aconteceu. Logo, fica a dúvida sobre a possibilidade de impugnação via agravo de instrumento da decisão interlocutória que, de ofício, promova a limitação do litisconsórcio.

Portanto após uma análise do previsto no artigo 1015 do CPC, a decisão objeto dessa pesquisa teria apenas um inciso em que se poderia discutir a sua possibilidade de inclusão no rol das atacáveis por agravo de instrumento. Após um certo esforço interpretativo, esse inciso seria o VII, que dispõe sobre a exclusão de litisconsorte. Isso, pois, seria o inciso que mais se aproximaria da hipótese de limitação de litisconsórcio. Após essa delimitação do local onde a decisão tema deste trabalho se enquadraria, restam as seguintes questões: a hipótese exclusão de litisconsorte incluiria o caso no qual há a limitação de litisconsorte? E, caso possível ultrapassar a barreira da primeira pergunta, seria cabível o agravo dessa decisão, mesmo se tomada de ofício?

Para obter as possíveis respostas desses questionamentos e assim buscar soluções para o problema desse artigo, deve se analisar a questão do rol do artigo 1015 do CPC. Como abordado anteriormente neste estudo, o legislador pátrio buscou restringir o uso do recurso de agravo de instrumento, e, para tanto, conferiu natureza taxativa para o rol do artigo 1015. Desta feita, a princípio somente seriam impugnáveis via agravo de instrumento as decisões interlocutórias que se enquadrassem em algumas das hipóteses do referido artigo.

Didier[30] discorre sobre a taxatividade do rol do artigo 1015 do NCPC:

> O elenco do art. 1015 do CPC é taxativo. As decisões interlocutórias agraváveis, na fase de conhecimento, sujeitam-se a uma taxatividade legal. Somente são impugnadas por agravo de instrumento as decisões interlocutórias relacionadas no referido dispositivo. Para que determinada decisão seja enquadrada como agravável, é preciso que integre o catálogo de decisões passíveis de agravo de instrumento. Somente a lei pode criar hipóteses de decisões agraváveis na fase de conhecimento - não cabe, por exemplo, convenção processual, lastreada no art. 190 do CPC, que crie modalidade de decisão interlocutória agravável. No sistema brasileiro, não é possível que as partes criem recurso não previsto em lei, nem ampliem as hipóteses recursais. Não há, enfim, recurso por mera deliberação das partes, de modo que é tido como ineficaz, devendo ser desconsiderado, eventual negócio jurídico ou cláusula contratual que crie recurso não previsto em lei para impugnar determinado pronunciamento judicial. Assim, apenas a lei pode criar recursos, de maneira que somente são recorríveis as decisões que integrem um rol taxativo previsto em lei. É o que se chama de taxatividade.

Assim, fica evidente que legislador brasileiro, procurou delimitar as situações em que as decisões interlocutórias seriam atacáveis por agravo de instrumento e para isso delimitou de forma taxativa os incisos do artigo 1015. Desta feita, somente o legislador poderia delimitar quais hipóteses seriam impugnáveis via agravo de instrumento, através da previsão no art. 1015 do CPC ou em legislação especial.

Entretanto é preciso concluir se qual seria a abrangência do que está disposto nesses incisos. É necessária a análise da abrangência e compatibilidade da taxatividade e os métodos interpretativos. Portanto, a questão se contemplaria sobre a possibilidade de se proceder a esforços

---

[30] DIDIER JÚNIOR, Fredie. **Curso de direito processual civil:** o processo civil nos tribunais, recursos, ações de competência originária de tribunal e querela nullitatis, incidentes de competência originária de tribunal. 13. ed. Salvador: JusPodivm, 2016, p. 208-209.

interpretativos para se encaixar decisões sobre conteúdo semelhante ou equiparado nesses incisos. Para Marinoni[31], é possível se utilizar a analogia para interpretar o conteúdo contido nos incisos:

> A fim de limitar o cabimento do agravo de instrumento, o legislador vale-se da técnica da enumeração taxativa das hipóteses em que o agravo de instrumento pode ser conhecido. Isso não quer dizer, porém, que não se possa utilizar a analogia para a interpretação das hipóteses contidas nos textos. O fato de o legislador construir um rol taxativo não elimina a necessidade de interpretação para sua compreensão: em outras palavras, a taxatividade não elimina a equivocidade dos dispositivos e a necessidade de se adscrever sentido aos textos mediante interpretação.

Daniel Assumpção Neves[32] também entende ser possível a ampliação das hipóteses de cabimento do agravo de instrumento, com a utilização da analogia para hipóteses que não foram expressamente previstas na Lei:

> Para evitar que a impugnação de decisão interlocutória por mandado de segurança se popularize em demasia, a melhor doutrina vem defendendo uma interpretação ampliativa das hipóteses de cabimento do agravo de instrumento, com utilização de raciocínio analógico para tornar recorríveis por agravo de instrumento decisões interlocutórias que não estão expressamente previstas no rol legal. Desde que se mantenham a razão de ser das previsões legais, sem generalizações indevidas, parece ser uma boa solução.

Freddie Didier[33] por sua vez, entende ser compatível com a taxatividade do rol do 1015 CPC a utilização do método de interpretação extensiva: "As hipóteses de agravo de instrumento estão previstas em rol

---

[31] MARINONI, Luiz Guilherme, ARENHART, Sérgio Cruz, DANIEL, Mitidiero. **O Novo Processo Civil**. 2 ed. São Paulo: Editora Revista dos Tribunais: São Paulo, 2016, p. 521.
[32] NEVES, Daniel Amorim Assumpção. **Manual de Direito Processual Civil**. 10 ed. Salvador: Juspodivm, 2018, p. 1661.
[33] DIDIER JÚNIOR, Fredie. **Curso de direito processual civil:** o processo civil nos tribunais, recursos, ações de competência originária de tribunal e querela nullitatis, incidentes de competência originária de tribunal. 13. ed. Salvador: JusPodivm, 2016, p. 209.

taxativo. A taxatividade não é, porém, incompatível com a interpretação extensiva. Embora taxativas as hipóteses de decisões agraváveis, é possível interpretação extensiva de cada um dos seus tipos. " A interpretação extensiva é um método de interpretação quanto ao resultado, que determina que a literalidade do dispositivo não conteve a previsão que se pretendia, alargando a previsão do texto. Assim, entende-se que o legislador não foi preciso quanto pretendia ao formular o tipo legal.

Assim a taxatividade não significa que as previsões dos incisos são fechadas, inequívocas, que se não cabem interpretações. Marinoni[34] cita como exemplo dessa tese o inciso I que estabelece que cabe agravo de instrumento de decisões que versam sobre tutelas provisórias, ou seja, não há o esgotamento das previsões e cabe o entendimento de que é aplicável a decisões que concedem, revogam a tutela provisória e também há decisões que postergam a análise sobre a concessão da medida.

Portanto, percebe-se que para grande parte da doutrina processualista nacional há a necessidade da complementação da previsão dos incisos do referido artigo através da hermenêutica. Dessa maneira há a compatibilidade com a taxatividade do artigo 1015, a interpretação mais extensa das previsões dos incisos desse artigo.

Outra possibilidade de se alargar as hipóteses previstas no artigo 1015 do NCPC e visar a abrangência de situações relevantíssimas no processo civil, está na tese aplicada pelo STJ na decisão do tema 988 dos recursos repetitivos. Para o Tribunal da Cidadania[35] o rol do artigo 1015 do NCPC seria uma hipótese de taxatividade mitigada.

> RECURSO ESPECIAL REPRESENTATIVO DE CONTROVÉRSIA. DIREITO PROCESSUAL CIVIL. NATUREZA JURÍDICA DO ROL DO ART. 1.015 DO CPC/2015. IMPUGNAÇÃO IMEDIATA DE DECISÕES INTERLOCUTÓRIAS NÃO PREVISTAS NOS INCISOS DO REFERIDO DISPOSITIVO LEGAL. POSSIBILIDADE.

---

[34] MARINONI, Luiz Guilherme, ARENHART, Sérgio Cruz, DANIEL, Mitidiero. **O Novo Processo Civil**. 2 ed. São Paulo: Editora Revista dos Tribunais: São Paulo, 2016, p. 521-522.
[35] BRASIL, Superior Tribunal de Justiça. Recurso Especial 1696396 / MT 2017/0226287-4, Relatora: Ministra Nancy Andrighi, Data do Julgamento: 05/12/2018, Data da Publicação: 19/12/2018 CE - Corte Especial.

TAXATIVIDADE MITIGADA. EXCEPCIONALIDADE DA IMPUGNAÇÃO FORA DAS HIPÓTESES PREVISTAS EM LEI. REQUISITOS. 1- O propósito do presente recurso especial, processado e julgado sob o rito dos recursos repetitivos, é definir a natureza jurídica do rol do art. 1.015 do CPC/15 e verificar a possibilidade de sua interpretação extensiva, analógica ou exemplificativa, a fim de admitir a interposição de agravo de instrumento contra decisão interlocutória que verse sobre hipóteses não expressamente previstas nos incisos do referido dispositivo legal. 2- Ao restringir a recorribilidade das decisões interlocutórias proferidas na fase de conhecimento do procedimento comum e dos procedimentos especiais, exceção feita ao inventário, pretendeu o legislador salvaguardar apenas as "situações que, realmente, não podem aguardar rediscussão futura em eventual recurso de apelação". 3- A enunciação, em rol pretensamente exaustivo, das hipóteses em que o agravo de instrumento seria cabível revela-se, na esteira da majoritária doutrina e jurisprudência, insuficiente e em desconformidade com as normas fundamentais do processo civil, na medida em que sobrevivem questões urgentes fora da lista do art. 1.015 do CPC e que tornam inviável a interpretação de que o referido rol seria absolutamente taxativo e que deveria ser lido de modo restritivo. 4- A tese de que o rol do art. 1.015 do CPC seria taxativo, mas admitiria interpretações extensivas ou analógicas, mostra-se igualmente ineficaz para a conferir ao referido dispositivo uma interpretação em sintonia com as normas fundamentais do processo civil, seja porque ainda remanescerão hipóteses em que não será possível extrair o cabimento do agravo das situações enunciadas no rol, seja porque o uso da interpretação extensiva ou da analogia pode desnaturar a essência de institutos jurídicos ontologicamente distintos. 5- A tese de que o rol do art. 1.015 do CPC seria meramente exemplificativo, por sua vez, resultaria na repristinação do regime recursal das interlocutórias que vigorava no CPC/73 e que fora conscientemente modificado pelo legislador do novo CPC, de modo que estaria o Poder Judiciário, nessa hipótese, substituindo a atividade e a vontade expressamente externada pelo Poder Legislativo. 6- Assim, nos termos do art. 1.036 e seguintes do CPC/2015, fixa-se a seguinte tese jurídica: O rol do art. 1.015 do CPC é de taxatividade mitigada, por isso admite a interposição de agravo de instrumento quando verificada a urgência decorrente da inutilidade do julgamento da questão no recurso de apelação. 7- Embora não haja risco de as partes que confiaram na absoluta taxatividade serem surpreendidas pela tese jurídica

firmada neste recurso especial repetitivo, pois somente haverá preclusão quando o recurso eventualmente interposto pela parte venha a ser admitido pelo Tribunal, modulam-se os efeitos da presente decisão, a fim de que a tese jurídica apenas seja aplicável às decisões interlocutórias proferidas após a publicação do presente acórdão. 8- Na hipótese, dá-se provimento em parte ao recurso especial para determinar ao TJ/MT que, observados os demais pressupostos de admissibilidade, conheça e dê regular prosseguimento ao agravo de instrumento no que se refere à competência, reconhecendo-se, todavia, o acerto do acórdão recorrido em não examinar à questão do valor atribuído à causa que não se reveste, no particular, de urgência que justifique o seu reexame imediato. 9- Recurso especial conhecido e parcialmente provido. Vistos, relatados e discutidos estes autos, acordam os Ministros da Corte Especial do Superior Tribunal de Justiça, na conformidade dos votos e das notas taquigráficas constantes dos autos Prosseguindo no julgamento, após o voto-vista do Sr. Ministro Og Fernandes conhecendo do recurso especial e negando-lhe provimento, no que foi acompanhado pelo voto do Sr. Ministro Mauro Campbell Marques, e os votos dos Srs. Ministros Benedito Gonçalves e Raul Araújo acompanhando o voto da Sra. Ministra Relatora, , por maioria, conhecer do recurso especial e dar-lhe provimento, nos termos do voto da Sra. Ministra Relatora. Os Srs. Ministros Napoleão Nunes Maia Filho, Jorge Mussi, Luis Felipe Salomão, Benedito Gonçalves, Raul Araújo e Felix Fischer votaram com a Sra. Ministra Relatora. Vencidos os Srs. Ministros João Otávio de Noronha, Humberto Martins, Maria Thereza de Assis Moura, Og Fernandes e Mauro Campbell Marques. Não participaram do julgamento os Srs. Ministros Francisco Falcão e Herman Benjamin. Ausentes, justificadamente, os Srs. Ministros Felix Fischer, Maria Thereza de Assis Moura e Luis Felipe Salomão. Presidiu o julgamento a Sra. Ministra Laurita Vaz.
(STJ - REsp 1696396 / MT 2017/0226287-4, Relator: Ministra NANCY ANDRIGHI (1118), Data do Julgamento: 05/12/2018, Data da Publicação: 19/12/2018, CE - CORTE ESPECIAL)

Assim, para o Superior Tribunal de Justiça não há que se falar em analogia ou interpretação extensiva e nem em rol exemplificativo, mas em taxatividade mitigada. Para o Tribunal da Cidadania, portanto, o rol do artigo 1015 é taxativo, mas pode ser mitigado quando a impugnação de determinada decisão interlocutória não presente no rol for urgente e a espera para sua impugnação na apelação levar a inutilidade desta.

Rodolfo Kronemberg Hartmann[36] elucida muito bem esse posicionamento do Superior Tribunal de Justiça:

> Este recurso, contudo, em princípio deve ser utilizado nas hipóteses admitidas em lei, principalmente naquelas que se encontram indicadas em norma constante no CPC (art. 1015). Mas, para os casos ali não previstos, em regra as partes deverão aguardar a prolação da sentença para que, no próprio recurso de apelação, possam questionar o conteúdo de tais decisões interlocutórias. Só que, para situações emergenciais, como as decisões em que se discute o tema "competência", o STJ vem entendendo que é possível o uso do agravo de instrumento em razão da inutilidade do julgamento desta questão apenas por ocasião do recurso de apelação, principalmente se for considerado o tempo e o custo da máquina judiciária que foram gastos durante esse período de tempo. Assim, é possível concluir, que pelo menos por ora, o STJ vem sinalizando que esta norma (art. 1015) deve ser considerada como sendo de "taxatividade mitigada".

Passada essa análise, sobre a taxatividade do rol do art. 1015 do NCPC e as possibilidades de interpretação extensiva, analogia e, ainda, a ideia de taxatividade mitigada defendida pelo STJ, chega-se a solução do problema da pesquisa. Inicialmente é possível defender a possibilidade da impugnação da decisão em que o juiz limita o litisconsórcio de ofício via agravo de instrumento, por meio da interpretação extensiva e da analogia.

O inciso VII trata do cabimento do agravo para decisões interlocutórias que excluem o litisconsórcio. No caso de limitação de litisconsórcio é uma situação semelhante à exclusão de litisconsorte. O juiz ao limitar o litisconsórcio, está fazendo uma espécie de exclusão, ainda que parcial, do litisconsórcio. A limitação é prevista no 113 § 1º do CPC, e pode ser de ofício ou a requerimento da parte contrária. Ela está relacionada a tentar dar rapidez para a solução do litígio ou evitar que a pluralidade de partes venha a atrapalhar a defesa. Assim, trata-se da

---

[36] HARTMANN, Rodolfo Kronemberg. **Curso completo do novo processo civil**. 5. ed. Niterói: Impetus, 2019, p. 683.

limitação do número de litigantes de um dos polos do processo, com a divisão do processo em dois ou mais semelhantes. Ou seja, há a retirada, ou exclusão de algum litisconsorte, ainda que por desmembramento do processo original em vários outros. Portanto, ao se fazer esse esforço hermenêutico, é factível chegar à conclusão de que essa hipótese pode ser incluída no inciso VII. É um exemplo da possibilidade de interpretação extensiva da previsão do referido inciso do artigo 1015. Não seria o caso da decisão que aceita um litisconsórcio, já que os incisos VII e VIII, não abrangem essa hipótese fática com analogia ou interpretações. Uma decisão que venha a ter esse conteúdo deve ser atacada então após a sentença como preliminar de apelação, já que não há a preclusão dessa questão.

E em relação a questão de ser uma decisão de ofício, não há nenhum óbice para a recorribilidade por agravo de instrumento, isso pois mesmo que de iniciativa do juiz, a limitação do litisconsórcio trata-se de decisão, cumprindo assim, o requisito para a imposição do recurso em análise, já que não se exige uma decisão que vem de expressa provocação das partes.

Em contrapartida, caso se advogue pela diretriz exposta pelo Superior Tribunal de Justiça no julgamento do Tema 988, de relatoria da Ministra Nancy Andrigui, que não considera estreita a utilização de interpretação extensiva ou de analogia para a integração/interpretação do rol do artigo 1015 do CPC, mas defende que o referido rol possui taxatividade mitigada, ainda assim é possível defender o cabimento de agravo de instrumento para impugnar a decisão interlocutória que limite de ofício o litisconsórcio facultativo.

Isso, pois, para o Tribunal da Cidadania, seria possível utilizar o agravo de instrumento para atacar decisão não prevista no rol do art. 1015, em casos de urgência e que a espera até o momento da apelação para ser impugnada pudesse levar a sua inutilidade. Essa situação ocorre no problema do presente artigo. Isso, pois, a limitação de litisconsórcio de ofício seria uma decisão no processo que determinaria a fragmentação do feito com a separação dos litisconsortes em processos e autos diferentes. Nesse caso, portanto, se fosse esperar até o momento da apelação, as partes que saíram do processo original, perderiam inúmeros atos e diligências processuais, o que tornaria inútil a impugnação dessa decisão no momento da apelação, já que os atos já teriam sido efetivados. Outrossim, caso o recurso da parte limitada no momento da apelação venha a ser provido, poderia causar uma excessiva demora e bagunça no feito, haja vista que, muitos atos poderiam ser anulados. Essa situação também explica a urgência para a sua impugnação, pois não se poderia esperar toda a marcha processual para se discutir novamente a matéria. Ademais, os litisconsortes limitados do processo, não estariam presentes nos autos, o que até poderia inviabilizar o conhecimento do estado em que o processo está para poder impugnar no momento da prolação da sentença.

5 CONSIDERAÇÕES FINAIS

O agravo de instrumento é um importante recurso presente na prática forense. Por meio desse recurso é possível impugnar as decisões interlocutórias previstas no rol taxativo do artigo 1015 do CPC e devolver a matéria impugnada para o tribunal na segunda instância analisar, em concretização do princípio do duplo grau de jurisdição.

Neste estudo objetivou-se analisar o rol do artigo 1015 do Código de Processo Civil e sua natureza taxativa e sobre o cabimento do recurso de agravo de instrumento em uma hipótese não prevista expressamente nesse rol. Trata-se da hipótese na qual o magistrado em uma decisão de ofício limita o litisconsórcio facultativo. Tal situação embora muito semelhante a hipótese prevista no inciso VII do artigo 1015, que trata sobre a exclusão de litisconsorte, não está expressamente presente no rol taxativo legal, o que levaria a dúvida sobre sua possibilidade/impossibilidade de impugnação via agravo de instrumento.

Por fim, o presente trabalho chegou à conclusão de que para ser atacada por agravo de instrumento, uma decisão tem que ser interlocutória e estar incluída em umas das hipóteses dos incisos do artigo 1015 do CPC. E essa inclusão nas hipóteses taxativas prevista pelo dispositivo legal, podem ser realizadas através de interpretação extensiva. Outrossim seria possível a impugnação de uma decisão mesmo não prevista expressamente no rol do artigo 1015 CPC, em situações excepcionais de urgência e que a necessidade de esperar o momento da apelação para sua impugnação, levasse a inutilidade desse ataque. Tal raciocínio formulado pelo Superior Tribunal de Justiça no julgamento do Tema 988 dos recursos repetitivos, ficou conhecido pela ideia de taxatividade mitigada do rol legal do artigo 1015.

Esses raciocínios, tanto no uso da interpretação extensiva, quanto na aplicação da ideia da natureza de taxatividade mitigada do rol legal, justificaram a possiblidade de se atacar a decisão interlocutória que limita litisconsórcio de ofício por agravo de instrumento, com base na previsão do inciso VII do artigo 1015 do NCPC ou com base na urgência dessa situação.

REFERÊNCIAS

BRASIL, Superior Tribunal de Justiça. Recurso Especial 1696396 / MT 2017/0226287-4, Relatora: Ministra Nancy Andrighi, Data do Julgamento: 05/12/2018, Data da Publicação: 19/12/2018 CE - Corte Especial.

BRASIL. **Código de Processo Civil.** Lei nº 13.105, 2015. Disponível em: http://www.planalto.gov.br/ccivil_03/_ato2015-2018/2015/lei/l1131 05.htm. Acesso em: 30 nov. 2021.

BUENO, Cássio Scarpinella. **Manual de Processo Civil.** 2 ed. São Paulo: Saraiva, 2020.

DIDIER JÚNIOR, Fredie. **Curso de direito processual civil:** o processo civil nos tribunais, recursos, ações de competência originária de tribunal e querela nullitatis, incidentes de competência originária de tribunal. 13. ed. Salvador: JusPodivm, 2016

GONÇALVES, Marcus Vinicius Rios. **Direito processual civil esquematizado.** 9. ed. São Paulo: Saraiva Educação, 2018.

HARTMANN, Rodolfo Kronemberg. **Curso completo do novo processo civil.** 5. ed. Niterói: Impetus, 2019.

MARINONI, Luiz Guilherme, ARENHART, Sérgio Cruz, DANIEL, Mitidiero. **O Novo Processo Civil.** 2 ed. São Paulo: Editora Revista dos Tribunais: São Paulo, 2016.

NEVES, Daniel Amorim Assumpção. **Manual de Direito Processual Civil**. 10 ed. Salvador: Juspodivm, 2018.

PINHO, Humberto Dalla Bernardina de. **Manual de direito processual civil contemporâneo**. 2. ed. São Paulo: Saraiva Educação, 2020.

RODRIGUES, Marco Antônio. **Manual dos recursos**: Recursos e Ação rescisória. 1. ed. São Paulo: Atlas, 2020.

THEODORO JÚNIOR, Humberto. **Curso de Direito Processual Civil**. v. 3, 52. ed. Rio de Janeiro: Forense, 2019.

TEORIA DA ASSERÇÃO: SUA APLICAÇÃO PRÁTICA E CONSEQUÊNCIAS DE SER A PRETERIDA PELO STJ

Júlia Martins Machado

1 CONSIDERAÇÕES INICIAIS

O presente trabalho, por meio de análise jurisprudencial, doutrinária e legal, visa adentrar à esfera da ação, para apresentar ao leitor as Teorias da Ação mais relevantes.

Após conhecê-las, busca realizar uma análise crítica acerca da ampla difusão da Teoria da Asserção no Ordenamento Jurídico Brasileiro, demonstrando suas possíveis consequências práticas. Positivas e negativas. Como a necessidade do responsável pela postulação em Juízo da demanda ser responsabilizado em caso de a teoria da asserção lhe ser prejudicial para o decorrer da demanda de forma correta.

2 AÇÃO

Ação, como é entendido pela maioria da doutrina, é um direito subjetivo, decorrente da vontade do indivíduo. Como abaixo demonstrado:

> Prevalece a conceituação da ação como um direito público subjetivo exercitável pela parte para exigir do Estado a obrigação da prestação jurisdicional, pouco importando seja esta de amparo ou desamparo à pretensão de quem o exerce. É por isso abstrato.[1]

---

[1] THEODORO, Humberto. **Curso de Direito Processual Civil:** Teoria geral do direito processual civil, processo de conhecimento e procedimento comum. v. 1, 58. ed. Rio de Janeiro: Forense, 2017, p. 152.

Assim, vamos considerar neste, a ação como direito subjetivo, e por tanto, aquele que entra com a ação, está realizando isso de maneira optativa, com expressa vontade de fazê-la, em busca de sanar a pretensão da qual acredita ter direito sobre, pelas vias judiciais.[2]

O direito de ação vai ser exercido perante ao Estado, já que não pode haver autodefesa de seus direitos, em condições normais. Tendo então, de usar do meio processual da ação para fazer funcionar o exercício jurisdicional por meio daqueles que são aptos a resolverem as lides existentes, e por sua vez, darem força de cumprimento às decisões por eles tomadas, por meio da execução.[3]

Além disso, o direito de ação é autônomo, ou seja, que independe do direito material para que seja exercido. Isso pode ser percebido pela possibilidade de haver decisões que considerem certas demandas improcedentes.[4]

A ação pode ser admitida ou não pelo simples preenchimento dos requisitos, previstos no art. 319, do C.P.C. A decisão que considerará que esta seja apta ou não de deferimento, será apenas de requisitos legais, e não de mérito.

Assim, esta decisão, que considera que a peça cumpriu com os requisitos do art. 319, do C.P.C., não interfere no resultado final da demanda, que pode ser negativo ou positivo à parte que a requereu, após a análise de seu mérito.[5] Como pode ser percebido em diversos julgados, nos quais o autor tem sua peça inicial admitida, mas não tem seus pedidos julgados procedentes. Podendo até mesmo, em caso de reconvenção, ter de arcar com o deferimento dos pedidos do réu e o indeferimento dos seus.

---

[2] THEODORO, Humberto. **Curso de Direito Processual Civil:** Teoria geral do direito processual civil, processo de conhecimento e procedimento comum. v. 1, 58. ed. Rio de Janeiro: Forense, 2017, p. 152.
[3] CINTRA, Antônio Carlos de Araújo; GRINOVER, Ada Pellegrini; DINAMARCO, Candido Rangel; VIDIGAL, Luis Eulalio de Bueno. **Teoria Geral do Processo.** 31. ed. São Paulo: Malheiros Editores, 2015, p. 42.
[4] THEODORO, Humberto. **Curso de Direito Processual Civil:** Teoria geral do direito processual civil, processo de conhecimento e procedimento comum. v. 1, 58. ed. Rio de Janeiro: Forense, 2017, p. 152.
[5] THEODORO, Humberto. **Curso de Direito Processual Civil:** Teoria geral do direito processual civil, processo de conhecimento e procedimento comum. v. 1, 58. ed. Rio de Janeiro: Forense, 2017, p. 153.

Ou seja, a ação é a possibilidade de requerer ao Estado que este exerça seu poder de jurisdição frente ao direito que a parte julga possuir, por meio do processo, que é um conjunto de atos regidos por um procedimento, para que tenha a possibilidade de chegar a uma solução justa às partes. Com base em fundamentos jurídicos do que seria justo a cada caso.

Então por meio da demanda, que é a forma pela qual a ação é proposta ao Órgão, é que o responsável estatal vai realizar uma primeira averiguação do que está sendo apresentado, verificando se certos requisitos da propositura da ação estão presentes no caso, extinguindo-o ali ou dando seguimento ao processo por sua vez iniciado.[6]

Um exemplo para ilustrar o caso seria aquele no qual a pessoa faz uma inicial com informações faltantes, aquelas presentes no art. 319, do CPC, ao receber o processo o magistrado manda a parte emendar à inicial. Se este não realizar a emenda, o processo não será considerado improcedente quanto ao mérito. Mas se realizar a emenda e o magistrado verificar que todos os requisitos processuais estão preenchidos, a inicial será admitida.

Aí se inicia uma nova análise, que muitas vezes pode ser realizada em mesma peça decisória, mas pode ser distinta também. Essa nova análise passa a ser acerca das condições da ação, na qual o magistrado verifica o interesse processual do autor e legitimidade das partes. Ou seja, o magistrado tem que adentrar mais ao caso para verificar além de requisitos meramente processuais, entrando em alegações não necessariamente comprovadas de legitimidade e de interesse. Partindo daí, pode extinguir a ação ou dar prosseguimento a ela. Caso seja dado prosseguimento, às futuras decisões no processo serão de mérito, e caso não seja dado, a demanda será indeferida sem análise de mérito.

Essa análise prévia da ação é feita sobre as "condições da ação", que não fazem parte da análise de mérito, e nem da análise de questões de admissibilidade, na qual o magistrado verifica os pressupostos processuais, como mencionado acima.

---

[6] MEDINA, Paulo Roberto de Gouvêa. **Teoria geral do processo:** de acordo com o código de processo civil de 2015. 2. ed. Salvador: Juspodivm, 2016, p. 46.

Alguns autores, como Didier, defendem que apesar de esta análise estar sendo feita nessa parte do processo, não caberia em mesma decisão, já que esta seria uma zona intermediária entre estas, mas que o processo civil não está adaptado a esta realidade, já que possui apenas juízo de mérito ou de admissibilidade.[7]

Para outros autores, como Alexandre Câmara, não há necessidade em se falar de um juízo intermediário, pois caberia dentro do juízo de admissibilidade diversos tipos de decisão, com naturezas distintas.

Esclarecidos quanto a isto, vamos à análise de três teorias acerca das condições para andamento processual.

3 TEORIAS DA AÇÃO

Três são as teorias de importante análise no caso, a Abstrata, da Asserção e a Eclética. Iniciaremos com uma breve introdução acerca da Teoria Abstrata.

3.1 Teoria Abstrata

A Teoria Abstrata, impõem que o direito subjetivo de ação é incondicionado, ou seja, não tem de preencher condições para que seja demandado.[8] Isso se dá, já que, por ser o direito de ação autônomo e de nada depender de mérito, deve ser passível de ser exercido a qualquer tempo e sem limitação por condições.

Exemplo disso, seria pessoa que entra com demanda, mesmo sem cumprir qualquer requisito essencial, e possui em contrapartida qualquer resposta do poder judiciário. Pode ser uma decisão de complementar

---

[7] DIDIER JR. Freddie. Será o fim da categoria "condição da ação"? Um elogio ao projeto do novo CPC. **Revista de Processo.** v. 197, 2011, p. 256-260. Disponível em: https://edisciplinas.usp.br/pluginfile.php/5522882/mod_resourc e/content/1/DIDIER%20JR%2C%20Fredie.%20Ser%C3%A1%20O%20fim% 20da%20categoria%20condi%C3%A7%C3%A3o%20da%20a%C3%A7%C3 %A3o%20%20Um%20elogio%20ao%20projeto%20do%20novo%20C%C3% B3digo%20de%20Processo%20Civil.pdf. Acesso em: 11 mar 2020, p. 1.

[8] THEODORO, Humberto. **Curso de Direito Processual Civil:** Teoria geral do direito processual civil, processo de conhecimento e procedimento comum. v. 1, 58. ed. Rio de Janeiro: Forense, 2017, p. 153.

requisitos faltantes, de inadmissibilidade, de improcedência da demanda ou de procedência.

A mera resposta judiciária, já faria com que o direito subjetivo de ação fosse exercido. Essa teoria não é adotada em nosso ordenamento.

3.2 Teoria Eclética

A Teoria Eclética, concorda com a autonomia do direito de ação, mas diz que para o exercício desse direito tem que seguir certas condições.

O Código de Processo Civil de 1973, adotou este modelo em seu art. 267, inciso VI, quando previu que o magistrado responsável poderia extinguir o processo sem resolução de mérito, quando as condições não fossem cumpridas.[9] Condições estas, que seriam a possibilidade jurídica do pedido, a legitimidade das partes e o interesse processual.[10]

O Código de Processo Civil de 2015, não trouxe previsão dessas condições todas, já que Códigos não têm, obrigatoriamente, que adotar teorias, estas têm que ser apresentadas e desenvolvidas por doutrinas, jurisprudências e outros meios de fácil adaptação à realidade fática, para que o Código permaneça amplo e mutável, ampliando o período de aplicação deste.

Apesar de não haver previsão expressa como no Código anterior, o Código de 2015 trouxe previsão da necessidade de haver interesse (adequação e necessidade) e legitimidade (ordinária, em nome próprio se

---

[9] Art. 267. Extingue-se o processo, sem resolução de mérito: VI - quando não concorrer qualquer das condições da ação, como a possibilidade jurídica, a legitimidade das partes e o interesse processual; (BRASIL. **Lei nº 5.925**, de 11 de janeiro 1973. Institui o Código de Processo Civil. Disponível em: http://www.planalto.gov.br/ccivil_03/leis/l5869impressao.htm. Acesso em: 11 de mar. 2020.)

[10] BRASIL. **Lei nº 5.925**, de 11 de janeiro 1973. Institui o Código de Processo Civil. Disponível em: http://www.planalto.gov.br/ccivil_03/leis/l5869impressao.htm. Acesso em: 11 de mar. 2020.

busca pretenção, ou extraordinária, em nome próprio pleitear direito alheio) para postular em juízo, previsto no art. 17.[11]

Há grande diferença entre um e outro, já que o anterior previa de forma clara que sem o preenchimento das condições o pedido seria inadmitido, ou seja, uma mesma ação poderia ser proposta logo em seguida se preenchidos os requisitos sobre as mesmas questões de mérito previstas na demanda anterior. Pois a parte teria de demonstrar que preencheria tais requisitos.

Atualmente a corrente adotada pelo STJ,[12] por tanto majoritária e de aplicação nacional, é a da Teoria da Asserção, abaixo analisada.

3.3 Teoria da Asserção

Nesta, o magistrado fará uma cognição sumária, uma análise dos fatos e das provas de uma forma mais superficial ao receber a inicial para considerá-la apta ou não de admissibilidade processual, e uma exauriente, caso esa passe pelo juízo de admissibilidade da causa, acerca do que for demonstrado na inicial.

Assim, o magistrado pode admitir a ação se a parte ativa apenas tiver alegado de forma convincente que tem interesse e possui legitimidade, bem como que a parte passiva, por sua vez, é parte legítima. Considerando que estes são os requisitos previstos no Código para que a ação seja admitida, mas de não condição para seu seguimento.

Em caso de não conseguir demonstrar esses requisitos prévios, que a demanda seja extinta sem análise de mérito, antes mesmo de chamar ao processo à outra parte, e ouvi-la.

---

[11] Art. 17. Para postular em juízo é necessário ter interesse e legitimidade. (BRASIL. **Lei nº 13.105**, de 16 de março de 2015. Código de Processo Civil. Disponível em: http://www.planalto.gov.br/ccivil_03/_ato2015-2018/2015/lei/l 13105.htm. Acesso em: 11 mar. 2020)

[12] BRASIL. Superior Tribunal de Justiça. Quarta Turma **AgInt no AREsp 1230412/SP**. Agravo Interno No Agravo Em Recurso Especial - Ação Condenatória - Decisão Monocrática Que Negou Provimento Ao Reclamo. Insurgência Da Requerida. Relator: Ministro Marco Buzzi. Data do julgamento: 19 de novembro de 2019. Data de publicação: 22 de novembro de 2019. Disponível em: https://www.lexml.gov.br/urn/urn:lex:br:superior.tribunal.justic a;turma.4:acordao;aresp:2019-11-19;1230412-1896270. Acesso em: 02 dez. 2021.

Mas em caso de simplesmente alegar em sua inicial, sem ao menos ter de demonstrar a veracidade daquilo que alega, de forma razoável, mas dizendo que preenche as condições da ação. Se posteriormente se verificar que estes não eram verídicos, a ação será extinta com resolução do mérito.

Isso tem como consequência que após a demanda ser admitida com base na asserção, o que vier pela frente será questão de mérito e não mais de admissibilidade. Então se houver futura extinção processual, será com análise de mérito, sendo a causa considerada improcedente.[13] Havendo preclusão da matéria, mesmo que na sua origem a demanda nem devesse ter sido aceita, o que causa um problema lógico, já que para que a ação possa ter andamento e por tanto uma análise e decisão meritória, tem de preencher as condições da ação, mas mesmo sem preencher, esta teria andamento e até um encerramento com análise de mérito, o que é por si só, contraditório.

A teoria da Asserção tem sido aplicada e um dos fundamentos é o princípio da economia processual, que prevê que deve haver menos custos àqueles que entrem com a demanda, para que possa atendê-los e também o da celeridade processual, que prevê uma duração razoável do processo, dando a este um andamento mais ágil.[14]

---

[13] BRASIL. Superior Tribunal de Justiça. Terceira Turma. **REsp 1689179/SP.** Recurso Especial. Processual Civil E Civil. Locação Comercial. Loja. Shopping Center. Embargos À Execução. Fiadores. Legitimidade Passiva. Alienação Do Imóvel. Hasta Pública. Arrematação. Débitos Posteriores. Sub-Rogação Legal. Arrematante. Legitimidade Ativa. Moratória Não Caracterizada. Fiança. Manutenção. Julgamento Ultra Petita. Ocorrência. Relator: Ministro Ricardo Villas Bôas Cuevas. Data do julgamento: 12 de novembro de 2019. Data de publicação: 22 de novembro de 2019. Disponível em: https://www.lexml.gov.br/urn/urn:lex:br:superior.tribunal.justica;turma.3:acordao;resp:2019-1112;16891 79-1896685. Acesso em: 02 dez. 2021.

[14] RIO DE JANEIRO. Tribunal de Justiça do Rio de Janeiro. Quinta Câmara Cível. **AI 00597619320198190000.** Agravo De Instrumento. Decisão Agravada Que Homologa Desistência Do Condomínio Autor Em Relação Ao Segundo Réu Que Consta Como Proprietário Da Unidade Condominial Inadimplente Do Rgi. Inexistência De Litisconsórcio Passivo. Teoria Da Asserção. Efetividade Da Tutela Jurisdicional. Princípios Da Celeridade E Economia Processual Para Garantia Da Efetividade. Obrigação Propter Rem Que Adere À Unidade Condominial Inadimplente De Quem Seja Seu Possuidor Ou Proprietário.

4 CONSEQUÊNCIAS ACARRETADAS PELA TEORIA DA ASSERÇÃO

De certa forma, é benéfico em vários casos que a ação seja admitida assim, pois é uma forma de acelerar uma aceitação processual que já viria a ocorrer futuramente com a análise de provas.

Já em outros casos, é extremamente prejudicial. Sendo que, o magistrado se torna responsável por admitir a demanda, com base em meras alegações, por ter de considerar verídico o alegado na inicial pelo Autor.

Alegações estas que poderiam, em muitos casos, ser demonstradas logo no início. Um exemplo seria o do caso da cobrança de um título, A entrou com uma ação contra B, e este B não é o responsável pelo pagamento deste título, mas C que seria. Logo, ao se fazer breve análise do título, se teria a clareza da ilegitimidade do B e, portanto, da não aceitação da ação. Mas, a parte inicial do processo, de admissibilidade ou de condições da ação, com base nessa teoria, não teria de passar por uma análise de provas.

E é por essa não realização de análise de provas de forma prévia, que muitas vezes se terá uma ação em andamento, que não preencha condições da ação. Podendo causar desnecessários transtornos ao réu, que muitas vezes não teria de responder a ação, pois esta nem ao menos deveria ter sido aceita.

Isso é justificado, já que a fase de admissibilidade processual, que é onde tem sido realizada a análise das condições da ação, não é uma fase que conta com análise probatória, apenas com análise de fatos e questões de preenchimentos de requisitos essenciais para o bom andamento processual, como por exemplo do preenchimento de fatos que permitam a citação do réu para responder à demanda, isso por não haver uma fase específica para análise das condições da ação.

Agravante Que Não Tem Legitimidade Para Representar E Perseguir Direito De Terceiro. Recurso Desprovido. Relator: Desembargadora Cristina Tereza Gaulia. Data de julgamento: 4 de fevereiro de 2020. Acesso em 19 de maio de 2020. Disponível em: https://tj-rj.jusbrasil.com.br/jurisprudencia/808614736/agravo-de-instrumento-ai-597619320198190000?ref=serp. Acesso em: 02 dez. 2021.

A parte autora, terá a legitimidade previamente analisada, bem como seu interesse processual, com base apenas no que está alegando, sem ter de apresentar provas relevantes. Ou seja, sem ao menos o réu estar figurando a ação, já que este ainda nem foi citado.

Com isso, se o réu alegar a falta de interesse ou de legitimidade, em sua contestação, o autor poderá ter sua ação extinta com resolução de mérito. Sendo que, não poderá mais discutir os direitos ali pleiteados, caso esta seja de fato encerrada. Porque, caso tente, estará incorrendo em litispendência, a não ser que novos fatos surjam.

Além disso, caso passe despercebido e venha a ser alegado após sentença e outros, deverá também ser extinta. Já que se trata de matéria que pode ser alegada a qualquer momento e grau de jurisdição. Por tanto, uma ação que nem deveria ter sido aceita, pode chegar a patamares muito avançados. Que estariam usando da jurisdição estatal, sem ter condições para tanto.

Por um lado, como alega Alexandre Câmara, o processo seguiria seu curso natural ao chegar na análise probatória, só seria prolongada uma situação que já viria a ocorrer de encerramento, e não teria problema em ocorrer de forma que houvesse análise de mérito, até mesmo para que o autor não pudesse entrar novamente com mesma demanda e utilizar de meio de jurisdição de forma que ajuda a encher os juízos com processos a serem analisados de maneira desnecessária novamente.[15]

Isso é relevante ao se considerar a parte autora como ilegítima, ou sua falta de interesse processual. Mas ao se tratar a ilegitimidade passiva da demanda, a aceitação da ação pela teoria da asserção pode causa problemas ao autor.

Um exemplo é o caso de que, uma pessoa entra com demanda contra outra, em uma ação de cobrança, faltando cerca de um mês para encerrar seu prazo prescricional, neste mês, ocorre a aceitação da demanda com base na asserção e citação do réu. Considerando que a citação válida suspende a prescrição, o autor deixa de correr risco, em teoria, de perder o direito de ter seu direito satisfeito em juízo. Mas, ao ser contrariado e ter sua demanda extinta por ilegitimidade comprovada

---

[15] CÂMARA, Alexandre Freitas. **Lições de Direito Processual Civil**. v. 1, Rio de Janeiro: Editora Lúmen Júris, 2008, p. 122.

pelo réu mais adiante, este perdeu o prazo para entrar com a demanda contra a verdadeira parte legítima da ação.

A prescrição da demanda contra a verdadeira parte legítima continua correndo, já que adentrar com causa frente à parte não legítima não é previsão legal de suspensão ou impedimento do andamento prescricional,[16] e ao gastar tempo com uma demanda em que nem cumpre os requisitos básicos de propositura da ação, este está perdendo o tempo e o direito de adentrar com uma ação contra a verdadeira parte legítima e ter seu direito satisfeito.[17]

Ou seja, se a ação não tivesse sido aceita com base na asserção, a parte poderia ao reunir documentos comprobatórios verificar a verdadeira parte legítima a ocupar o polo passivo da demanda.

Mas, ao se pensar por este lado, como se o verdadeiro problema da prescrição desses casos fosse a Teoria da Asserção, se exclui a ideia de que o processo em que se chama parte ilegítima a adentrar a ação, somente teve este ato realizado por erro do próprio autor, ou de seu representante processual.

Dessa forma, se o erro se deu por conta do próprio autor, que pode confundir quem verdadeiramente lhe deve, em uma ação de cobrança, seria justo que fosse prejudicado por seus próprios erros.

---

[16] Art. 240. A citação válida, ainda quando ordenada por juízo incompetente, induz litispendência, torna litigiosa a coisa e constitui em mora o devedor, ressalvado o disposto nos arts. 397 e 398 da Lei n° 10.406, de 10 de janeiro de 2002 (Código Civil) . § 1° A interrupção da prescrição, operada pelo despacho que ordena a citação, ainda que proferido por juízo incompetente, retroagirá à data de propositura da ação. Para postular em juízo é necessário ter interesse e legitimidade. (BRASIL. **Lei n° 13.105,** de 16 de março de 2015. Código de Processo Civil. Disponível em: http://www.planalto.gov.br/ccivil_03/_ato2015-2018/2015/lei/l13105.htm. Acesso em: 11 mar. 2020.)

[17] BRASIL. Superior Tribunal de Justiça. Terceira Turma. **Resp 1.527.157 - PR (2015/0083184-9).** Recurso Especial. Direito Civil E Processual Civil. Interrupção Da Prescrição. Citação Válida. Ajuizamento De Ação Indenizatória Contra Parte Manifestamente Ilegítima. Emenda Realizada Após O Implemento Do Prazo Prescricional. Citação Da Parte Legítima Ocorrida De Modo Intempestivo, Quando Já Escoado O Lapso Prescricional. Inaplicabilidade Do Efeito Interruptivo Retroativo. Relator: Ministro Paulo De Tarso Sanseverino. Data de Julgamento: 5 de junho de 2018. Disponível em: https://stj.jusbrasil.com.br/jurisprudencia/595911052/recurso-especial-resp-1527157-pr-2015-0083184-9/inteiro-teor-595911071. Acesso em: 02 dez. 2021.

Mas em casos que o erro se deu por conta do representante processual da ação, a responsabilidade pelo erro deveria recair sobre ele. Um exemplo seria o de que, um advogado, de forma inexperiente, entra com ação de reparação de danos contra um indivíduo que ainda não conta com seus 16 anos completos, ou seja, não poderia ser chamado a entrar como polo passivo em condições normais, a demanda deveria ser proposta contra seus representantes legais, em maioria dos casos, seus pais.[18]

Assim, o autor permanece silente acerca da idade do réu em sua peça e este fato passa despercebido em um primeiro momento, sendo a demanda aceita com base na teoria da asserção.[19]

Em fase processual adiante se verifica o erro da parte, e a necessidade da alteração do polo passivo ou de chamamento ao processo dos verdadeiros responsáveis. Mas lembrando que como a citação realizada apenas em nome de incapaz é inválida, a depender da forma de sua realização, a prescrição continuaria correndo até realização de nova citação, podendo haver a perda do direito de buscar jurisdição estatal.

Se a prescrição tiver ocorrido neste meio tempo, a demanda não pode mais vir a ter seu mérito analisado em juízo, e será extinta. Sem que houvesse qualquer culpa do Autor, mas sim do seu representante processual, que deveria ter se atentado aos fatos no momento de realizar a peça processual.

Não sendo, portanto, culpa da aplicação da teoria em si, mas da união de atos desleixados frente à demanda, que só se agravam pelo uso da referida teoria.

---

[18] Art. 932. São também responsáveis pela reparação civil: I - os pais, pelos filhos menores que estiverem sob sua autoridade e em sua companhia; II - o tutor e o curador, pelos pupilos e curatelados, que se acharem nas mesmas condições; (BRASIL. **Lei n. 10.406**, 10 de janeiro de 2002. Institui o Código Civil. Diário Oficial da União, Brasília, DF, 11 jan. 2002. Disponível em: http://www.planalto.gov.br/ccivil_03/leis/2002/l10406.htm. Acesso em: 19 maio 2020.)
[19] Art. 332. Nas causas que dispensem a fase instrutória, o juiz, independentemente da citação do réu, julgará liminarmente improcedente o pedido que contrariar:§ 1º O juiz também poderá julgar liminarmente improcedente o pedido se verificar, desde logo, a ocorrência de decadência ou de prescrição. (BRASIL. **Lei nº 13.105**, de 16 de março de 2015. Código de Processo Civil. Disponível em: http://www.planalto.gov.br/ccivil_03/_ato2015-2018/2015/lei/l13105.htm. Acesso em: 11 mar. 2020.)

5 CONSIDERAÇÕES FINAIS

A Teoria da Asserção é aplicada de forma majoritária no país. Como benefício se tem a celeridade para entrar em juízo e ter sua causa resolvida de forma benéfica ou não, a depender do mérito, caso preencha de fato as condições da ação.

Por outro lado, esta pode ser prejudicial em casos em que a prescrição esteja próxima ao início da demanda e se dê uma aceitação desta com base na asserção, que depois se verifique que não foi correta. Pois teria continuidade do prazo prescricional, considerando a não validade a citação do réu na demanda errônea.

Diante a isto, cabe reflexão não apenas de como a teoria da asserção é adotada, ou se deveria se adotar uma outra que faça uma breve análise de provas antes de dar prosseguimento à demanda, mas também, da possibilidade de responsabilizar aquele que foi culpado pela decisão de entrar com a ação sem preencher as condições destas, pelos danos que forem gerados.

REFERÊNCIAS

BRASIL. **Lei nº 5.925,** de 11 de janeiro 1973. Institui o Código de Processo Civil. Disponível em: http://www.planalto.gov.br/ccivil_03/leis/l5869impressao.htm. Acesso em: 11 de mar. 2020.

BRASIL. **Lei n. 10.406,** 10 de janeiro de 2002. Institui o Código Civil. Diário Oficial da União, Brasília, DF, 11 jan. 2002. Disponível em: http://www.planalto.gov.br/ccivil_03/leis/2002/l10406.htm. Acesso em: 19 maio 2020.

BRASIL. **Lei nº 13.105,** de 16 de março de 2015. Código de Processo Civil. Disponível em: http://www.planalto.gov.br/ccivil_03/_ato2015-2018/2015/lei/l13105.htm. Acesso em: 11 mar. 2020.

BRASIL. Superior Tribunal de Justiça. Terceira Turma. **Resp 1.527.157 - PR (2015/0083184-9).** Recurso Especial. Direito Civil E Processual Civil. Interrupção Da Prescrição. Citação Válida. Ajuizamento De Ação Indenizatória Contra Parte Manifestamente Ilegítima. Emenda Realizada Após O Implemento Do Prazo Prescricional. Citação Da Parte Legítima

Ocorrida De Modo Intempestivo, Quando Já Escoado O Lapso Prescricional. Inaplicabilidade Do Efeito Interruptivo Retroativo. Relator: Ministro Paulo De Tarso Sanseverino. Data de Julgamento: 5 de junho de 2018. Disponível em: https://stj.jusbrasil.com.br/jurispruden cia/595911052/recurso-especial-resp-1527157-pr-2015-0083184-9/intei ro-teor-595911071. Acesso em: 02 dez. 2021.

BRASIL. Superior Tribunal de Justiça. Terceira Turma. **REsp 1689179/SP.** Recurso Especial. Processual Civil E Civil. Locação Comercial. Loja. Shopping Center. Embargos À Execução. Fiadores. Legitimidade Passiva. Alienação Do Imóvel. Hasta Pública. Arrematação. Débitos Posteriores. Sub-Rogação Legal. Arrematante. Legitimidade Ativa. Moratória Não Caracterizada. Fiança. Manutenção. Julgamento Ultra Petita. Ocorrência. Relator: Ministro Ricardo Villas Bôas Cuevas. Data do julgamento: 12 de novembro de 2019. Data de publicação: 22 de novembro de 2019. Disponível em: https://www.lexml.gov.br/urn/urn:lex:br:superior.tribunal.justica;turma.3:acordao;resp:2019-11-12;1689179-1896685. Acesso em: 02 dez. 2021.

BRASIL. Superior Tribunal de Justiça. Quarta Turma **AgInt no AREsp 1230412/SP.** Agravo Interno No Agravo Em Recurso Especial - Ação Condenatória - Decisão Monocrática Que Negou Provimento Ao Reclamo. Insurgência Da Requerida. Relator: Ministro Marco Buzzi. Data do julgamento: 19 de novembro de 2019. Data de publicação: 22 de novembro de 2019. Disponível em: https://www.lexml.gov.br/urn/urn:le x:br:superior.tribunal.justica;turma.4:acordao;aresp:2019-11-19;123041 2-1896270. Acesso em: 02 dez. 2021.

CÂMARA, Alexandre Freitas. **Lições de Direito Processual Civil.** v. 1, Rio de Janeiro: Editora Lúmen Júris, 2008.

CINTRA, Antônio Carlos de Araújo; GRINOVER, Ada Pellegrini; DINAMARCO, Candido Rangel; VIDIGAL, Luis Eulalio de Bueno. **Teoria Geral do Processo.** 31. ed. São Paulo: Malheiros Editores, 2015.

DIDIER JR. Freddie. Será o fim da categoria "condição da ação"? Um elogio ao projeto do novo CPC. **Revista de Processo.** v. 197, 2011, p. 256-260. Disponível em: https://edisciplinas.usp.br/pluginfile.php/55228 82/mod_resource/content/1/DIDIER%20JR%2C%20Fredie.%20Ser%C 3%A1%20O%20fim%20da%20categoria%20condi%C3%A7%C3%A3 o%20da%20a%C3%A7%C3%A3o%20%20Um%20elogio%20ao%20p rojeto%20do%20novo%20C%C3%B3digo%20de%20Processo%20Civ il.pdf. Acesso em: 11 mar 2020

MEDINA, Paulo Roberto de Gouvêa. **Teoria geral do processo:** de acordo com o código de processo civil de 2015. 2. ed. Salvador: Juspodivm, 2016.

RIO DE JANEIRO. Tribunal de Justiça do Rio de Janeiro. Quinta Câmara Cível. **AI 00597619320198190000.** Agravo De Instrumento. Decisão Agravada Que Homologa Desistência Do Condomínio Autor Em Relação Ao Segundo Réu Que Consta Como Proprietário Da Unidade Condominial Inadimplente Do Rgi. Inexistência De Litisconsórcio Passivo. Teoria Da Asserção. Efetividade Da Tutela Jurisdicional. Princípios Da Celeridade E Economia Processual Para Garantia Da Efetividade. Obrigação Propter Rem Que Adere À Unidade Condominial Inadimplente De Quem Seja Seu Possuidor Ou Proprietário. Agravante Que Não Tem Legitimidade Para Representar E Perseguir Direito De Terceiro. Recurso Desprovido. Relator: Desembargadora Cristina Tereza Gaulia. Data de julgamento: 4 de fevereiro de 2020. Acesso em 19 de maio de 2020. Disponível em: https:// tj-rj.jusbrasil.com.br/jurisprudencia/808614736/agravo-de-instrumento-ai-597619320198190000?ref=serp. Acesso em: 02 dez. 2021.

THEODORO, Humberto. **Curso de Direito Processual Civil:** Teoria geral do direito processual civil, processo de conhecimento e procedimento comum. v. 1, 58. ed. Rio de Janeiro: Forense, 2017.

QUESTÕES POLÊMICAS SOBRE O INCIDENTE DE RESOLUÇÃO DE DEMANDAS REPETITIVAS – IRDR: UM ESTUDO SOBRE AS PRINCIPAIS ANTINOMIAS TRAZIDAS PELO INSTITUTO DO IRDR EM RELAÇÃO A SUSPENSÃO DOS PROCESSOS QUE TRAMITAM NO ESTADO OU REGIÃO

Ítalo Borges Zanina

1 CONSIDERAÇÕES INICIAIS

O presente artigo propõe a discussão teórica, jurisprudencial e legal sobre o Incidente de Resolução de Demandas Repetitivas – IRDR, a fim de trazer alguns conflitos normativos aparentes sobre a suspensão dos processos afetados pelo incidente, em especial quanto à possibilidade de incidência de correção monetária e juros de mora durante a suspensão e sobre a possibilidade de suspensão dos efeitos da prescrição e da decadência durante o mesmo período. A ideia central do artigo é ponderar a possibilidade de revisão das normas atinentes ao IRDR para que possa ser garantida a segurança jurídica e a isonomia que o instituto propõe.

2 O INSTITUTO DO IRDR E SUAS PRINCIPAIS CARACTERÍSTICAS

O Incidente de Resolução de Demandas Repetitivas ou, como iremos chamar daqui para frente, IRDR, é uma novidade trazida pelo "Novo" Código de Processo Civil de 2015. O atual códex processual civil ficou conhecido por trazer grandes novidades com relação a uniformização de jurisprudência, tanto que em sua exposição de motivos os idealizadores deixaram claro que "operacionalizar formas de uniformização do entendimento dos Tribunais brasileiros acerca de teses jurídicas é concretizar, na vida da sociedade brasileira, o princípio constitucional da isonomia"[1] e seguem enquadrando o IRDR como uma dessas técnicas ao prescrever que:

> [...] criou-se, com inspiração no direito alemão, o já referido incidente de Resolução de Demandas Repetitivas, que consiste na identificação de processos que contenham a mesma questão de direito, que estejam ainda no primeiro grau de jurisdição, para decisão conjunta.[2]

O IRDR está positivado nos artigos 976 e seguintes do Código de Processo Civil.[3] Analisando os artigos referentes ao tema o legislador pontua que o incidente é um instrumento processual que deverá resolver múltiplos conflitos, ante o estabelecimento de tese a qual deverá ser aplicada a todas as situações fáticas que se encaixem àquele caso. Humberto Theodoro Júnior pontua de forma precisa que o IRDR possui duplo objetivo: (a) racionalizar o tratamento judicial das causas repetitivas; e (b) firmar precedentes de observância obrigatória.[4]

Importante, de forma preliminar, salientar algumas características do IRDR, iniciando a discussão pelos requisitos para a instauração do procedimento. Nesse ponto o artigo 976 do Código de Processo Civil é claro em especificar que o IRDR será cabível quando (i) houver efetiva repetição de processo que contenham controvérsias sobre a mesma questão de direito e (ii) tiver o risco de ofensa à isonomia e à segurança jurídica.[5] Aqui, a legislação deixa clara que o intuito do IRDR é fazer com que questões fáticas idênticas possuam o mesmo resultado, evitando que decisões conflitantes aconteçam dentro do judiciário e,

---

[1] BRASIL. **Código de Processo Civil** (Lei nº 13.105/15). Disponível em: http://www.planalto.gov.br/ccivil_03/_ato2015-2018/2015/lei/l13105.htm. Acesso em: 29 set. 2021.
[2] BRASIL. **Código de Processo Civil** (Lei nº 13.105/15). Disponível em: http://www.planalto.gov.br/ccivil_03/_ato2015-2018/2015/lei/l13105.htm. Acesso em: 29 set. 2021.
[3] BRASIL. **Código de Processo Civil** (Lei nº 13.105/15). Disponível em: http://www.planalto.gov.br/ccivil_03/_ato2015-2018/2015/lei/l13105.htm. Acesso em: 29 set. 2021.
[4] THEODORO Jr., Humberto. **Curso de Direito Processual Civil.** Rio de Janeiro: Editora Forense, 2021.
[5] BRASIL. **Código de Processo Civil** (Lei nº 13.105/15). Disponível em: http://www.planalto.gov.br/ccivil_03/_ato2015-2018/2015/lei/l13105.htm. Acesso em: 29 set. 2021.

consequentemente, que mais processos subam para os Tribunais Superiores.[6]

Nesse aspecto, necessário trazer à baila o enunciado nº 87 do Fórum Permanente de Processualistas ao afirmar que "a instauração de incidente de resolução de demandas repetitivas não pressupõe a existência de grande quantidade de processos versando sobre a mesma questão, mas preponderantemente o risco de quebra da isonomia e de ofensa à segurança jurídica",[7] assim, é de extrema importância ressaltar que não existe uma quantidade pré-definida de processos similares para abertura da possibilidade de proposição do incidente, basta apenas que exista a possibilidade patente de divergência de decisões, fulminando a segurança jurídica e a isonomia.

Outro aspecto de grande relevância para o estudo do IRDR é a legitimidade de proposição do incidente. Nossa resposta está no artigo 977 do Código de Processo Civil, o qual deixa claro que o pedido pode ser feito por (i) juízes ou relatores, de ofício; (ii) pelas partes litigantes no processo; ou (iii) pelo Ministério Público ou pela Defensoria Pública. Acertado o posicionamento legislativo quanto à legitimidade ao estender tal legitimidade para os juízes haja vista que eles são partes que possuem uma visão mais ampla dos processos recebidos pelo judiciário, podendo indicar com mais precisão se uma determinada demanda atinge nível de repetição ou não.

Quanto a legitimidade do Ministério Público e da Defensoria Pública necessário ressaltar que eles somente poderão propor o incidente se as matérias repetitivas incidirem no âmbito de sua proteção constitucional, aquele quando se tratar de relevante interesse social e esse quando a questão jurídica for afeta aos interesses dos hipossuficientes.[8]

---

[6] SIMÃO, Lucas Pinto. **O incidente de resolução de demandas repetitivas ("IRDR").** Disponível em: https://www5.pucsp.br/tutelacoletiva/download/incidente-de-resolucao.pdf. Acesso em: 29 set. 2021.

[7] FÓRUM PERMANENTE DE PROCESSUALISTAS CIVIS. **Enunciados do Fórum Permanente de Processualistas Civis.** 2017. Disponível em: https://institutodc.com.br/wp-content/uploads/2017/06/FPPC-Carta-de-Florianopolis.pdf. Acesso em: 29 set. 2021.

[8] MENDES, Aluisio Gonçalves de Castro. **Incidente de resolução de demandas repetitivas:** sistematização, análise e interpretação do novo instituto processual. Rio de Janeiro: Editora Forense, 2017.

Noutro giro, interessante o §2º do artigo 976 do Código de Processo Civil que deixa claro ser obrigatória a intervenção do Ministério Público, o qual possui a função de tomar titularidade do procedimento em casos de desistência ou abandono por outras partes legítimas.

Partindo para a competência de julgamento do IRDR o texto do artigo 978 do Código de Processo Civil deixa claro que "caberá ao órgão indicado pelo regimento interno dentre aqueles responsáveis pela uniformização de jurisprudência do tribunal".[9] Aqui não existem muitas peculiaridades aparentes, sendo certo que a autonomia conferida pelo artigo 96, inciso I, alínea "a" da Constituição Federal[10] aos Tribunais para eleger seus órgãos diretivas e elaborar seus regimentos internos faz com que a competência para julgamento do IRDR seja assunto a ser tratado em Regimento Interno de cada um dos Tribunais.

Passada a competência para o processamento do IRDR, necessário se abordar o processamento e a instrução do incidente. Aqui já passamos para um complexo de artigos – mais especificadamente do 979 ao 984 do Código de Processo Civil – os quais positivam o detalhado procedimento de admissibilidade do incidente de resolução.

Uma questão que salta aos olhos é a de que a admissibilidade, ao contrário da grande maioria dos recursos e processos disponíveis na nossa legislação, depende de uma decisão colegiada, ou seja, o relator não poderá, de pronto, admitir o processamento do IRDR, ele deverá relatar e levar em sessão para que a Turma, após ouvido o Relator, as partes e o Ministério Público possam, conjuntamente, decidir se aquele incidente cumpre com os requisitos mínimos dispostos no artigo 976 do CPC, bem como definir a questão jurídica afetada e os efeitos decorrentes da instauração do incidente.[11]

---

[9] BRASIL. **Código de Processo Civil** (Lei nº 13.105/15). Disponível em: http://www.planalto.gov.br/ccivil_03/_ato2015-2018/2015/lei/l13105.htm. Acesso em: 29 set. 2021.
[10] BRASIL. **Constituição da República Federativa do Brasil de 1988.** Brasília, DF: Presidência da República. Disponível em: http://www.planalto.gov.br/ccivil_03/constituicao/constituicao.htm. Acesso em: 29 set. 2021.
[11] MENDES, Aluisio Gonçalves de Castro. **Incidente de resolução de demandas repetitivas:** sistematização, análise e interpretação do novo instituto processual. Rio de Janeiro: Editora Forense, 2017.

Quanto aos efeitos decorrentes da instauração do IRDR, alguns, como os positivo no artigo 982 do CPC podem ser atribuídos monocraticamente pelo Relator do caso, contudo nada impede que ele leve tais efeitos para julgamento coletivo em sessão, em especial o disposto no inciso I do artigo 982, qual seja: a suspensão de todos os processos pendentes, individuais ou coletivos, que tramitam no Estado ou na Região de competência do Tribunal de processamento do IRDR, tendo em vista a relevância e o alcance das consequências que tal decisão pode ter, como bem será estudado nesse artigo.

No aspecto da suspensão é importante notar que o artigo 980, parágrafo único do Código de Processo Civil deixa claro que ela apenas perpetua pelo período de 1 (um) ano, salvo decisão contrária do Relator, o que deverá acontecer de forma fundamentada, apontando todos os argumentos plausíveis para prorrogação do período de sobrestamento.[12]

Após a resoluções das questões procedimentais relacionadas à admissibilidade e suspensão dos processos no território de afetação do Tribunal Regional ou Estadual passa-se à instrução do incidente. Nesse ponto o Relator deve ouvir as partes do processo e o Ministério Público, podendo, inclusive, estender as manifestações para públicos que possuem relação aparente com a causa, mas que não fazem parte do processo judicial em si. Após a finalização das manifestações, caso o Relator ache necessário, ele poderá – nos termos do artigo 983, §1º do Código de Processo Civil – designar audiência pública para ouvir depoimentos de pessoas com experiencia e conhecimento na área enfrentada pelo incidente de resolução de demandas repetitivas.

Finalizada a instrução do Incidente o Relator deve pautar o caso para julgamento, momento em que se analisará a matéria atinente ao caso. Esse momento de julgamento do mérito traz grande importância para o IRDR visto que será definida uma tese jurídica de aplicação aos demais casos que possuem similaridade fática na região ou no Estado que compete o Tribunal julgador.

Contra o Acórdão e a tese proferida pelo Tribunal é cabível Recurso Especial e/ou Extraordinário para os Tribunais Superiores, os quais possuem efeito suspensivo – artigo 987, §1º - e, em caso de

---

[12] SOUZA, Artur César de. **Resolução de demandas repetitiva**. São Paulo: Editora Almedina. 2015.

apreciação do mérito pelo STJ ou STF, a tese jurídica passará a ter eficácia em todo o território nacional, tendo em vista a competência territorial atribuída aos Tribunais de Ápice.

3 QUESTÕES POLÊMICAS SOBRE O IRDR

Destrinchado o procedimento e peculiaridades procedimentais do IRDR necessário o estudo sobre algumas faltas de previsões legais sobre o procedimento, os quais podem trazer grandes conflitos de normas ou vazios legais que poderão gerar grandes prejuízos ao jurisdicionado.

No presente artigo serão tratados dois grandes problemas decorrentes da suspensão dos processos que possuem similaridade fática com o IRDR, sendo eles: (a) a incidência de juros de mora e correção monetária no período de suspensão do processo pelo IRDR; e (b) a prescrição durante o período de suspensão atribuída pelo Relator do IRDR.

3.1 A incidência de juros de mora e correção monetária durante a suspensão do processo

Explicando um pouco sobre a polêmica a ser estudada nesse tópico, iremos abordar sobre a possibilidade de incidência de juros de mora e correção monetária durante o período em que o processo se encontra suspenso em decorrência dos efeitos do artigo 982, inciso I do Código de Processo Civil, tendo em vista que ao sucumbente não pode ser atribuído, em tese, a mora do processo.

Antes de trazer uma solução efetiva para o caso necessário entender a natureza jurídica dos institutos da correção monetária e dos juros de mora. A correção monetária, como bem tratado pelo Ministro Luiz Fux, ao citar diversos economistas, no voto proferido no RE nº 870.947/SE "tem como escopo preservar o poder aquisitivo da moeda diante da sua desvalorização nominal provocada pela inflação",[13] dessa

---

[13] BRASIL. Supremo Tribunal Federal. Tribunal Pleno. **RE nº 870.947/SE**. Recorrente: INSS. Recorrido: Derivaldo Santos Nascimento. Relator: Ministro Luiz Fux. Brasília/DF. Data do julgamento: 20/9/2017. Publicação em 20/11/2017.

forma possível ponderar que a correção monetária não se trata de uma penalidade ou de uma compensação financeira civil, mas sim de um ajuste no valor real do dinheiro em comparação a inflação, como bem explica Pontes de Miranda:

> a expressão 'correção monetária' é elíptica. Não é a moeda que se corrige; é o valor da moeda. Mais precisamente: corrige-se o valor das dívidas ou das promessas em moeda, para o valo, não corrigido, da moeda, deixe de ser nocivo às relações jurídicas entre devedores ou promitentes e credores ou promissários.[14]

É exatamente por essa natureza não civil que a correção vem se solidificando como um instituto de natureza processual, que visa garantir apenas que a restituição entregue ao vencedor de perfaça o real patrimônio que deveria receber.

A jurisprudência sobre o tema é unanime quanto a isso, no STF, por exemplo, o Ministro Eros Grau deixou claro ao julgar o Re 217561 que "as normas que alteram o padrão monetário e estabelecem critérios para a conversão dos valores em face dessa alteração aplicam-se de imediato, por serem consideradas leis de natureza estatutária".[15] Já no STJ a Ministra Eliana Calmon disserta que "a norma que fixa índice de correção monetária é de natureza processual, tendo aplicação imediata".[16]

Dessa forma, haja vista que a natureza jurídica da correção monetária é de direito processual o melhor caminho para resolução do conflito posto é o Princípio da causalidade, prescrito pelo artigo 85, §10° do Código de Processo Civil ao positivar que "nos casos de perda do objeto, os honorários serão devidos por quem deu causa ao processo".

De tal dispositivo legal os doutrinadores interpretam que no códex processual brasileiro prevalece o princípio de que a pessoa que deu causa aquele processo deve responder pela sucumbência decorrente do

---

[14] MIRANDA, Pontes de; ALVES, Vilson Rodrigues (Atual.). **Tratado de Direito Privado.** Tomo 50. 1. ed. Campinas: Brookseller, 2003, p. 677.
[15] BRASIL. Supremo Tribunal Federal. Segunda Turma. **AgRg em AgRg em RE 217561.** Rel. Min. Eros Grau, j. 06/10/2009, DJe 29/10/2009.
[16] BRASIL. Superior Tribunal de Justiça. Segunda Turma. **REsp n. 179.027.** Rel. Min. Eliana Calmon, j. 05/06/2001, DJ 07/10/2002.

processo. Eles entendem que apesar do dispositivo apenas tratar sobre o caso de perda do objeto, em realidade o legislador apenas trouxe um exemplo de como o Princípio deve ser utilizado,[17] tanto que o STJ editou a Súmula 303 que deixa claro a incidência do referido princípio ao enunciar que "em embargos de terceiros, quem deu causa à constrição indevida deve arcar com os honorários advocatícios".

Nesse sentido, quanto à correção monetária a parte sucumbente deve arcar com seus custos. No caso em estudo, com a suspensão do processo para julgamento de IRDR as partes não podem se eximir do pagamento de tal consectário, haja vista que a existência dele se encontra impregnada ao curso do tempo, a fim de igualar o valor do dinheiro com a inflação decorrida no tempo do processo. Dessa forma, em resumo, se houver condenação de pagamento de valores dentro de um processo judicial que fora suspenso por conta de IRDR cabe à parte sucumbente o pagamento da correção monetária referente ao valor.

Noutro giro, necessário se faz agora entender a natureza jurídica dos juros de mora, quanto a eles existe uma grande diferença, tendo em vista que a correção monetária não traz acréscimo ao patrimônio do credor, ela apenas iguala o valor anteriormente devido ao que vale no momento do pagamento. Nos juros de mora a figura muda de visão, aqui estamos tratando de uma remuneração que o credor pode exigir do devedor, por ter lhe impedido de ter aquele dinheiro no momento ajustado pelas partes.[18]

Quanto aos juros existem várias espécies, contudo, no nosso trabalho iremos tratar apenas dos juros de mora, ou seja, dos acréscimos que decorem da mora, assim definida – pelo artigo 394 do Código Civil[19] - como o não pagamento culposo ou, até mesmo, a recusa do credor em receber no tempo, lugar e forma devida. Luiz Antonio Scavone Júnior,

---

[17] AURELLI, Arlete Inês. **Honorários sucumbenciais e o princípio da causalidade no CPC/15.** Coleção grandes temas do novo CPC. 3. ed. Salvador: Editora JusPodivm, 2019.

[18] VENOSA, Sílvio Salvo. **Direito Civil:** teoria geral das obrigações e teoria geral dos contratos. 9. ed, v. 2, São Paulo: Atlas, 2009, p. 157.

[19] BRASIL. **Código Civil** (Lei nº 10.406, de 10 de janeiro de 2002). Disponível em: http://www.planalto.gov.br/ccivil_03/leis/2002/l10406compilada.htm. Acesso em: 30 set, 2021.

em sua obra Juros no Direito Brasileiro deixa clara a conceituação de mora ao prescrever que, *in verbis*:

> A mora do devedor se dá pela imperfeição no cumprimento da obrigação, seja pelo retardamento culposo seja pela imperfeição que atinge o lugar e a forma convencionados. Sendo assim, não só o pagamento ou recebimento intempestivos configuram a mora, mas, igualmente, o pagamento ou o recebimento em outro lugar ou por outra forma, que não os contratados.[20]

Dessa forma, e aqui já partindo para a definição da natureza jurídica dos juros de mora, necessário ponderar que não podemos defini-lo como uma questão processual, tendo em vista que a compensação, nesse caso, irá aumentar o patrimônio do devedor que lhe cobra. Os juros de mora, ao contrário da correção monetária, representam, de forma inequívoca, remuneração autônoma do credor que lhe cobra, sendo, inclusive, de caráter indenizatório, tendo em vista que o devedor privou o credor de uso dos valores principais.[21]

A jurisprudência também aponta para o mesmo sentido. O Ministro Marco Aurélio ao julgar o RE nº 135.193 deixa claro que "os juros de mora são disciplinados no direito material. (...) Assim o é porquanto os juros moratórios mostram-se como compensação ou indenização devida ao credor pelo fato de ficar privado, temporariamente, de quantia a que tem direito".[22]

Nesse aspecto, trazendo os ensinamentos à discussão dos autos é possível concluir pela não incidência dos juros de mora enquanto o processo se encontra suspenso para julgamento do IRDR. Tal conclusão

---

[20] SCAVONE JR., Luiz Antonio. **Juros no direito Brsileiro.** 5 ed. Rio de Janeiro: Editora Forense, 2014.
[21] ARAUJO, Rafael Wanderley de Siqueira. Os juros de mora e a correção monetária: conceito, natureza jurídica e forma de incidência, à luz do Código Civil brasileiro. **Conteúdo Jurídico.** 2019. Disponível em: https://conteudojuridico.com.br/consulta/Artigos/52621/os-juros-de-mora-e-a-correcao-monetaria-conceito-natureza-juridica-e-forma-de-incidencia-a-luz-do-codigo-civil-brasileiro#_ftn22. Acesso em: 30 de setembro de 2021.
[22] BRASIL. Supremo Tribunal Federal. Tribunal Pleno. **RE 135193.** Relator(a): Marco Aurélio, julgado em 10/12/1992, DJ 02-04-1993 PP-05622 ement vol-01698-07 PP-01272.

é lógica, pois, como dito anteriormente, a mora depende de culpa do devedor em não realizar o adimplemento ou pela recusa do credor em receber o pagamento dentro do local, tempo e forma que a lei ou a convenção das partes estabelecer, assim, não é possível atribuir nenhumas das condutas necessárias da mora quando o processo se encontra suspenso em decorrência de normativa legal para resolução de demanda repetitiva, sendo certo que nesse período deve haver uma suspensão da cobrança dos juros moratórios.

3.2 A prescrição e decadência durante a suspensão do processo

Outro ponto de grande relevância na discussão sobre os casos polêmicos é como acontece a contagem da prescrição e da decadência durante a suspensão do processo em decorrência do IRDR. Inicialmente é de suma importância diferencias os institutos da prescrição de da decadência, sendo certo que aquele se refere a perda do direito de ação, ou seja, na prescrição está se desaparecendo o direito de ação para a defesa de um determinado direito, em decorrência da inércia do sujeito violado em buscar suas pretensões frente ao judiciário.[23]

Já a decadência é a perda do direito em si e não mais a possibilidade de buscar reparação frente ao judiciário, nesse sentido, o titular de um determinado direito o adquire para que possa vigorar por um determinado tempo, dentro do qual ele necessariamente deverá ser exercido, sob pena de deixar de existir. Aqui temos o próprio direito se extinguindo. Nas palavras de Humberto Theodoro a diferença entre os institutos é a seguinte:

> Quando se trata de caducidade ou decadência (ou preclusão) o tempo se conta necessariamente desde o nascimento do direito potestativo (ou facultativo). Quando é de prescrição que se cogita, o prazo extintivo começa não do nascimento do direito, mas do momento em que a inércia do titular se manifestou, depois que ele já existia e veio a ser violado.[24]

---

[23] RIZZARDO, Arnaldo; RIZZARDO FILHO, Arnaldo; RIZZARDO, Carine Ardissone. **Prescrição e decadência.** 3 de. Rio de Janeiro: Editora Forense, 2018.

[24] THEODORO JR., Humberto. **Prescrição e Decadência.** 2. ed. Rio de Janeiro: Editora Forense. 2021.

Entendido os institutos da prescrição e da decadência, necessário trazê-los ao caso estudado no presente artigo, iniciando pela suspensão da prescrição durante o julgamento do IRDR. Aqui interessante pontuar que no artigo 990, §5° do substitutivo da Câmara dos Deputados ao PLS 166/2010 – Projeto de Lei do CPC – previa ativamente que existia a suspensão da prescrição da pretensão fundada na questão de direito afetada pelo IRDR, contudo tal artigo foi vetado e não foi transformado em Lei.

Para resolução do conflito foi editado o enunciado n° 452 do Fórum Permanente de Processualistas Civis deixando claro que "durante a suspensão do processo prevista no art. 982 não corre prazo de prescrição intercorrente". Nesse sentido, por uma interpretação sistemática necessário entender que a suspensão do processo também alcança a prescrição, que permanecerá suspensa até a resolução do incidente com a fixação da tese a ser utilizada sobre o caso, o que irá possibilitar os pretensos jurisdicionados a ponderar sobre a necessidade ou não do ajuizamento de ação sobre o tema.

Trazendo agora a decadência para o foco, necessário ponderar que o artigo 207 do Código Civil é claro ao dizer que "salvo disposição legal em contrário, não se aplicam à decadência as normas que impedem, suspendem ou interrompem a prescrição", ou seja, aqui não podemos utilizar a interpretação dada ao caso da prescrição.

A falta de previsão legal quanto a esse critério faz com que tenhamos uma falta de segurança jurídica com relação a decadência dos direitos pleiteados que estejam sendo julgado pelo rito repetitivo.

Para trazer uma melhor análise trago um caso concreto. No Tribunal de Justiça do Distrito Federal e Territórios corre o IRDR n° 0740629-08.2020.8.07.0000, suscitado por um grupo de Juízes de Direito das Varas Cíveis da Circunscrição Judiciária de Taguatinga, no caso os juízes pediram análise do Tribunal de Justiça tendo em vista que estava ocorrendo o protocolo de diversas ações contra sociedades empresárias que empregaram um golpe financeiro em Brasília, contudo algumas pessoas estavam ajuizando as ações na vara de falência e recuperação judicial por meio de ação de dissolução parcial de sociedade, enquanto outras pessoas ajuizaram nas varas cíveis do Distrito Federal por meio de ação de rescisão contratual. Um dos pedidos do grupo de juízes é para que seja fixada competência para tratar sobre as ações.

Veja, no caso em espécie a Relatora, por meio de decisão da Turma, determinou a suspensão de todos os processos que tratassem sobre o caso dentro do Distrito Federal. Pelo estudado acima resta evidente que o prazo prescricional está suspenso, assim, não há qualquer problema quanto a isso, contudo, como também verificamos, a decadência não poderá ser suspensa pelo incidente de resolução, assim, geramos uma celeuma bastante interesse.

Vamos supor que eu, enquanto advogado de uma das partes lesadas, tenha protocolado uma ação de rescisão contratual em uma das varas cíveis do Distrito Federal, já no despacho inicial o juiz manda com que o processo seja suspenso em decorrência do comando exarado pela Relatora do IRDR. Como dito, nesse momento da suspensão, a prescrição está sobrestada, enquanto a decadência continua correndo.

Vamos supor que após alguns anos – apesar da regra de tempo máximo de 1 ano para julgamento do IRDR é aceitável presumir que tais prazos não serão cumpridos pelo judiciário, em decorrência da quantidade de processos represados atualmente - os desembargadores do TJDFT entendam que as ações deveriam ter sido protocoladas na vara de falência e recuperação judicial, por meio de dissolução parcial de sociedade com apuração de haveres. Nesse momento o processo que ajuizei será extinto e então terei que ajuizar uma nova ação nos termos elencados pelos Desembargadores.

Veja, quanto ao prazo prescricional para a ação não há com o que se preocupar, tendo em vista sua suspensão, contudo, nos termos do artigo 178, II do Código Civil o prazo decadencial para anulação de negócio jurídico em que se tem erro, dolo, fraude contra credores, estado de perigo ou lesão será de quatro anos, ou seja, caso o IRDR tenha demorado mais que o tempo de caducidade ou, ainda, caso tenha protocolado a inicial no meio do período do prazo decadencial e no momento da extinção da minha inicial se tenha operado o prazo de quatro anos meu direito estará caduco, sendo impossível a cobrança do direito pela via judicial.

Dessa forma, necessário o estabelecimento de regras novas para o que haja uma padronização das suspensões trazidas pelo IRDR.

4 CONSIDERAÇÕES FINAIS

Ante todo o exposto podemos concluir o IRDR traz uma novidade muito importante para o nosso sistema processual cível, tendo em vista que visa uniformizar a jurisprudência nacional para garantir segurança jurídica na resolução dos conflitos repetitivos, contudo, se tem alguns vazios normativos com relação a determinadas situações trazidas pela suspensão dos processos afetados pelo IRDR.

No primeiro caso temos a questão da incidência de correção monetária os juros de mora durante a suspensão dos processos em recorrência do incidente, sobre isso foi chegado à conclusão de que é devida a correção monetária durante o período, enquanto não é devido os juros de mora, por falta dos requisitos mínimos para caracterização da mora.

No segundo caso, sobre a suspensão da prescrição e decadência durante o tramite do IRDR, necessário ponderar que quanto a prescrição não existe conflito de normal e é legal, por uma interpretação sistêmica, sua suspensão, todavia, quanto à decadência não existe a possibilidade de sua suspensão sem uma previsão expressa para tanto, o que pode gerar grandes conflitos em casos concretos.

Dessa forma, com o estudo aqui realizado é esperado, a cada dia que passa, uma modernização das legislações para que se fulmine tais conflitos do nosso ordenamento jurídico, a fim de garantir a segurança jurídica e a isonomia que o incidente de resolução de demandas repetitivas – IRDR pretende trazer possa ser solidificado no nosso ordenamento jurídico.

REFERÊNCIAS

ARAUJO, Rafael Wanderley de Siqueira. Os juros de mora e a correção monetária: conceito, natureza jurídica e forma de incidência, à luz do Código Civil brasileiro. **Conteúdo Jurídico.** 2019. Disponível em: https://conteudojuridico.com.br/consulta/Artigos/52621/os-juros-de-mora-e-a-correcao-monetaria-conceito-natureza-juridica-e-forma-de-incidencia-a-luz-do-codigo-civil-brasileiro#_ftn22. Acesso em: 30 de setembro de 2021.

AURELLI, Arlete Inês. **Honorários sucumbenciais e o princípio da causalidade no CPC/15.** Coleção grandes temas do novo CPC. 3. ed. Salvador: Editora JusPodivm, 2019.

BRASIL. **Constituição da República Federativa do Brasil de 1988.** Brasília, DF: Presidência da República. Disponível em: http://www.plana lto.gov.br/ccivil_03/constituicao/constituicao.htm. Acesso em: 29 set. 2021.

BRASIL. **Código Civil** (Lei n° 10.406, de 10 de janeiro de 2002). Disponível em: http://www.planalto.gov.br/ccivil_03/leis/2002/l10406c ompilada.htm. Acesso em: 30 set, 2021.

BRASIL. **Código de Processo Civil** (Lei n° 13.105/15). Disponível em: http://www.planalto.gov.br/ccivil_03/_ato2015-2018/2015/lei/l13105.ht m. Acesso em: 29 set. 2021.

BRASIL. Supremo Tribunal Federal. Segunda Turma. **AgRg em AgRg em RE 217561.** Rel. Min. Eros Grau, j. 06/10/2009, DJe 29/10/2009.

BRASIL. Superior Tribunal de Justiça. Segunda Turma. **REsp n. 179.027.** Rel. Min. Eliana Calmon, j. 05/06/2001, DJ 07/10/2002.

BRASIL. Supremo Tribunal Federal. Tribunal Pleno. **RE 135193.** Relator(a): Marco Aurélio, julgado em 10/12/1992, DJ 02-04-1993 PP-05622 ement vol-01698-07 PP-01272.

BRASIL. Supremo Tribunal Federal. Tribunal Pleno. **RE n° 870.947/SE.** Recorrente: INSS. Recorrido: Derivaldo Santos Nascimento. Relator: Ministro Luiz Fux. Brasília/DF. Data do julgamento: 20/9/2017. Publicação em 20/11/2017.

FÓRUM PERMANENTE DE PROCESSUALISTAS CIVIS. **Enunciados do Fórum Permanente de Processualistas Civis.** 2017. Disponível em: https://institutodc.com.br/wp-content/uploads/2017/06/F PPC-Carta-de-Florianopolis.pdf. Acesso em: 29 set. 2021.

MENDES, Aluisio Gonçalves de Castro. **Incidente de resolução de demandas repetitivas:** sistematização, análise e interpretação do novo instituto processual. Rio de Janeiro: Editora Forense, 2017.

MIRANDA, Pontes de; ALVES, Vilson Rodrigues (Atual.). **Tratado de Direito Privado.** Tomo 50. 1. ed. Campinas: Brookseller, 2003.

RIZZARDO, Arnaldo; RIZZARDO FILHO, Arnaldo; RIZZARDO, Carine Ardissone. **Prescrição e decadência.** 3 de. Rio de Janeiro: Editora Forense, 2018.

SCAVONE JR., Luiz Antonio. **Juros no direito Brsileiro.** 5 ed. Rio de Janeiro: Editora Forense, 2014.

SIMÃO, Lucas Pinto. **O incidente de resolução de demandas repetitivas ("IRDR").** Disponível em: https://www5.pucsp.br/tutelacoletiva/download/incidente-de-resolucao.pdf. Acesso em: 29 set. 2021.

SOUZA, Artur César de. **Resolução de demandas repetitiva.** São Paulo: Editora Almedina. 2015.

THEODORO Jr., Humberto. **Curso de Direito Processual Civil.** Rio de Janeiro: Editora Forense, 2021.

THEODORO JR., Humberto. **Prescrição e Decadência.** 2. ed. Rio de Janeiro: Editora Forense. 2021.

VENOSA, Sílvio Salvo. **Direito Civil:** teoria geral das obrigações e teoria geral dos contratos. 9. ed, v. 2, São Paulo: Atlas, 2009.

POSFÁCIO

É com grande felicidade e entusiasmo que tenho a oportunidade de encerrar essa novel obra, na posição de representante da Associação Guimarães de Estudos Jurídicos.

Publicar uma obra, individual ou coletiva, muitas vezes se mostra uma tarefa dificultosa, ou impossível, sobretudo para os novos pesquisadores, sendo que muitos sequer cogitam essa ideia em razão do temor pelas diversas adversidades que acompanham uma publicação.

A Associação Guimarães de Estudos Jurídicos - AGEJ, é um grupo dedicado à promoção e incentivo de pesquisas e publicações nas áreas do Direito. Desprovido de finalidades lucrativas ou partidárias, a AGEJ é um espaço criativo e democrático destinado ao desenvolvimento das competências de pesquisa científica.

A presente obra é fruto de complexas e intrincadas investigações e estudos de dezessete juristas, situando-se no cenário jurídico atual como fonte valorosa para o estudo e aprofundamento no tema do Direito Processual Civil, notadamente em suas múltiplas intercessões com os mais diversos ramos do direito no contexto do Estado Democrático de Direito.

O Prefácio do livro, de autoria do proeminente professor Vinícius Lott Thibau, muito nos honra. Um convite planejado de antemão pela Diretoria da AGEJ, em função da notável qualificação do professor no tema do Direito Processual Civil, bem como em razão do carinho e admiração que os coordenadores e autores da obra possuem por sua pessoa.

A Nota de Apresentação, redigida pelos Presidentes da Associação Guimarães de Estudos Jurídicos, evidencia a problemática abordada por cada autor em seu artigo, pretendendo, também, apresentar de forma sintética algumas das discussões realizadas pelos juristas que assinam os artigos.

Encerro o posfácio com agradecimentos a todos os autores e leitores por acreditarem no projeto desenvolvido pela AGEJ - **Associação Guimarães de Estudos Jurídicos** e nossas congratulações pela publicação dessa notável obra.

Sarah Batista Santos Pereira

ANOTAÇÕES

Associação Guimarães de Estudos Jurídicos

2022 © Associação Guimarães de Estudos Jurídicos

A Associação Guimarães de Estudos Jurídicos - AGEJ, é um grupo dedicado à promoção e incentivo de pesquisas e publicações nas áreas do Direito. Desprovida de finalidades lucrativas ou partidárias, a AGEJ é um espaço criativo e democrático destinado ao desenvolvimento das competências de pesquisa científica.

A concepção e criação da associação se deu pelos irmãos Clayton Douglas Pereira Guimarães e Glayder Daywerth Pereira Guimarães que, insatisfeitos com o número oportunidades de publicação para graduandos e graduados, conjecturaram acerca da possibilidade de fomentar e incentivar a pesquisa por intermédio desse grupo.

Nesse sentido, com o intento de auxiliar novos autores a publicarem seus primeiros livros e participar de obras coletivas de forma profissional e com custos reduzidos, ciaram a AGEJ.

Deseja publicar uma obra jurídica? Contate-nos por meio do nosso site.

Associação Guimarães de Estudos Jurídicos

Seattle – U.S.
Email: contato.agej@hotmail.com
Website: agej.com.br
Instagram: @agej.oficial

www.ingramcontent.com/pod-product-compliance
Lightning Source LLC
Chambersburg PA
CBHW071348210526
45465CB00001B/22